OSHO

奧修談《莊子》：空船

THE EMPTY **BOAT**

one of the most inspiring spiritual teachers of our time

一個智者就好像是一隻空船；最偉大的人是一個「無人」。

奧修說：莊子是一個稀有的開花，變成「無人」是世界上最困難、最不平凡的一件事。

目次

譯者序

獻給
道中之人
有慧根的人

玫瑰花有玫瑰花的嬌豔，康乃馨有康乃馨的清秀，蓮花有蓮花的挺拔和脫俗，大自然的美是那麼地多樣化，那麼地豐富，就好像奧修的話語，他的終極智慧在每一本書裡面都有不同的呈現。當他在談論佛陀，那是佛陀在開花；當他在談論耶穌，那是耶穌在散布他的芬芳；當他在談論莊子，那是莊子在跟我們分享他的生命，我所得到的啟示是多層面的，它們從各個不同的角度穿透進入我的存在。

我本來以為奧修的話語對我已經不能夠再像以前那麼震憾了，但是當我在翻譯這本書的時候，我仍然不時可以找到許多以前從來沒有看過的花朵在沿途開放著。

「無用之用」，這個觀念我曾經知道過，但是這一次我有了更深入的了解。對我而言，這是我在《奧修談莊子》這本書裡面找到的一朵嶄新的智慧之花。我不知道要如何來傳達給你這一句話對我的意義，但它真的是再度賦予我的生命一道新的光……我們都一直在追求那個有用的，而忽略掉那個沒有用的……我願意在這個點上去靜心冥想我的人生、去調整我的人生……或許你也可以偶爾停下腳步，看看你的作為，也看看你的無為，它們可以平衡地存在嗎？它們可以很活生生、很喜樂地存在嗎？

虔誠地希望莊子的生命能夠融入你的生命，那麼你也可以成為古人，而不只是效法古人。

謙達那

一九九五年八月於台北

原序

語言怎麼能夠傳遞一個無言的訊息？對於一位成道的師父能夠說什麼呢？那個超越文字的訊息的本質是似非而是的，奧修和莊子要求我們去接受那個似非而是的，將邏輯和頭腦擺在一旁而變成空的。唯有當我們將我們所有的制約、觀念和期望，換句話說，將我們所有的自我，都化成空，他們的成道才能夠變成我們自己的。

無數年前的莊子和今天的奧修共謀使我們變成一個無人，變成一個空的容器，使我們能夠接受那個無言的、那個永恆的——這些品質在他們的身上表露無遺。

在這些演講裡，奧修說得很清楚：就我們現在的存在狀態，我們沒有空間可以讓「那無言的」進入到我們裡面來休息。它在那裡等待著我們裡面那個空的空間，當我們有先入的觀念、有計畫、把門關起來，我們就錯過了它，但是任何想去達到這個空的努力都會顯露出那個似非而是的情況——努力和野心會建立起自我，而使我們走向最終的失敗，所以我們能做什麼呢？

奧修告訴我們說沒有什麼事可做，所有的作為都屬於自我，但是我們可以處於一種具有接受性的狀態，我們可以敞開來接受存在。當我們繞過那個批判的頭腦，他的話語就會沉入到我們裡面，就會深入到我們裡面，我們就會變成好像空船一樣。

沉思那些話語以及它們的意義就是達到混亂之路。奧修使用矛盾作為一個技巧，他透過它來道出各種人格，他知道自我所呈現出來的各種奇奇怪怪的現象，他知道頭腦的每一種詭計，他遙遙領先他們好幾步。奧修並沒有試圖要將我們轉變成他的規則的奴隸，他並不是我們的敵人，他對我們那猴子般的本性有很多愛，他的整個努力是要幫助我們去覺知我們被奴役的狀態，而不是要使我們變得更去適應它們。當我們處於舒適的籠子裡，他會來震撼我們、動搖我們，好讓我們能夠透過了解和覺知而超越它們。

你懷疑我，但是你從來不會懷疑你自己，因為一旦頭腦開始懷疑它本身，它就已經脫離存在了。一旦對自己產生懷疑，那個基礎就被打破了，頭腦就喪失了它的信心。一旦你開始懷疑頭腦，遲早你將會掉進靜心的深淵。

閱讀奧修，最能夠做的就是成為具有接受性的，讓那個未被說出的訊息跟隨著語言一起來穿透你。

我說我能夠幫助你們，因為我不是一個專家，我不是一個外來者，我曾經走過同樣的路……我經歷過了同樣的事情——同樣的悲慘、同樣的痛苦和同樣的惡夢。任何我所做的只不過是在說服你走出你的瘋狂。

任何你現在所處的地方我都待過，任何我現在所在的地方，你也可能來到。盡可能深入地去看我，盡可能深入地去感覺我，因為我是你們的未來，我是你們的可能性。

女門徒：普蕾姆．帕拉斯（Ma Prem Paras）

第1章 土司烤焦了

那個統治人的人生活在混亂之中
那個被統治的人生活在悲痛之中
因此「道」希望不要影響別人，也不要被別人所影響
要釐清混亂和免於痛苦就是要在空裡面跟「道」生活在一起

如果一個人在跨越一條河
有一隻空船撞到了他的小船
即使他是一個脾氣很壞的人
他也不會生氣

但是如果他看到有一個人在船上
他將會對他大聲喊，叫他駛開
如果那個喊叫沒有被聽到，他將會再度高喊
而且他還會開始大罵
這一切都是因為有人在那隻船上
但如果那隻船是空的
他一定不會大聲喊，他一定不會生氣

如果你可以空掉你自己的船
來跨過世界的河流
那麼就沒有人會來反對你
沒有人會想要來傷害你

一棵很直的樹會最先被砍下來
最清的泉水會最先被榨乾
如果你想要改善你的智慧來羞辱那些無知的人

想要培養你的個性來炫耀別人
就有一道光會照射在你的周圍
就好像你吞進了太陽和月亮
你將無法避免災難

有智慧的人說：
那個自滿的人，他這樣做一點價值都沒有
成就是失敗的開始
名譽是恥辱的開始

在眾人之中
有誰能夠不求成就和名譽
然後下降和消失？
他將會像「道」一樣在流動，不被看見
他將會像生命本身一樣地流動，沒有名字，也沒有家
他很單純，不分別

他外表看起來好像是一個傻瓜
他的腳步不留痕跡
他沒有權力
他不達成任何東西
他沒有名聲
因為他不評斷任何人
所以也沒有人會評斷他

這就是完美的人
他的船是空的

原文：

「故有人者累，見有於人者憂。故堯非有人，非見有於人也。吾願去君之累，除君之憂，而獨與道遊於大莫之國。方舟而濟於河，有虛船來觸舟，雖有惼心之人不怒；有一人在其上，則呼張歙之，一呼而不聞，再呼而不聞，於是三呼邪，則必以惡聲隨之。向也不怒而今也怒。向也虛而今也實。人能虛己以游世，其孰能害之？」

「直木先伐，甘井先竭。子其意者飾知以驚愚，修身以明汙，昭昭乎如揭日月而行，故不免也。昔吾聞之大成之人曰：『自伐者無功，功成者墮，名成者虧。』孰能去功與名而還與眾人！道流而不明，居得行而不名處；純純常常，乃比於狂；削跡捐勢，不為功名。是故無責於人，人亦無責焉。」

——《莊子》外篇・山木

你來到我這裡，你已經踏上了危險的一步，它是一項冒險，因為靠近我，你可能會永遠失去，接近將會意味著死亡，不可能意味著其他任何東西。我就像是一個深淵，接近我，你將會掉進我裡面。我已經為此而邀請了你，你已經聽到了，你也來了。

要小心，透過我，你將不會得到任何東西，透過我，你只會失去所有的一切，因為除非你失去了，否則神性不可能發生，除非你完全消失，否則那真實的無法產生，你就是那個障礙。

而你是那麼地多，那麼頑固地多，你太充滿著你自己，以至於沒有東西能夠穿透你，你的門關閉了。當你消失，當你不存在，那個門就打開了，那麼你就變成好像寬廣的、無限的天空。

那就是你的本性，那就是「道」。

在我進入莊子這個很美的寓言——空船——之前，我想要告訴你另外一個故事，因為那將會為這個你來參加的靜心營鋪好那個趨勢。

在古時候某一個未知的國家，有一個王子突然發瘋了，國王心焦如焚，因為那個王子是他的獨子，是該國唯一的繼承人。所有的魔術師都被叫去了，所有那些能夠創造奇蹟的人和醫療人員都被傳喚去了，他們做盡了一切的努力，但是都無效，沒有人能夠幫助那個年輕的王子，他仍然繼續發瘋。

他發瘋的那一天就將身上的衣服全部脫光而變成裸體的，然後開始生活在一張大桌子底下，他認為他已經變成了一隻公雞。到了最後，國王必須接受那個事實，王子已經無法恢復，他已經永遠發瘋了，所有的專家都宣告失敗。

但是有一天，那個希望再度燃起。有一個聖人，一個蘇菲宗派的神祕家來敲皇宮的門說：「給我一個機會來治療王子。」

但是國王感到懷疑，因為這個人本身看起來就好像發了瘋似的，比王子更瘋，但是那個神祕家說：「只有我能夠治癒他，要治癒一個瘋子需要一個更瘋的瘋子。你們那些什麼赫赫有名的人，那些能夠製造奇蹟的人，你們那些醫療專家，他們都失敗了，因為他們連初步的瘋狂都不知道，他們從來沒有走過那條路。」

它聽起來似乎很合乎邏輯，國王想：「反正也無傷，為什麼不試試看？」所以他就給了他一個機會。

國王一答應說：「好，你試試看。」那個神祕家就立刻脫光他的衣服，跳到桌子底下，發出類似公雞的叫聲。

那個王子變得懷疑，他說：「你是誰？你以為你在做什麼？」

那個老年人說：「我是一隻公雞，一隻比你更老道的公雞，你並不算什麼，你只不過是一個新手，最多只能夠算是一個學徒。」

那個王子說：「如果你也是一隻公雞，那很好，但是你看起來像一個人。」那個老年人說：「不要看我的外表，要看我的精神，要看我的靈魂，我就像你一樣是一隻公雞。」因此他們兩個人就成為朋友，他們互相承諾說雖然整個世界都反對他們，他們也要永遠生活在一起。

經過了幾天，有一天那個老年人突然開始穿衣服，他穿上了他的襯衫，那個王子說：「你在幹什麼？你瘋了嗎？一隻公雞居然試著要穿人的衣服？」那個老年人說：「我只是試著要去欺騙這些傻瓜，這些人。記住，即使我穿上衣服，也不會有什麼改變，我的公雞本質仍然保持，沒有人能夠改變它。就只是穿上人的衣服，你就認為我改變了嗎？」王子必須讓步。

過了幾天之後，那個老年人說服王子穿上衣服，因為冬天正在逼近，天氣變得非常冷。然後有一天，他突然從皇宮叫來食物，王子變得非常警覺，他說：「你這個王八蛋，你在幹什麼？你要像那些人一樣吃東西嗎？你要像他們一樣吃東西嗎？我們是雞，我們必須像雞一樣吃東西。」

那個老年人說：「就這個公雞而言，它不會有什麼差別，你可以吃任何東西，你可以享受任何東西，你可以像人一樣地生活，而仍然忠於你公雞的本質。」

一步一步地，那個老年人說服了那個王子回到人的世界來，後來他變得完全正常。

你跟我的情形也是一樣。記住，你只是初學者。你或許認為你是一隻公雞，但是你才剛在學字母，而我是一個老手，只有我能夠幫助你。所有的專家都失敗了，所以你才會來到這裡。你已經敲過了很多扇門，好幾世以來，你都一直在找尋，沒有什麼東西能夠對你有幫助。

但是我說我能夠幫助你，因為我不是一個專家，我不是一個外來者，我曾經走過同樣的路，同樣的瘋狂，我經歷過了同樣的事情——同樣的悲慘、同樣的痛苦，和同樣的惡夢。任何我所做的只不過是在說服，說服你走出你的瘋狂。

認為自己是一隻公雞，這是瘋狂的，認為自己是一個身體，這也是瘋狂的，甚至比前者來得更瘋狂。認為自己是一隻公雞是瘋狂的，認為自己是一個人，那又是更大的瘋狂，因為你不屬於任何形式。不論那個形式是一隻公雞或是一個人，那是無關的，你屬於那個無形的，你屬於整體。所以，不論你認為你是什麼樣的形式，你都是瘋狂的。你是無形的，你不屬於任何身體，你不屬於任何階級、任何宗教、任何信念，或任何名字，除非你變成沒有形式的、沒有名字的，否則你將永遠都不健全。

心智健全意味著來到那個自然的，來到那個在你裡面最終的，來到那個隱藏在你背後的。需要很多努力，因為要去除形式、要拋棄形式非常困難，你已經變得非常執著於它，你已經變得非常認同它。

這個靜心營只不過是要說服你走向那個無形的——要如何才能夠不處於形式裡。每一個形式都意味著自我，甚至連一隻公雞也有牠的自我，人也有他自己的自我。每一個形式都停留在自我的中心。那個無形的意味著無我，那麼你就不會停留在自我的中心。那麼你的中心就到處都是，或者到處都不是。這是可能的，這個看起來幾乎不可能的事是可能的，因為它已經發生在我身上，當我這樣說，我是透過我自己的經驗來說的。

任何你現在所處的地方我都待過，任何我現在所在的地方，你也可能來到。盡可能深入地看我，盡可能深入地感覺我，因為我是你們的未來，我是你們的可能性。

每當我說臣服於我，我的意思是說要臣服於這個可能性。你可以被治癒，因為你的疾病只是一個思想。王子發瘋了，因為他和那個認為他是一隻公雞的思想認同。除非一個人能夠了解而不與任何形式認同，否則每一個人都是發瘋的。唯有當一個人能夠了解而不與任何形式認同，他才是健全的。所以一個健全的人並不是一個特別的人，他不可能是，只有一個發了瘋的人才可能是一個特別的人——不論他是一隻公雞或是一個人，一個首相或是一個總統，或是任何一個人。一個心智健全的人會感覺到那個「沒有人」，這是一個危險……

你以某號人物來到我這裡，如果你允許我，如果你給我機會，這個某號人物可能會消失，你可能會變成無人，否則你不可能是狂喜的；除非你變成無人，否則那個祝福不會來到你身上，你將會繼續錯過生命。

事實上，你並非真的是活生生的，你只是拖著生命在走，你只是好像一個重擔一樣地攜帶著你自己。有很多痛苦發生、很多失望、很多憂傷，但是從來沒有一絲喜樂，它不可能有。如果你是某號人物，你就好像是一塊堅硬的石頭，沒有什麼東西能夠穿透你。當你是「無人」，你就開始變成有很多孔。當你是無人，你就真的是一個空，是透明的，每一樣東西都能夠流經你。沒有阻礙、沒有障礙，也沒有抗拒，你變成一個被動、一個門。

目前你就好像是一道牆，一道牆意味著某號人物。當你變成一個門，你就變成「無人」。一個門就只是一個空，任何人都可以通過，沒有抗拒、沒有障礙。但如果你是某號人物，那麼你是瘋狂的，當你是「無人」，你就首度變成健全的。

但是整個社會、教育、文明、和文化都在培養你，都在幫助你去變成某號人物。那就是為什麼我說：宗教是反對文明的，宗教是反對教育的，宗教是反對文化的，因為宗教贊成自然、贊成「道」。

所有的文明都反對自然，因為他們想要使你成為某個特別的人。你越是結晶成某號人物，神性就越不能夠穿透你。

你去到寺廟、去到教會，或是去到教士那裡，但是在那裡，你也是在找尋要在另一個世界變成某號人物的方式，在找尋要達成什麼的方式，在找尋成功的方式。那個想要達成的頭腦就好像影子一樣地跟隨著你。不論你去到哪裡，你都帶著那個利益、成就、成功，和達成的概念。如果有人帶著這種觀念來到這裡，他應該盡快離開，他應該盡快從我這裡跑開，因為我無法幫助你變成某號人物。

我不是你的敵人，我只能夠幫助你成為什麼人都不是，我只能夠把你推進深淵——無底的深淵。你將永遠無法到達任何地方，你將只會融解。你將會往下掉、往下掉、又往下掉，然後融解。當你融解的時候，整個存在都會覺得很狂喜，整個存在都會慶祝這個發生。

佛陀達成這個，因為語言的關係，所以我說達成，否則那個字是醜陋的，事實上並沒有達成，但是你會了解的。佛陀達成這個空、這個無物。有兩個星期的時間，持續十四天，他都靜靜地坐著，沒有移動，也沒有說話，什麼事都沒做。

據說天上的神因此而受到了打擾，一個人變成這麼全然的空，那是非常少見的。整個存在都感覺到一個慶祝，所以諸神就來了，祂們拜在佛陀的腳下說：「你一定要說些什麼，你一定要說你達成了什麼？」據說佛陀笑著說：「我並沒有達成任何東西，相反地，因為有這個一直想要達成什麼的頭腦，所以我失去了每一樣東西。我並沒有達成任何東西，這不是一項達成，相反地，那個想要達成的人消失了，我已經不復存在了，看著它的美。當我以前存在的時候，我是痛苦的；當我不復存在，每一件事都是那麼地喜樂，那個喜樂一直繼續灑落在我身上，它到處都存在，現在已經沒有痛苦。」

佛陀曾經說過：人生是痛苦，出生是痛苦，死亡也是痛苦，每一件事都是痛苦的。它是痛苦的，因為有自我存在，那隻船還不是空的。現在那隻船是空的，現在已經沒有痛苦、沒有憂傷、沒有悲傷。存在已經變成一個慶祝，它將會保持是一個慶祝，直到永遠。

那就是為什麼我說你來找我是危險的，你已經踏上了危險的一步。如果你很勇敢，那麼就準備好來「跳」。

整個努力就是要如何把你殺掉，整個努力就是要如何摧毀你。一旦你被摧毀，那個無法被摧毀的就會浮現，它就在那裡，它是隱藏起來的。一旦所有那些非主要的東西都被排除，那個主要的就會好像一個火焰一樣——活生生地，具有全然的光輝。

莊子的寓言很美，他說一個智者就好像是一隻空船。

這就是完美的人
他的船是空的

沒有人在裡面。

如果你碰到一位莊子，或是一位老子，或是我，那隻船就在那裡，但它是空的，沒有人在它裡面。如果你只是看表面，那麼是有一個人在那裡，因為那隻船就在那裡，但是如果你穿透得更深，如果你真的變得跟我很親近，如果你忘掉了身體、忘掉了那隻船，那麼你就會碰到空無。

莊子是一個稀有的開花，因為變成「無人」是世界上最困難、幾乎不可能的、最不平凡的一件事。

平凡的頭腦渴望成為不平凡的，那是平凡的一部分，平凡的頭腦想要成為某個特別的人物，那是平凡的一部分。你或許可以成為一個亞歷山大大帝，但是你仍然保持是平凡的，那麼誰是不平凡的？唯有當你不渴求不平凡，那個不平凡才會開始，那麼那個旅程就開始了，那麼一顆新的種子就發芽了。

這就是莊子所說的「一個完美的人就好像是一隻空船」的意思。它隱含很多事，首先，一隻空船並沒有要走到任何地方去，因為沒有一個人可以來指引它，沒有一個人可以來操縱它，沒有一個人可以來將它開往什麼地方。一隻空船就只是在那裡，它並沒有要去到任何地方，即使它有在動，它也並沒有要去到任何地方。

當頭腦不存在，生命還會繼續流動，但是它將不受指引。你將會行動，你將會改變，你將會好像河流一樣地流動，但是並沒有要去到任何地方，沒有目標。一個完美的人沒有任何目的地生活，一個完美的人會行動，但是沒有任何動機。如果你問一個完美的人：「你在做什麼？」他將會說：「我不知道，但事情就是這樣在發生。」如果你問我說為什麼我在對你講話，我將會說：「你去問花說為什麼它會開花。」這是一個發生，這並不是某一個人在操縱的，沒有人在操縱它，那隻船是空的。當有一個目的，你將會永遠處於痛苦之中，為什麼呢？

從前有一個人問一個守財奴，一個大守財奴：「你怎麼能夠很成功地累積了那麼多的財富？」

那個守財奴說：「這就是我的座右銘：任何明天要做的事今天就把它做好；任何今天要享受的事，明天再享受。這就是我的座右銘。」他很成功地累積了很多財富，人們就是這樣在很成功地累積一些無意義的東西！

那個守財奴也很痛苦。他的一隻手很成功地累積了很多財富，但是另外一隻手也很成功地累積了很多痛苦。累積金錢的座右銘和累積痛苦的座右銘是一樣的：任何明天要做的事今天就做，立刻就做，不要延緩；而任何現在能夠立刻享受的，永遠不要馬上享受，要將它延緩到明天。

這就是進入地獄的方法，它永遠都會成功，它從來不會失敗。試試看，你就會成功，或者，也許你已經成功了。你或許在不自知的情況下一直在這樣做。延緩一切能夠享受的，只是在想著明天。

耶穌被猶太人釘死在十字架上就是為了這個原因，而不是為了別的原因。並不是說他們反對耶穌，耶穌是一個完美的人，是一個很美的人，猶太人為什麼要反對他？相反地，他們一直在等待這個人。好幾世紀以來，他們一直在希望、在等待：彌賽亞（救世主）什麼時候會來？

然後突然間，這個耶穌宣稱說：「我就是你們在等待的彌賽亞，現在我來了，現在注意看我。」

他們受到了打擾，因為頭腦可以等待，它一直都在享受等待，但是頭腦無法面對事實，頭腦無法跟當下這個片刻碰頭，它可以一直延緩，延緩非常容易：彌賽亞將會來，不久他將會來……好幾世紀以來，猶太人一直在想、在延緩，然後突然間，這個人摧毀了他們所有的希望，因為他說：「我就在這裡。」頭腦受到了打擾，他們必須殺掉這個人，因為如果不這樣的話，他們就不能帶著明日的希望來生活。

不只是耶穌，自從那時之後也有很多其他的人宣稱：「我在這裡，我就是彌賽亞！」猶太人一直都否定，因為如果他們不否定，他們將怎麼能夠希望，他們將怎麼能夠延緩？他們非常熱中於跟這個希望生活在一起，那是你幾乎無法相信的。有一些猶太人在晚上上床睡覺的時候就希望說這是最後一個晚上，明天早上彌賽亞就會來……

我聽說有一個猶太教的牧師，他經常告訴他太太說：「如果他晚上來，一個片刻都不要浪費，立刻叫醒我。」彌賽亞一直在來臨的途中，他隨時都會來到。

我還聽說有另外一個猶太教的牧師，他兒子即將結婚，所以他送出很多邀請卡給朋友，上面寫著：「我兒子謹定於某某日子在耶路撒冷結婚，但是如果彌賽亞到那個時候還沒有來，我的兒子將在科茲（Korz）這個村子結婚。」誰知道，到了結婚那一天，彌賽亞或許就會來了，那麼我就不會在這裡了，我將會在耶路撒冷慶祝，所以，如果到了結婚那一天他還沒有來，那麼婚禮就在這個村子舉行，否則就在耶路撒冷舉行。

他們一直在等待又等待，並且做夢。整個猶太人的頭腦都縈繞在即將來臨的彌賽亞，但是每當彌賽亞來臨，他們就立刻否定他。這個必須被加以了解，頭腦就是這樣在運作：你在等待喜樂或狂喜，但是每當它來臨，你就拒絕它，你掉頭就走。

頭腦可以生活在未來，但是無法生活在現在，在現在你只能希望和欲求，你就是這樣在製造痛苦。如果你開始生活在當下這個片刻，生活在此時此地，痛苦就消失了。

它如何跟自我相關連？自我是過去的累積。任何你所知道的、所經驗到的、所讀到的，任何過去發生在你身上的，所有那些東西都累積在那裡，那整個過去就是自我，它就是你。

過去可以投射到未來，未來只不過是過去的延伸，但是過去無法面對現在。現在是完全不同的，它具有一種在此時此地的品質。過去一直都是死的，現在才是生命，它是所有活生生的生命的源頭。過去無法面對現在，所以它就移進未來，但這兩者都是死的，這兩者都是不存在的。現在是生命，未來不可能碰到現在，過去也不可能碰到現在。你的自我、你的某號人物，就是你的過去。除非你是空的，否則你不可能在這裡，除非你在這裡，否則你不可能是活生生的。

你怎麼能夠知道生命的喜樂？它每一個片刻都灑落在你身上，但是你卻避開它。

莊子說：

這就是完美的人
他的船是空的

是什麼空掉？「我」空掉，「自我」空掉，在裡面的某一個人空掉。

那個統治人的人生活在混亂之中
那個被統治的人生活在悲痛之中

「那個統治人的人生活在混亂之中」，為什麼？那個想要統治的欲望來自自我，那個想要占有、想要有權力、想要支配的欲望來自自我。你能夠支配越大的王國，你就能夠達成越大的自我。帶著你的占有物，你內在的那個某號人物就變得越來越大、越來越大。有時候那隻船變得非常小，因為自我變得非常大……

這就是發生在政客身上，以及發生在那些迷戀財富、聲望和權力的人身上的情形。他們的自我變得太大了，以至於他們的船無法容納他們。每一個片刻他們都處於快要被溺斃的邊緣，因此他們會很恐懼，嚇得要死。你越恐懼，你就變得越占有，因為你認為透過占有就可以達到安全。你越害怕，你就越認為如果你的王國能夠再大一點，你就會更安全。

的確，那個統治的欲望來自你的混亂，那個想要成為領袖的欲望來自你的混亂。當你開始領導別人，你就忘記了你的混亂，這是一種逃避，這是一個詭計。你在生病，但是如果有別人在生病，你就變得對治癒他有興趣，而忘掉了你自己的病。

有一次蕭伯納打電話給他的醫生說：「我有了麻煩，我覺得我的心臟快要不行了，請你立刻來！」

醫生立刻跑過去，他必須爬三個樓梯，他爬得滿身大汗。他進來之後什麼話都沒說，只是坐在椅子上閉起他的眼睛，蕭伯納跳下床問他說：「你怎麼了？」

醫生說：「什麼話都不要說，似乎我已經快死掉了，這是一個突發的心臟病。」

蕭伯納開始幫助他，他拿了一杯水來，又拿了一些阿斯匹林，所有他能夠做的，他都做了。半個小時之後，那個醫生恢復了，然後他說：「現在我必須離開，請你把費用付給我。」

蕭伯納說：「這就奇怪了！是你應該付我費用才對！在這半個小時裡面，我在這裡跑來跑去服侍你，你甚至沒有要求，我就為你做了。」

但是那個醫生說：「我已經治好了你，這是一種治療，你必須付我費用。」

當你對別人的病有興趣，你就忘掉了你自己的病，因此會有那麼多的領袖、那麼多的宗師、那麼多的師父。它讓你的頭腦被占據。如果你去顧慮別人，如果你是人們的僕人、是一個社會工作者，一直在幫助別人，那麼你將會忘掉你自己的混亂、你自己內在的動盪不安，因為你太忙於他們的事了。

心理治療家從來不會發瘋，並不是因為他們對它免疫，而是因為他們非常顧慮到別人的瘋狂，以及要去治療和幫助，以至於他們完全忘掉說他們也可能發瘋。

我知道有很多社會工作者、領袖、政客和宗師，他們之所以能夠保持健康就是因為他們都在顧慮別人。

但是如果你從你的混亂去領導別人、去駕馭別人，你將會在他們的生活當中也製造出混亂。它或許是對自己的一種治療，它對你來講或許是一種很好的逃避，但它是在散布疾病。

那個統治人的人生活在混亂之中

不只是他自己生活在混亂之中，他也會繼續將混亂散布給別人。來自混亂的，只有混亂會產生。

所以如果你很混亂，請你要記住，不要去幫助任何人，因為你的幫助將會是有毒的。如果你很混亂，不要用別人來占據你，因為這樣做你只是在製造麻煩，你的病將會被傳染開來。不要給任何人建議，如果你的思想清楚一點，那麼就不要從那些混亂的人聽取建議。保持警覺，因為混亂的人一直都會想要給予建議，他們是免費給予的，他們很慷慨地給予！

保持警覺！來自混亂的，只有混亂會產生。

那個被統治的人生活在悲痛之中

如果你去支配別人，你就會生活在混亂之中；如果你讓別人來支配你，你就會生活在悲痛之中，因為奴隸不可能快樂。

因此「道」希望不要影響別人，也不要被別人所影響

你不應該試圖去影響任何人，你也應該保持警覺而不要被別人所影響。自我能夠做這兩

者，但是它不能夠保持在中間。自我能夠試圖去影響，那麼它就會覺得很好，因為它覺得它在支配。但是要記住，當自我被支配的時候它也會覺得很好。主人覺得很好，因為有很多奴隸在被支配，而奴隸被支配時也覺得很好。

世界上有兩種類型的頭腦：支配別人的頭腦——男性的頭腦，和喜歡被支配的頭腦——女性的頭腦。我說女性並不是意味著女人，男性也不是意味著男人。有一些女人具有男性頭腦，也有一些男人具有女性頭腦，它們並非永遠都是一樣的。

這是兩種類型的頭腦：其中一種喜歡支配別人，另外一種喜歡被支配。在這兩種情況下，自我都被滿足了，因為不管是你支配別人，或者是你被支配，你都是重要的。如果某人支配你，那麼你也是重要的，因為他的支配要依靠你。如果沒有你，他會在哪裡？如果沒有你，他的王國會在哪裡？他的支配和他的占有會在哪裡？如果沒有你，他什麼人都不是。

在這兩個極端裡，自我都可以被滿足，只有在中間，自我才會死掉。不要被支配，也不要試圖去支配別人。

只要想想，將會有什麼事發生在你身上，你就任何方面而言都不重要，你既不是主人，也不是奴隸。主人沒有奴隸無法生活，奴隸沒有主人也無法生活，他們互相需要，他們是互補的，就好像男人和女人也是互補的，他們的滿足需要別人。

不要成為這兩者的其中之一，那麼你是誰？突然間你就消失了，因為如此一來，你根本就不重要了，沒有人依靠你，你是不被需要的。

有一個很大的被需要的需要。記住，每當你被需要的時候，你就覺得很好。有時候，即使它帶給你痛苦，你也喜歡被需要。

一個殘廢的小孩只能待在床上，他母親經常在擔心說要怎麼辦：我必須服務這個小孩，這樣我的一生都將會浪費掉，但是如果小孩死掉，那個母親將會覺得失落，因為至少那個小孩十分需要她，因此她變得很重要。

如果沒有人需要你，那麼你是誰？你會去創造那個被需要的需要，甚至連奴隸都是被需要的。

因此「道」希望不要影響別人，也不要被別人所影響
要釐清混亂和免於痛苦就是要在空裡面跟「道」生活在一起

中間點就是空無之地，或者是到達空無之地的門——就好像你不存在，就好像沒有人需要你，你也不需要任何人。你就好像你不存在一樣地存在。如果你不重要，那麼自我就無法持續，那就是為什麼你繼續試圖要以某一個方式變成重要的。每當你覺得你是被需要的，你就覺得很好，但這是你的悲哀和混亂，這是你地獄的基礎。

你怎麼能夠成為自由的？看看這兩個極端。佛陀稱他的宗教為中道。他稱之為中道，因為他說頭腦生活在極端裡，一旦你停留在中間，頭腦就消失了，在中間是沒有頭腦的。

你是否曾經看過走繩索的人？下一次如果你看到，你就仔細觀察。每當那個走繩索的人靠向左邊，他就立刻移向右邊來平衡；每當他覺得他太過於靠向右邊，他就必須移向左邊。

你必須走到相反的那一極來製造平衡，所以有時候主人會變成奴隸，奴隸會變成主人；占有者會變成被占有的，被占有的會變成占有者，它會一直繼續下去，它是一個持續的平衡。

你是否曾經在你的關係當中觀察過它？如果你是一個先生，你真的二十四小時都是一個先生嗎？你並沒有去觀察。在二十四小時裡面，那個改變至少發生了二十四次——有時候太太是先生，而先生是太太，有時候先生再度是先生，而太太再度是太太。

這種事繼續在改變，從左邊到右邊，它就好像在走繩索一樣，你必須去平衡它，你無法二十四小時都占上風，因為這樣的話，那個平衡將會喪失，那個關係就會被摧毀。

每當那個走繩索的人來到中間，既不靠向右邊，也不靠向左邊，你就很難觀察，除非你本身也是走繩索的人。走繩索曾經在西藏被用來當作靜心，因為在中間的時候，頭腦就消失了。當你靠向右邊，頭腦就會再度存在，頭腦會再度出現說：「平衡它，靠向左邊。」

當有一個問題產生，頭腦就升起了，當沒有問題，頭腦怎麼會升起？當你剛好就在中間，完全平衡，那個時候是沒有頭腦的，平衡意味著沒有頭腦。

我聽說有一個母親非常擔心她的兒子，他已經十歲了，但是連一句話都不會說。他們做盡一切努力想要找出那個原因，但是醫生說：「沒有什麼不對勁，腦部完全沒有問題，身體也很好，這個小孩很健康，沒有什麼可以改善的。如果有什麼不對勁，那麼還可以想點辦法。」

但他還是不能說話，然後突然有一天早晨，她兒子突然說話了，他說：「這個土司烤得太焦了！」

他母親簡直不能相信，她瞪著他看，她嚇著了，她說：「什麼！你會講話了嗎？而且你講得很好！為什麼你以前一直都保持沉默？我們一直在說服你，而且嘗試很多方法，但是你從來不說話。」

那個小孩說：「以前從來沒有什麼東西不對勁，那個土司是第一次烤焦的。」

如果沒有什麼不對勁，你為什麼要說話？

人們來到我這裡，他們說：「你每天繼續在演講……」我說：「是的，因為有很多不對勁的人繼續來到這裡聽我講。有很多不對勁的地方，所以我必須講。如果沒有什麼不對勁，那麼就不需要講。我之所以演講是因為你們，因為土司烤焦了。」

每當它在中間，在任何極端之間，頭腦就消失了。試試看，走繩索是一種很美的練習，是非常微妙的靜心方法之一，其他不需要任何東西。你可以親自去觀察那個走繩索的人，看看它是如何發生的。

記住：站在繩子上，思想會停止，因為你處於相當危險的狀態下，你不能思考，你一思考，你就會掉下來。一個走繩索的人不能思考，他必須每一個片刻都很警覺，那個平衡必須繼續被維持。他無法感覺到安全，他是不安全的。

那個危險一直都存在，隨時只要有一點失去平衡，他就會掉下來……死亡就在那裡等著。

如果你走在一條緊繃的繩索上，你將會感覺到兩件事：思想會停止，因為有危險，每當你真正來到中間，既不偏右，也不偏左，剛好就在中間點，就會有一種很深的寧靜降臨到你身上，那是你以前從來不曾知道過的。這種事會在很多情況下發生，整個人生就好像是在走繩索。

因此「道」希望能夠停留在中間，既不要被支配，也不要去支配別人；既不要成為一個先生，也不要成為一個太太；既不要成為一個主人，也不要成為一個奴隸。

要釐清混亂和免於痛苦就是要在空裡面跟「道」生活在一起

在中間，那個門就會打開，那是空無之地。當你不存在，整個世界就消失了，因為世界就懸在你身上，你在你周遭所創造出來的整個世界就懸在你身上。如果你不存在，整個世界就都消失了。

並不是存在會進入不存在，不是這樣，是整個世界都消失，而存在出現。世界是由頭腦所創造出來的，而存在（existence）是真理。這個房子將會在那裡，但是如此一來，這個房子將不會是你的。花朵將會在那裡，但是那個花朵將會變成沒有名字的。它將既不是美的，也不是醜的。它將會在那裡，但是不會有任何觀念在你的頭腦產生，所有的觀念架構都將會消失。赤裸裸的、天真的存在將會保持在那裡——很純淨地、如鏡子般地存在。在空無之地，所有的觀念、所有的想像，和所有的夢都消失了。

如果一個人在跨過一條河
有一隻空船撞到了他的小船
即使他是一個脾氣很壞的人
他也不會生氣

但是如果他看到有一個人在船上
他將會對他大聲喊，叫他駛開
如果那個喊叫沒有被聽到，他將會再度高喊
而且他還會開始大罵
這一切都是因為有人在那隻船上
但如果那隻船是空的
他一定不會大聲喊，他一定不會生氣

如果人們繼續跟你碰撞，如果人們繼續對你生氣，那麼你要記住，這並不是他們的錯，是因為你的船不是空的。他們之所以生氣是因為你在那裡。如果那隻船是空的，他們將會看起來很愚蠢，如果他們生氣，他們將會看起來很愚蠢。

那些跟我很親近的人有時候會對我生氣，而他們看起來很愚蠢！如果那隻船是空的，你甚至可以享受別人的憤怒，因為沒有一個人可以讓他們來生氣。所以要記住：如果人們繼續撞到你，那表示你是一道過分堅實的牆。要成為一個門，要變成空的，讓他通過。

即使是如此，有時候人們也會生氣，他們甚至會對一個佛生氣，因為有一些愚蠢的人，當他們的船碰撞到一隻空船，他們不會去看說有沒有人在它裡面，他們會開始大罵，他們會自己亂了陣腳，以至於無法去看說有沒有人在它裡面。

但即使是如此，那隻空船也能夠去享受它，因為如此一來，那個憤怒永遠不會打擊到你。你並不在那裡，所以誰能夠被它打擊？

這個空船的比喻的確很美。人們之所以生氣是因為你過分在那裡，因為你太明顯地在那裡，你是那麼地堅實，所以他們無法通過。生命跟每一個人都糾纏在一起，如果你太多了，那麼到處都會有碰撞、有憤怒、有沮喪、有侵略、有暴力——那個衝突將會繼續。

每當你感覺到有人在生氣，或者有人撞到你，你總是認為他應該負責。無知的人就是這樣在下結論，這樣在解釋。無知永遠都說：「別人應該負責。」而智慧一直都說：「如果有人必須負責，那麼我應該負責，而不要碰撞的唯一方式就是不要存在。」

「我應該負責」並不是意味著說：「我做了某些事，所以他們才生氣。」問題不是這樣。你或許並沒有做任何事，但只是你的存在就足以讓人們生氣。問題並不在於你做好或做壞，問題在於你在那裡。

這就是道家跟其他宗教的不同，其他的宗教說：要成為好的，要以某一個方式來躬行，使得沒有人會對你生氣。而道家說：不要存在。

問題並不在於你做得很好或做得不好，那不是問題之所在。即使是一個很好的人，即使是一個非常具有聖人風範的人，也會製造憤怒，因為他存在。有時候一個好人會比一個壞人製造出更多的憤怒，因為一個好人意味著一個非常微妙的自我主義者。一個壞人會覺得有罪惡感，他的船或許是充滿的，但是他會覺得有罪惡感，他並不是真的那麼滿布在整隻船上，他的罪惡感會幫助他收斂，但是一個好人會覺得他自己非常好，所以他會完全充滿那隻船，他會過度充滿它。

所以每當你去接近一個好人，你一直都會覺得被折磨，並不是說他在折磨你，它就只是他的「在」。跟所謂的好人在一起，你會一直感到悲傷，你會想要避開他們。所謂的好人的確非常嚴苛，每當你跟他們接觸，他們就會使你覺得悲傷，他們會壓低你，你會想要盡快離開他們。

道德家、清教徒和有美德的人，他們都很嚴苛，他們攜帶著一個重擔，以及黑暗的影子，沒有人會喜歡他們，他們不可能成為好同伴，他們不可能成為好朋友，跟一個所謂的好人不可能有友誼，幾乎不可能，因為他的眼睛一直都在譴責，你一接近他，他是好的，你就變成壞的，並不是說他會特別做什麼，他的存在就會創造出什麼，你就會覺得生氣。

道家完全不同，道家具有一種不同的品質。對我而言，道家是曾經存在在這個地球上最深的宗教，沒有其他宗教能夠跟它相比。在耶穌、佛陀或克里希那（Krishna：印度古神）的話語裡有一些瞥見，但就只是瞥見而已。

老子或莊子的訊息是最純的，它是絕對地純粹，從來沒有被任何東西污染過。那個訊息就是：一切都是因為有人在船上。整個地獄都是因為有人在船上。

但如果那隻船是空的
他一定不會大聲喊，他一定不會生氣

如果你可以空掉你自己的船
來跨過世界的河流
那麼就沒有人會來反對你
沒有人會想要來傷害你

一棵很直的樹會最先被砍下來
最清的泉水會最先被榨乾
如果你想要改善你的智慧來羞辱那些無知的人
想要培養你的個性來炫耀別人
就有一道光會照射在你的周圍
就好像你吞進了太陽和月亮

這是獨一無二的。莊子是在說，圍繞在你周圍的神聖光環表示你還在那裡。「你是好的」那個光環一定會為你帶來災難，也會為別人帶來災難。老子和莊子——師父和門徒——從來沒有人在他們的照片上畫出光環或氛圍。不像耶穌、查拉圖斯特拉（Zarathustra）、克里希那、佛陀、或馬哈維亞（Mahavir），從來沒有人在他們的頭部畫上光環，「因為，」他們說：「如果你真的很好，沒有光環會出現在你頭部的周圍，相反地，那個頭會消失。」要在哪裡畫光環呢？頭已經消失了。

所有的光環多多少少都跟自我有關。並不是由克里希那自己來畫他的自畫像，它是由門徒們所畫的，他們不能夠想像不在他的頭部周圍畫出一個光環，這樣他才會看起來不平凡。而莊子說：成為平凡的就是成為聖人。沒有人可以認出你，沒有人會覺得你是某某特殊人物。莊子說：去到群眾那裡，跟他們混在一起，沒有人知道有一個佛進入了群眾，沒有人會覺得某人是不同的，因為如果有人感覺到它，那麼就一定會有憤怒和災難。每當有人覺得你是某某顯赫人物，他自己的憤怒和他自己的自我就會受傷，他會開始反應，他會開始攻擊你。

所以莊子說：不要培養個性，因為那也是一種財富。而所謂的宗教人士一直在教導說：

培養個性、培養道德、成為具有美德的。

但這是為什麼呢？為什麼要成為具有美德的？為什麼要反對罪人？但你的頭腦是一個做者，你仍然很有野心。如果你去到天堂，在那裡看到罪人坐在神的旁邊，你將會覺得非常受傷——你的一生都浪費掉了。你培養美德，你培養個性，而這些人一直在享受，一直在做出各種令人譴責的事，而在此他們卻坐在神的旁邊。如果你在天堂看到聖人和罪人在一起，你將會覺得非常受傷，你將會變得非常傷心和悲哀，因為你的美德也是你自我的一部分。你培養了聖人的風範要成為優越的，但是頭腦仍然保持一樣，你的動機就是要如何以某種方式成為優越的，要如何使別人變得比較低劣。

如果你能夠累積很多財富，那麼他們是貧窮的，而你是富有的。如果你能夠變成一個亞歷山大大帝，那麼你會擁有一個很大的王國，而他們就變成乞丐。如果你能夠變成一個偉大的學者，那麼你是博學多聞的，而他們就變成無知的、不識字的。如果你能夠變成美德的、具有宗教性的、令人尊敬的、有道德的，那麼他們就要遭到譴責，他們就變成罪人，那個二分性會一直繼續下去。你在跟別人抗爭，你試圖要成為優越的。

莊子說：如果你培養你的個性來炫耀別人，你將無法避免災難。不要試圖去炫耀別人，不要試圖為了這個自我的目的來培養個性。

所以，對莊子來講，只有一種個性值得一提，那就是無我。其他的一切都要跟隨著它，如果沒有它，沒有什麼東西是有價值的。你的個性或許可以變得像神一樣，但是如果有自我在裡面，那麼你所有那些神性的品質只不過是在服務魔鬼，你所有的美德只不過是表面上的，那個罪人就隱藏在背後。那個罪人無法透過美德或透過任何培養來蛻變。唯有當你不在那裡，它才會消失。

有智慧的人說：
那個自滿的人，他這樣做一點價值都沒有
成就是失敗的開始
名譽是恥辱的開始

這些是非常似非而是的話語，要了解它們的話，你必須非常警覺，否則它們可能會被誤解。

有智慧的人說：
那個自滿的人，他這樣做一點價值都沒有

宗教人士一直在教導說：要對你自己感到滿足。但是你自己仍然停留在那裡要被滿足。莊子說：不要在那裡，那麼就沒有滿足或不滿足的問題。當你不存在，這才是真正的滿足，而如果你覺得你是滿足的，那麼它是虛假的，因為你在那裡，它只是一個自我的達成。你覺得你已經達成了，你覺得你已經到達了。

道家說，一個覺得他已經達成的人，事實上他已經錯過了。一個覺得他已經到達的人，他錯過了，因為成功是失敗的開始。成功和失敗是同一個圓圈或同一個輪子的兩個部分。每當成功到達它的頂點，失敗就已經開始了，那個輪子就已經在往下轉了。每當月亮變成滿月，它就不再進展了，它不會再進一步發展，隔天它就開始走下坡，之後的每一天，那個月亮會變得越來越少、越來越少。

生命循著圓圈在移動，當你覺得你已經達成了，那個輪子就已經開始動了，你已經在失去了。或許你需要花一些時間來認出這個事實，因為頭腦比較愚鈍。要在事情發生的時候就看出來需要很多聰明才智，需要有清晰的眼光。事情發生在你身上，但是你或許要花上很多天才能夠看出它，有時候要花上好幾個月或好幾年的時間才能夠看出它，有時候你甚至要花上好幾世才能夠看出到底是怎麼一回事。

只要想想你的過去，每當你覺得說你成功了，事情就會立刻改變，你就開始往下掉，因為自我是那個輪子的一部分。它成功，因為它能夠失敗，如果它不能夠失敗，那麼就不可能有成功。成功和失敗是同一個錢幣的兩面。

莊子說：

有智慧的人說：
那個自滿的人，他這樣做一點價值都沒有

因為他仍然在那裡，空船尚未產生出來，那隻船仍然是充滿的。自我就坐在那裡，自我仍然被擁上王位。

成就是失敗的開始
名譽是恥辱的開始

他沒有什麼好失去的，因此會有佛教的乞丐，他們是沒有名字的、沒有家的、沒有什麼東西要保護、也沒有什麼東西要保存，他們可以去到任何地方，就好像天上的雲，沒有家，他們是無根的、飄浮的、沒有目標、沒有目的、沒有自我。

他將會像「道」一樣在流動，不被看見
他將會像生命本身一樣地流動，沒有名字，也沒有家

對我來講，門徒就是意味著如此。當我點化你成為門徒，我就點化你進入這個死——這個沒有名字，也沒有家的死。我並不給你任何成功的祕密鑰匙，我並不給你任何要怎麼樣才可以成功的祕密處方。

如果我有給你什麼的話，那是一把如何不去成功的鑰匙，或者如何成為一個失敗者而不要擔心，如何沒有名字、沒有家、沒有任何目標地過日子，如何成為一個乞丐，那就是耶穌所說的在心靈上貧窮的人，一個在心靈上貧窮的人是無我的，他就是空船。

他很單純，不分別

你會稱誰為單純的？你能夠培養單純嗎？

你看到一個人，他一天只吃一餐，他只穿少數幾件衣服，或者是裸體，他不生活在皇宮裡，他生活在一棵樹下，你說這個人是單純的，這是單純嗎？這是簡單嗎？你可以生活在一棵樹下，但是你的生活或許只是一種刻意的培養。你將它培養成單純的，你的單純是經過算

計的。你或許一天只吃一餐，但那是你刻意培養的，這是由頭腦在操縱。你或許保持裸體，但那並不能使你成為單純的，單純（或簡單）只能夠是一種發生。

他很單純，不分別

但是你覺得你是一個聖人，因為你生活在一棵樹下，你一天只吃一餐，你是一個素食者，你光著身體在過日子，你不占有任何金錢——你是一個聖人。然後當一個有錢人經過，在你裡面就會產生譴責，你會想：「將會有什麼事發生在這個罪人身上？」他將會遭到譴責而下地獄，你會很慈悲地同情這個罪人，那麼你就不是單純的，因為那個「分別」進入了，你是跟別人有別的。

那個分別是如何被創造出來的都一樣。一個國王住在皇宮裡，他跟那些生活在茅屋裡的人是有別的。一個國王穿著你不可以穿的衣服，那些衣服太昂貴了，所以他是跟別人有別的。一個人光著身子生活在街上，你無法光著身子生活在街上，所以他是跟別人有別的。不論在什麼地方，只要有那個分別存在，自我就存在了，當沒有分別，自我就消失了，沒有自我就是單純。

他很單純，不分別
他外表看起來好像是一個傻瓜

這是莊子所說的話裡面最深奧的，這很難了解，因為我們總是認為一個成道的人或一個完美的人是一個有智慧的人，而他卻說：他外表看起來好像是一個傻瓜……

但它就是應該如此。跟那麼多愚蠢的人在一起，一個有智慧的人怎麼可以跟他們不一樣？他的外表看起來將會像是一個傻瓜，那是唯一的方式。他怎麼能夠去改變這個愚蠢的世界和那麼多的傻瓜，使他們成為心智健全的？他將必須成為裸體的，躲到桌子底下去，像一隻公雞一樣地啼叫，唯有如此，他才能夠改變你。他必須變得像你一樣瘋狂，他必須成為一個傻瓜，他必須讓你來取笑他，這樣的話，你才不會覺得嫉妒，這樣的話，你才不會覺得受傷，這樣的話，你才不會對他生氣，這樣的話，你才能夠忍受他，這樣的話，你才能夠忘掉他，而且原諒他，這樣的話，你才能夠讓他保持單獨。

有很多偉大的神祕家舉止像傻瓜，跟他們同時代的人都不知道要如何來定位他們，但是有最偉大的智慧存在於他們裡面。在你們之中成為聰明的的確很愚蠢，那是不行的，你們將會製造很多麻煩。蘇格拉底被下毒，因為他不知道莊子，如果他知道莊子，他就不需要被毒死。他試著像一個智者一樣來舉止，在眾多愚蠢的人當中，他試圖成為聰明的。

莊子說：有智慧的人外表看起來好像是一個傻瓜。莊子本身就好像是一個傻瓜在生活，整天都在笑、在唱歌、在跳舞，講笑話或講一些小故事。沒有人認為他是嚴肅的，但是你找不到一個比莊子更真誠、更嚴肅的人，然而沒有人認為他是嚴肅的。人們享受跟他在一起，人們喜愛他，透過他的愛，他在散播他智慧的種子，他改變了很多人，他蛻變了很多人。

要去改變一個瘋子，你必須學習他的語言，你必須使用他的語言，你必須成為像他一樣，你必須降下來。如果你繼續站在你的高台上，那麼就不可能有交融。

這就是發生在蘇格拉底的情況，它必須發生在那裡，因為希臘人的頭腦是世界上最理性的頭腦，而理性的頭腦一直都試著不要成為愚蠢的。蘇格拉底觸怒了每一個人。人們真的必須將他殺死，因為他會問一些令人困窘的問題，而使得每一個人都覺得很愚蠢。他將每一個人都逼到角落，因為如果有人一直繼續問下去的話，你甚至無法回答一般的問題。

如果你相信神，蘇格拉底將會問一些跟神有關的問題。你沒有辦法回答，因為你還沒有看過。有什麼東西可以證明呢？神是一件離得很遠的事。你甚至無法證明普通的事情。你將你太太留在家裡，你怎麼能夠證明說你將你太太留在家裡，或者證明說你有一個太太？它或許只是在你的記憶裡，你或許是看到了一個夢，當你回去，或許並沒有家，也沒有太太。

蘇格拉底問了一些問題，他很有穿透力，他會分析每一件事，在雅典的每一個人都變得很生氣。這個人試圖證明說他們都是傻瓜，因此他們將他殺掉。如果他有碰到莊子——當時莊子住在中國，他們是同一時代的人——那麼莊子一定會告訴他這個祕密：不要試圖證明任何一個人是愚蠢的，因為愚蠢的人不喜歡這樣。不要試圖對一個瘋子證明他是發瘋的，因為沒有一個瘋子會喜歡這樣，他將會生氣，他將會變得很傲慢，而且有攻擊性。如果你證明得太過分，他將會殺掉你。如果你來到了一個點，在那個點上它可以被證明，那麼他將會報復。

莊子一定會說：最好是你自己顯得笨一點，那麼人們就能夠享受你，然後以一種非常微妙的方式，你就可以幫助他們改變，那麼他們就不會反對你。

那就是為什麼在東方，尤其是在印度、中國和日本，這種醜陋的現象——類似蘇格拉底在希臘被毒死的這種現象——從來沒有發生過。它曾經發生在耶路撒冷，耶穌被殺死，被釘死在十字架上；它曾經發生在伊朗、埃及和其他國家，有很多智者被殺死、被謀殺，但是它從來沒有發生在印度、中國或日本，因為在這三個國家裡，人們已經了解到，以一個智者的姿態出現將會惹禍上身。

像一個愚蠢的人一樣地行動，像一個瘋子，只要成為瘋狂的，這是智者的第一步——使你覺得很舒服，你就不會怕他。

這就是為什麼我會告訴你們那個故事。那個王子變得跟那個人很友善。他害怕其他的醫生和其他的專家，因為他們都試圖要改變他或治療他，而他並沒有發瘋，他不認為他是發瘋的，從來沒有一個瘋子會認為自己是發瘋的。如果一個瘋子知道他是發瘋的，那個瘋狂就消失了，他就不再發瘋了。

因此所有那些試圖去治療王子的智者都是愚蠢的，只有這個年老的聖人是聰明的。他的舉止很愚蠢，整個宮廷的人都笑了，國王笑了，皇后也笑了，他們說：「什麼？這個人要怎麼去改變王子？他本身就已經瘋了，而且似乎比王子來得更瘋。」

甚至連王子都感到震驚，他說：「你在幹什麼？你這是什麼意思？」但這個人一定是一個成道的聖人。

莊子是在談論這種現象，他是在談論這個了不起的人。

他的外表看起來好像是一個傻瓜
他的腳步不留痕跡

你無法跟隨他，你無法跟隨一個成道的人，沒有辦法，永遠都沒有辦法，因為他不留痕跡，他沒有留下任何腳印，他就好像在天上飛的小鳥，他行動，但是不留痕跡。

為什麼一個智者不留痕跡？讓你無法跟隨。沒有一個智者會喜歡你跟隨他，因為當你跟隨，你就變成模仿者。他的行徑總是彎來彎去，你無法跟隨。如果你試著去跟隨他，你將會錯過。你能夠跟隨我嗎？那是不可能的，因為你不知道我明天將會怎麼樣，你無法預測。如果你能夠預測，你就可以計畫，那麼你就知道我要去哪裡，那麼你就知道那個方向，你就知道我的腳步。如果你知道我的過去，你就可以推斷我的未來，但我是不合邏輯的。

如果我是合乎邏輯的，那麼你就可以下結論說我明天將會說什麼。只要去看我昨天說了什麼，你就可以下一個邏輯的結論說我明天將會說什麼，但那是不可能的。我或許會完全自相矛盾，我的每一個明天將會跟我的每一個昨天互相矛盾，所以你要如何來跟隨我？如果你試著要跟隨，你將會瘋掉。

遲早你將必須了解說你必須成為你自己，你不可以模仿。

他的腳步不留痕跡

他並不是前後一致的，他並不是合乎邏輯的，他是不合邏輯的，他就好像是一個瘋子。

他沒有權力

這很難理解，因為我們認為聖人具有權力，他是一個最強而有力的人。他會去碰觸你已經瞎掉的眼睛，等到眼睛睜開之後，你就可以看；你是死的，然後他會碰觸你，你就可以復活。對我們而言，一個聖人就是一個會顯奇蹟的人。

但是莊子說：他沒有權力，因為使用權力永遠都是自我的一部分。自我想要成為有權力的、有力量的。你無法說服一個智者去使用他的權力，那是不可能的。如果你能夠，它意味著有一些自我留下來被說服。他從來不會去使用他的權力，因為沒有一個人可以來使用它或操縱它。那個自我、那個操縱者已經不復存在了，那隻船是空的。要由誰來指使這隻船？沒有人。

一個聖人就是力量，但是他沒有權力；一個聖人是強而有力的，但是他沒有權力，因為那個控制者已經不復存在了。他是能量——洋溢的、沒有指名的、沒有指向的——但是沒有一個人可以來指使它。你或許可以在他的「在」裡面被治療，你的眼睛或許可以打開，但是他並沒有打開它們，他並沒有碰觸它們，他並沒有治療你。如果他認為他有治療你，他本身就生病了。這個「我」的感覺——我在治療——是一個更大的病，它是一個更嚴重的瞎眼。

他沒有權力
他不達成任何東西
他沒有名聲

因為他不評斷任何人
所以也沒有人會評斷他

這就是完美的人
他的船是空的

這將是你的途徑——空掉你的船。繼續丟出任何你在船上所找到的，直到每一樣東西都被丟出去而沒有什麼東西被留下來，甚至連你自己都被丟出去，沒有什麼東西被留下來，你的存在變成只是空的。

最後一件事和第一件事就是成為空的，一旦你是空的，你將會被充滿。當你是空的，一切都將會降臨到你身上，只有空能夠接受一切，比這個更少是不行的，因為要接受一切，你必須成為空的，無限地空，唯有如此，一切才能夠被接受。你的頭腦非常小，它們無法接受神性。你的空間非常小，你無法邀神性進來。完全摧毀這個房子，因為只有天空、空間、全然的空間能夠接受。

「空」將成為途徑、目標和每一件事。從明天早上開始，試著使你自己空掉，一切你在裡面所找到的——你的痛苦、你的憤怒、你的自我、嫉妒、受苦、你的痛苦，和你的歡樂——任何你所找到的，你都將它丟掉。不要有任何分別，不要有任何選擇，使你自己空掉，當你變成全然地空，突然間你就會了解到你就是整體，你就是一切，透過空，整體就被達成了。

靜心只不過是在使你變成空，變成「無人」。

在這個靜心營裡，以一個「無人」來行動。如果你在某人裡面創造出憤怒，如果你跟別人碰撞，記住，你一定是在船上，所以它才會發生。不久之後，當你的船是空的，你就不會跟別人碰撞，那麼就不會有衝突、不會有憤怒、不會有暴力，什麼都沒有。

這個空無就是祝福，你一直都是為了這個空無在找尋又找尋。

第2章 道中之人

道中之人毫無障礙地行動
他的行為不會傷害到任何人
然而他並不知道他自己是仁慈且溫和的

他不會奮力去賺錢
他也不會把貧窮當成美德

他走他自己的路而不依靠別人
他對他自己的單獨行動也不引以為傲

道中之人保持不為人所知
完美的美德不製造任何東西
沒有自己就是真實的自己
最偉大的人是一個「無人」

原文：

是故大人之行，不出乎害人，不多仁恩；動不為利，不賤門隸；貨財弗爭，不多辭讓；事焉不借人，不多食乎力，不賤貪污；行殊乎俗，不多辟異；為在從眾，不賤佞諂；世之爵祿不足以為勸，戮恥不足以為辱；知是非之不可為分，細大之不可為倪。聞曰：『道人不聞，至德不得，大人無己。』約分之至也。」

——《莊子》外篇．秋水

對頭腦來講，最困難的事情，幾乎不可能的事情就是停留在中間，就是保持平衡。從一件事走到它相反的極端是最容易的。從一極走到相反的那一極是頭腦的本性，這一點必須被深入了解，因為除非你了解這一點，否則沒有什麼東西能夠引導你到靜心。

頭腦的本性就是從一個極端走到另一個極端，它依靠不平衡而存在，如果你是平衡的，頭腦就消失了。頭腦就好像是一種病，當你是不平衡的，它就存在，當你是平衡的，它就不存在。

那就是為什麼對一個吃太多的人而言，他很容易斷食，它看起來好像不合邏輯，因為我們以為一個執著於食物的人不可能進行斷食，但你這樣想是錯的，只有執著於食物的人能夠斷食，因為斷食也是同樣的執著，只是以相反的方向，它並非真正改變了你自己，你仍然執著於食物。以前你吃太多，現在你很飢餓，但是頭腦仍然保持集中在食物，只是從相反的那一極來運作。

一個過分放縱在性裡面的人可以很容易地變成一個禁慾者，那是沒有問題的。吃適量的東西對頭腦來講很困難，因為頭腦很難停留在中間。

為什麼它很難停留在中間？它就好像鐘擺。鐘擺走到右邊，然後又移到左邊，然後再度移到右邊，又再度移到左邊，整個時鐘都依靠這個移動。如果鐘擺停留在中間，那個時鐘就停止了。當那個鐘擺移到右邊，你認為它只是移到右邊，但是它同時在累積動能要移到左邊。它越是移向右邊，它就累積越多動能要移到左邊，移到相反的方向。當它移到左邊，它又再度累積動能要移到右邊。

每當你吃太多，你就在累積動能要進行斷食，每當你過分放縱在性裡面，遲早禁慾就會吸引你。

同樣的事會在相反的那一極發生。去問你們所謂的出家人，他們堅持保持禁慾，如此一來，他們的頭腦會累積動能去進入性；他們堅持保持飢餓，因此他們的頭腦經常會想到食物。當你過分去想食物，那表示你在為它累積動能。思考意味著動能，頭腦會開始為相反的那一極作安排。

有一件事：每當你移動，你就同時移動到相反的那一極。相反的那一極是隱藏起來的，它是不明顯的。

當你愛一個人，你同時也在累積恨他的動能，那就是為什麼只有朋友會變成敵人。你無法突然變成一個敵人，除非你首先變成一個朋友。愛人會爭吵、爭鬥，只有愛人會爭吵和爭鬥，因為除非你愛，否則你怎麼會恨？除非你移到了非常遠的左邊，否則你怎麼會移到右邊？現代的研究說，所謂的愛是一種親密的敵意關係，你太太是你親密的敵人，你先生是你親密的敵人，既是親密的，也是敵意的。它們看起來是相反的、不合邏輯的，因為我們會懷疑說一個親密的人怎麼會變成一個敵人，一個是朋友的人怎麼會也是敵人？

邏輯是表面的，生命進入得較深，在生命裡面，所有相反的東西都聯合在一起，它們一起存在，這一點要記住。因為這樣，所以靜心才會變成具有平衡作用。

佛陀教導八種規範，每一種規範他都加上「正」字（八正道）。他說：正確的努力，因為很容易從行動進入到不行動，從清醒進入睡覺，但是要停留在中間是困難的。當佛陀使用「正」字，他是在說：不要走到相反的那一極，只要停留在中間。正確的食物——他從來沒有說要斷食。不要放縱在吃太多，也不要放縱在斷食。他說：正確的食物。正確的食物意味著站在中間。

當你站在中間，你並沒有在累積任何動能，這就是它的美，一個不累積任何動能要走到任何地方的人就能夠很安然地跟自己在一起，就能夠好像在家裡一樣。

你從來不能夠好像在家裡一樣，因為不論你做什麼，你都必須立刻做出它的相反來平衡。而那個相反的從來沒有辦法平衡，它只是給你一個印象說你在變平衡，但是你將必須再度走到相反的那一極。

一個佛既不是任何人的朋友，也不是任何人的敵人，他只是停在中間，那個時鐘是不動的。

據說有一個哈希德派（Hassid）的神祕家，他的名字叫做木西德（Muzheed），當他成道的時候，牆上的時鐘突然停止了，它或許有發生，或許沒有發生，因為那是可能的，但是那個象徵很清楚。當你的頭腦停止，時間就停止了；當鐘擺停止，時鐘就停止了。從那個時候開始，它就一直顯示出同樣的時間。

時間是由頭腦的移動所創造出來的，就好像鐘擺的移動一樣。當頭腦移動，你就感覺到時間；當頭腦不移動，你怎麼能夠感覺到時間？當沒有移動，時間無法被感覺到。科學家和神祕家都同意這一點：移動創造出時間。如果你不動，如果你是靜止的，時間就消失了，永恆就進入存在。

你的時鐘移動得很快，它的運作方式就是從一個極端走到另外一個極端。

關於頭腦，第二件必須加以了解的事就是：頭腦總是在渴望遠處的東西，而從來不渴望近處的東西。近處的東西使你無聊，你對它已經膩了，遠處的東西能夠給你夢、給你希望、給你歡樂的可能性，所以頭腦一直都在想遠處的東西，別人的太太總是比較漂亮、比較有吸引力，別人的房子總是比較讓你想念，別人的車子總是比較吸引你。總是遠處的東西，你對於近處的東西都看不見，頭腦看不到那個非常近的東西，它只能夠看到那個非常遠的東西。

什麼是最遠的東西？相反之物就是最遠的東西。你愛一個人，現在恨就是最遠的現象；你吃太多東西，現在斷食就是最遠的現象；你是一個禁慾者，現在性就是最遠的現象；你是一個國王，現在成為和尚就是最遠的現象。

最遠的東西最能夠引人遐思，它具有吸引力，它令人想念，它繼續在呼喚、在邀約你，然後當你到達了另外一極，你所走過的這個地方就再度變得很美。當你跟你太太離婚，幾年之後，那個太太就再度變得很美。

有一個女演員來到我這裡，她在十五年前跟她先生離了婚，現在她年紀大了，也沒有像以前跟她先生分手的時候那麼漂亮了。他們的兒子去年結婚，所以在婚禮的時候，她再度碰到她先生，他們必須一起旅行，她先生再度愛上她，所以她跑來這裡問我說：「我要怎麼辦？現在他再度向我求婚，他想要再跟我結婚。」

她也被他所吸引，她只是在等待我說好，我說：「但是你們曾經住在一起，而一直都在吵架，我知道那整個故事，我知道你們怎麼樣在吵架，怎麼樣在互相製造地獄和痛苦，而現在又……？」

對頭腦來講，相反的東西具有吸引力，除非你可以透過了解而超越這一點，否則頭腦將會繼續從左邊移到右邊，再從右邊移到左邊，那個時鐘將會繼續。

它已經持續了很多世，你就是這樣在欺騙你自己，因為你不了解那個運作過程。遠處的東西再度變得有吸引力，然後你就再度進入同樣的旅程。當你到達你的目標，你以前所知道的事現在就變成遠處的，現在就變得有吸引力，現在就變成一顆星星，變成某種有價值的東西。

我在閱讀關於一個飛機駕駛員的故事，他跟一個朋友飛越加州，他告訴那個朋友說：「向下看那個漂亮的湖，我誕生在它的附近，那是我的村子。」

他指向河邊山丘上一個小小的村子說：「我出生在那裡。當我還是一個小孩的時候，我經常坐在湖邊釣魚，釣魚是我的興趣，在那個時候，常常有飛機在天上飛，從我的頭上經過，當時我會夢想說有一天我也可以成為一個飛機駕駛員，我也可以開一架飛機。那是我唯一的夢想，現在這個夢想實現了，但是我的情況卻很糟糕！現在我一直往下看著那個湖，想像有一天當我退休的時候可以再度去釣魚，那個湖非常美……」

事情就是這樣在發生，事情就是這樣發生在你身上。在孩提時代，你想要快一點長大，因為大人有更多的權力。小孩子渴望立刻長大。老年人比較聰明，小孩子覺得不論他做什麼，它總是錯的。然後你問老年人，他總是認為當孩提時代失去，每一樣東西就都失去了，孩提時代是天堂。所有的老年人死的時候都會懷念孩提時代，懷念那個天真、那個美，和那個夢境。

任何你所擁有的看起來都沒有用，任何你所沒有的看起來都很有用。這一點要記住，否則靜心無法發生，因為靜心意味著這個對頭腦的了解、對頭腦運作過程的了解。

頭腦是以正反兩極在交互運作進行的，它使你一再一再地走向相反的那一極，這是一個無限的過程，除非你突然離開它，否則它永遠都不會結束；除非你突然變得覺知到那個遊戲，除非你突然變得覺知到頭腦的詭計，然後停在中間，否則它永遠不會結束。

停在中間就是靜心。

第三，因為頭腦是由兩極所組成的，所以你從來不可能完整。頭腦不可能是完整的，它總是一半。當你愛一個人，你是否有注意到你同時在壓抑你的恨？那個愛並不很全然，它並不是全部，在它的背後隱藏著所有黑暗的力量，它們隨時都可能爆發，你就坐在一座火山上。

當你愛一個人，你會忘掉你有憤怒、有恨、有嫉妒。你完全將它們拋開，好像它們從來就沒有存在過一樣。但是你怎麼能夠拋開它們？你只能將它們隱藏在無意識裡。只有在表面上，你可以變得很有愛心，但是在深處，那個騷動是隱藏起來的，遲早你將會感到膩，你對愛人將會變得很熟悉。

他們說，熟悉會產生輕視，並不是說熟悉會產生輕視，熟悉會使你變得無聊，而那個輕視一直都存在，它是隱藏起來的，然而，它會出現，它一直在那裡等待適當的時機，那個種子就在那裡。

那個相反的總是在頭腦裡面，那個相反的會進入無意識。等待它可以出現的片刻。如果你仔細觀察，你每一個片刻都可以感覺到它。當你告訴某人說我愛你，閉起你的眼睛，成為靜心的，然後去感覺，有沒有任何隱藏起來的恨？你將會感覺到它，但是因為你想要欺騙你自己，因為真相是那麼地醜陋——那個你恨你所愛的人那個真相——因此你不想去面對它。你想要逃離真相，所以你就將它隱藏起來，但隱藏是不能夠有所幫助的，因為它並不是在欺騙別人，它是在欺騙你自己。

所以每當你有感覺到什麼東西，只要閉起眼睛，進入你自己去找出那個相反的，它就在那裡。如果你能夠看到那個相反的，它將會給你一個平衡，那麼你就不會說：「我愛你。」如果你很真實，你會說：「我跟你之間的關係包含愛和恨。」

所有的關係都是「愛－恨」的關係，沒有一個關係是純粹的愛的關係，也沒有一個關係是純粹的恨的關係，它既是愛，也是恨，兩者都是，如果你很真實，你將會處於困難之中。如果你告訴一個女孩子說：「我跟你之間的關係既是愛，又是恨，你是我最愛的人，也是我最恨的人。」那麼，除非你找到一個非常靜心的女孩，她能夠了解那個真相，除非你能夠找到一個朋友，他能夠了解頭腦的複雜現象，否則你很難跟他結婚。

頭腦並不是一個簡單的運作機構，它非常複雜，透過頭腦你永遠無法變得很簡單，因為頭腦會繼續製造欺騙。成為靜心的意味著去覺知那個事實說頭腦在隱藏某些東西不讓你知道，你對某些會打擾你的事實閉起你的眼睛，遲早那些會打擾的事實將會爆發出來，將會壓倒你，然後你就會移到相反的極端。那個相反的並不是在很遠的地方，並不是在某一個星球，那個相反的就隱藏在你的背後，就隱藏在你裡面，在你的頭腦裡，在你頭腦的功能裡。如果你能夠了解這一點，你就能夠停在中間。

如果你能夠看到我所說的既愛又恨，突然間兩者都將會消失，因為沒有辦法兩者同時存在於意識裡。你必須創造出一個障礙，其中一個必須存在於無意識裡，另外一個才存在於意識裡，沒有辦法兩者都存在於意識裡，它們會互相排斥。愛會摧毀恨，恨會摧毀愛，它們會互相抵銷，因此它們會消失。同樣份量的恨和同樣份量的愛會互相抵銷，突然間它們就蒸發了，你還會在那裡，但是沒有愛，也沒有恨，那麼你就平衡了。

當你很平衡，頭腦是不存在的，那麼你就是完整的。當你是完整的，你就是神聖的，但是頭腦不存在，所以靜心是一種沒有頭腦的狀態，它無法透過頭腦被達成。透過頭腦，不論你做什麼，它都永遠無法達成，那麼，當你在靜心的時候，你是在做什麼？

因為你在生活當中創造出很多緊張，所以你現在在靜心，但這是緊張的相反，而不是真正的靜心。因為你很緊張，所以靜心變得具有吸引力，那就是為什麼靜心在西方比在東方更吸引人，因為西方比東方有更多的緊張存在。東方仍然是放鬆的，人們並沒有那麼緊張，他們不會那麼容易發瘋，他們不會那麼容易自殺，他們不會那麼暴力、那麼積極、那麼害怕、那麼恐懼，不，他們沒有那麼緊張。他們並沒有生活在這麼瘋狂的速度下，在那種狀態下只會累積緊張，其他不會。

所以，如果馬赫西瑜伽行者(Mahesh Yogi)來到印度，沒有人會聽他的，但是在美國，人們對他很瘋狂。當有很多緊張存在，靜心就會具有吸引力，但是這種吸引力是再度掉進同樣的陷阱，這並不是真正的靜心，這也是一個詭計。你靜心幾天，然後變得很放鬆，當你變得很放鬆，活動的需要就再度產生，頭腦就會開始想要做些什麼事，或是想動。你會對它感到無聊。

人們來到我這裡說：「我們靜心了幾年，然後變得很無聊，不再有什麼樂趣。」就在前幾天，有一個女孩來到我這裡說：「現在靜心已經不再好玩了，我應該做什麼？」

現在頭腦在找尋其他的東西，靜心對它來講已經夠了。既然她已經放鬆下來了，頭腦就會要求更多的緊張，找些會打擾的事來做。當她說現在靜心已經不再有趣，她的意思是說現在緊張已經不存在了，所以靜心怎麼會有趣？她必須再度進入緊張，然後靜心才會再度變得有價值。

注意看頭腦的荒謬：你必須走到遠處才能夠來到近處，你必須成為緊張的才能夠成為靜心的，但是這樣的話，那就不是靜心，它也是同一個頭腦的詭計，在一個新的層面上，同樣的遊戲在繼續著。

當我說靜心，我的意思是說要超越相反兩極的遊戲，拋棄整個遊戲，看清它的荒謬，然後超越它，那個真正的了解會變成超越。

頭腦會逼你走到相反的那一極，但是你不要走到相反的那一極，你要停留在中間去看說這一直都是頭腦的詭計，頭腦就是這樣在駕馭你——透過相反的兩極來駕馭你。你有感覺到它嗎？

在跟一個女人做愛之後，你會突然開始想禁慾，在那個片刻，禁慾非常吸引你，你會覺得其他沒有什麼東西要去達成。你會感到挫折，你會覺得被騙，你會覺得在性裡面並沒有什麼，只有禁慾才有喜樂。但是在經過了二十四小時之後，性就會再度變得重要、變得有意義，你就必須再度進入它。

頭腦到底在幹什麼？在性行為之後，它開始想到它的相反，但那個相反的狀態又會再度創造出對性的品味。

一個暴力的人會開始去想非暴力，這樣的話，他就可以很容易再度成為暴力的。一個一再一再生氣的人會一直想要不生氣，會一直下決心說不要再生氣，但是這個決心會幫助他再度生氣。

如果你真的想要不再生氣，那麼就不要下決心去反對生氣。只要深入去洞察那個憤怒，只要去看那個憤怒的影子——那個你認為是不憤怒的東西。深入去洞察性，以及性的影子——那個你認為是禁慾的東西。它只是它的負面和它的暫時不在。注意看吃太多這件事，以及它的影子——斷食。斷食一直都跟隨著過食；禁慾的誓言一直都跟隨著過度的性放縱；靜心技巧總是跟隨著緊張。一起來看它們，去感覺它們是如何相關連的，它們是同一個過程的兩個部分。

如果你能夠了解這一點，靜心將會發生在你身上。的確，它並不是某種要去做的事，它是一件要去了解的事。它並不是一種努力，它並不是某種必須去培養的事，它是一件必須加以深入了解的事。

了解能夠給予自由。知道頭腦的整個運作過程就是蛻變，那麼，突然間，那個時鐘就停止了，時間就消失了，隨著時鐘的停止，就沒有頭腦；隨著時間的停止，你在哪裡？船是空的。

現在我們來進入莊子的經文：

道中之人毫無障礙地行動
他的行為不會傷害到任何人
然而他並不知道他自己是仁慈且溫和的

道中之人毫無障礙地行動……你總是帶著障礙在行動，那個相反的總是在那裡製造障礙，你並不是一個流（flow）。

如果你愛，那個恨一直都在那裡作為一個障礙。如果你行動，就有某種東西把你拉回來，你從來不會很全然地行動，總是有某些東西被留下來，那個行動並不是全然的。你用一隻腳行動，但另外一隻腳是不動的。你怎麼能夠行動呢？那個障礙一直都存在。

這個障礙，這個持續性的一半在動，另一半不動，就是你的痛苦和你的焦慮。為什麼你會如此地痛苦？是什麼東西在你裡面創造出這麼多的焦慮？不論你做什麼，為什麼喜樂不會經由它而發生？喜樂只能發生在整體，它從來不會發生在部分。

當整體毫無障礙地行動，那個行動就是喜樂。喜樂並不是某種來自外在的東西，它是當你的整個存在一致行動時所產生出來的感覺。整體的行動就是喜樂，它並不是某種由外界發生在你身上的事，它是由你產生出來的，它是你存在的和諧。

如果你是分裂的——你一直都是分裂的：一半動，一半保留；一半說是，一半說不；一半愛，一半恨，你是一個分裂的王國，在你裡面經常都有衝突。你說了一些事，但是你從來不是真正意味著如此，因為它的相反會一直在那裡阻礙，在那裡製造障礙。

鮑爾仙姆(Baal Shem)的門徒會寫下任何他所說的話，鮑爾仙姆以前常說：我知道任何你們所寫下來的並不是我所說的。你聽到了一件事，而我所說的是另外一件事，你所寫下來的又是另外一件事。如果你去看那個意義，那個意義又是另外一回事。你永遠都不會去做你所寫下來的，你會做另外一件事，你是片片斷斷的，而不是一個整合的存在。

為什麼會有這些片斷存在？

你是否聽過關於蜈蚣的故事？一隻蜈蚣用牠的一百隻腳在走路，用一百隻腳走路真的是一項奇蹟，即使只是要安排兩隻腳就已經很困難了！要安排一百隻腳真的是幾乎不可能，但是蜈蚣卻能夠操作得很好！

有一隻狐狸變得很好奇，狐狸一直都很好奇。狐狸在民間傳說裡面是頭腦、理智和邏輯的象徵，狐狸是偉大的邏輯家。狐狸看到了，她觀察，她分析，但是她無法相信，她說：「等一等！我有一個問題，你是怎麼操作的？你怎麼知道哪一隻腳要跟隨哪一隻腳？一共有一百隻腳吧！而你卻能夠走得那麼順，這個和諧是怎麼發生的？」

蜈蚣說：「我一生都在走路，但是我從來沒有想過這個問題，你給我一些時間。」

所以牠就閉起牠的眼睛，牠首度感覺到內在的分裂：頭腦是一個觀察者，而牠自己是被觀察的。那隻蜈蚣首度變成「二」。牠一直都在生活和走路，牠的生命是一個整體，沒有一個觀察者站在那裡去看著牠自己，牠從來不分裂，牠一直都是一個完整的存在，現在，那個分裂首度產生。牠在看著牠自己，牠在思考，牠變成既是主體，也是客體，牠變成了「二」，然後牠開始走路，那個情況變得很困難，幾乎不可能，牠倒了下來，因為你要怎麼去操作那一百隻腳？

狐狸笑了，她說：「我知道它一定很困難，我本來就知道了。」

蜈蚣開始哭泣，牠含著眼淚說：「它以前從來不會有困難，但是你卻製造出困難，現在我變得沒有辦法再走路了。」

頭腦進入了存在。當你是分裂的，它就進入存在。頭腦必須依靠分裂才能夠存在，那就是為什麼克里虛納穆提（Krishnamurti）一直在說，當那個觀察者變成那個被觀察的，你就處於靜心之中。

相反的那一極發生在蜈蚣身上，那個完整喪失了，牠變成「二」——觀察者和那個被觀察的，分裂了；主體和客體；思考者和那個被思考的，如此一來，每一件事都受到了打擾，那麼喜樂就喪失了，那個流就停止了，然後牠就被凍結起來。

每當頭腦介入，它就以一個控制的力量介入，它是一個經理人。它不是主人，它是經理人。除非這個經理人被擺在一旁，否則你無法接觸到主人。經理人不讓你去接觸主人，經理人會一直站在門口安排。所有的經理人都只不過是在作錯誤的安排，頭腦很會作錯誤的安排。

可憐的蜈蚣，牠一向都很快樂，牠以前根本就沒有問題。牠生活、走路、愛，以及做每一件事，根本就沒有問題，因為沒有頭腦。頭腦會把難題帶進來，把問題帶進來，把發問帶進來。在你的周遭有很多狐狸，要小心他們——哲學家、神學家、邏輯家，和教授，全部都在你周圍，他們都是狐狸，他們會向你問問題，然後製造擾亂。

莊子的師父老子說：當沒有哲學家，每一樣東西都會被解決，沒有問題，所有的答案都有。當哲學家來，問題就產生了，而那些答案就消失了。每當有一個問題，那個答案就離得很遠。每當你發問，你就永遠沒有辦法得到答案，但是當你停止發問，你將會發現那個答案一直都在那裡。

我不知道那隻蜈蚣後來怎麼樣。如果牠跟人們一樣愚蠢，牠一定會住進醫院，永遠變成殘廢或癱瘓，但是我不認為蜈蚣會那麼愚蠢，牠一定會把那個問題拋開，牠一定會告訴狐狸說：「把那些問題留給你自己，讓我好好走路。」牠一定會了解到分裂讓牠無法生活，因為分裂創造死亡。不分裂，那麼你就是生命；分裂，那麼你就變成死的。你越分裂，你就越死氣沉沉。

喜樂是什麼？喜樂是當你處於和諧之中，而不是片片斷斷時來到你身上的感覺；當你成為「一」而不分裂時的感覺。感覺並不是某種從外在來發生的事，它是從你內在的和諧所產生出來的旋律。

莊子說：

道中之人毫無障礙地行動

他是不分裂的，所以會有誰在那裡阻礙？會有什麼東西來作為障礙？他是單獨的，他以他的完整來行動，這種以完整來行動是可能發生的最美的事。有時候你會瞥見它，有時候當你突然變完整，當頭腦不運作，它就發生了。

太陽在升起……你突然看到，那個觀察者不在。太陽不在那裡，你也不在那裡，沒有觀察者，也沒有被觀察者，只是太陽在升起，你的頭腦並沒有在那裡操縱。你並沒有看到它就說：「這個太陽很美。」你一說出它，那個喜樂就喪失了，那麼就沒有喜樂，它已經變成了過去，它已經消失了。

突然間你看到太陽在升起，那個看者不在，那個看者尚未進入存在，它沒有變成一個思想。你沒有看，你沒有分析，你沒有觀察。太陽在升起，但是沒有一個人，那隻船是空的；有喜樂，那是一個瞥見，但是頭腦會立刻介入說：「那個太陽很美，這個日出非常美。」比較進入，然後那個美就喪失了。

那些知道的人說，每當你對一個人說「我愛你」，那個愛就消失了。那個愛已經走掉了，因為那個愛人進入了。當那個分裂、那個操縱者進入，愛怎麼能夠存在？是頭腦在說「我愛你」，因為事實上在愛裡面沒有我，也沒有你。在愛裡面沒有個人，愛是一種融解、一種融合，他們並不是「二」。

愛存在，但是愛人不存在。在愛當中，愛存在，但是愛人不存在，然而頭腦會進入說：「我處於愛之中，我愛你。」當「我」進入，懷疑就進入了，分裂就進入了，然後愛就不復存在了。

在你的靜心當中有很多次你會有那個瞥見。記住：每當你感覺到這樣的一個瞥見，不要說：「多麼美！」不要說：「多麼可愛！」因為這樣做你將會失去它。每當那個瞥見出現，就讓那個瞥見存在，不要學那隻蜈蚣的做法，不要提出任何問題、不要加以評斷、不要分析、不要讓頭腦介入。用一百隻腳來走路，但是不要去想說你是怎麼走的。

當你在靜心當中瞥見了某些狂喜，那麼就讓它發生，讓它進入更深，不要分裂你自己，不要作出任何陳述，否則那個連繫將會喪失。

有時候你會有一些瞥見，但是你已經變得很熟練，很容易就失去跟那些瞥見的連繫，以至於你無法了解它們是怎麼來的，以及你如何再度失去它們。當你不存在的時候它們來臨，當你再度進入的時候，你就失去了它們。當你存在的時候，它們就不存在，當那隻船是空的，喜樂一直都會發生，它並不是一個偶發事件，它就是存在的本性，它不依靠任何東西，它是一種如陣雨般的灑落，它就是生命的呼吸。

當到處都在下雨，你是如何把自己操縱得那麼痛苦、那麼口渴，那真的是一項奇蹟，你真的是做出了那個不可能的事！到處都是光，而你卻生活在黑暗之中；死亡並不存在，但是你卻經常在垂死；生命是一個祝福，而你卻生活在地獄之中。

你是如何操作它的？透過分裂、透過思考……思考要依靠分裂和分析，當沒有分析、沒有分裂，靜心才存在；當每一件事都變成綜合的，當每一件事都變成「一」，靜心才存在。

莊子說：

道中之人毫無障礙地行動
他的行為不會傷害到任何人

他怎麼會傷害？唯有當你已經傷害你自己，你才能夠傷害別人。記住這一點，這是奧祕。如果你傷害你自己，你將會傷害別人，甚至當你是在對別人做好事，你也會傷害。除了傷害以外，其他沒有什麼事會透過你而發生，因為一個帶著創傷在生活的人，一個生活在痛苦和悲慘之中的人，任何他所做的都將會替別人製造出更多的痛苦和悲慘。你只能給出你所擁有的。

我聽說有一次一個乞丐去到一個猶太教的寺院，他告訴那個住持說：「我是一個偉大的音樂家，我聽說你們寺院所屬的音樂家過世了，你們正在物色另外一個，所以我來毛遂自薦。」

那個住持和那些會眾們都覺得很高興，因為他們的確懷念他的音樂，然後那個人開始彈奏，簡直可怕極了！沒有他的音樂還更舒服，他創造出一個地獄。那天早上根本就沒有辦法在那個寺院裡感覺到任何寧靜。他必須被阻止，因為大多數的會眾都開始紛紛離開。人們都盡快逃掉，因為他的音樂簡直就是一團混亂，它就好像發了瘋似的，那個氣氛開始影響到那些人。

當住持聽到每一個人都紛紛離去，他就去阻止那個人，那個人說：「如果你不想要我，你可以付我今天早上的費用，然後我就走。」

那個住持說：「我不可能付你錢，因為我們從來沒有經驗過這麼可怕的一件事。」

然後那個音樂家說：「好吧！那麼就將它當成我的捐獻。」

那個住持說：「但是你怎麼能夠捐出你所沒有擁有的東西？你根本就沒有任何音樂，你怎麼能夠捐獻？唯有當你擁有什麼東西，你才能夠將它捐獻出來。這根本就不是音樂，相反地，它就好像是反音樂，所以請你把它帶走，不要將它捐獻給我們，否則它將會繼續縈擾著我們。」

你只能給出你所擁有的，你永遠都是在給予你的存在，如果你的內在是死的，你無法幫助生命，不論你走到什麼地方，你都將會帶著你的殺氣。不論是有意識地，或不知不覺，那並不是重點，你或許認為你在幫助別人生活，但你還是在殺。

一個偉大的心理分析學家威爾罕姆雷克（Wilhelm Reich），他在研究小孩子以及他們的問題，有一次有人問他：「小孩子最基本的問題是什麼？在他們所有的痛苦、問題和異常的根源你找到了什麼？」

他說：「母親。」

沒有一個母親能夠同意這一點，因為每一位母親都覺得她只是毫無任何私心地在幫助她的小孩。她為小孩生，也為小孩死，而心理學家竟然說母親就是問題的根源，在不知不覺當中，她們都在殺、在摧殘，但是在有意識的部分，她們認為她們是在愛。

如果你的內在是殘缺的，你將會摧殘你的小孩，你沒有辦法做任何其他的事，你不得不如此，因為你會給出你的存在，沒有其他的方式可以給予。

莊子說：道中之人……他的行為不會傷害到任何人。並不是說他在培養非暴力，並不是說他在培養慈悲，並不是說他過著一種很好的生活，並不是說他以聖人的方式來舉止，不，他不可能傷害是因為他已經停止傷害他自己，他沒有創傷，他是那麼地喜樂，所以從他的行動或不動都只有喜樂會流露出來。甚至有時候它或許會顯得他是在做一些錯誤的事，但是他不可能如此。

它的情況剛好跟你相反，有時候它顯得好像你是在做一些好事，但是你不可能如此。道中之人不會傷害，那是不可能的，他沒有辦法這樣做，那是無法想像的，因為他不是分裂的，他不是片斷的，他不是一個群眾，他不是多重心理的，他是一個和諧的宇宙，只有優美的旋律會發生在他的內在，只有這樣的音樂會繼續散布。

道中之人並不是一個有很多行動的人，他並不是一個行動的人，很少有行動透過他而發生，他的確是一個無為的人，他不會經常被行動所占據。

你被行動所占據只是要逃離你自己，你不能夠忍受你自己，你不能夠忍受跟你自己在一起，你繼續去尋找別人來作為一種逃避，處於某種心神的占據之下你就可以忘掉你自己，你就可以將你自己涉入它，你對你自己覺得很無聊。

一個道中之人，一個達到了內在本性的人，一個真正具有宗教性的人，並不是一個有很多行動的人，只有那個必要的會發生，那些不必要的都完全被排除，因為他沒有行動也可以很安逸，他可以待在家裡完全不做事，他可以放鬆，他可以陪伴他自己，他可以跟他自己在一起。

你不能夠跟你自己在一起，因此會有經常的衝動想要去找同伴。去到一個俱樂部，去到一個會議，去到一個宴會，進入群眾，去到你不會單獨的地方。你非常害怕你自己，如果你被單獨留下來，你將會發瘋。只要三個星期的時間，如果完全單獨，沒有任何行動，你將會發瘋，這並不只是宗教人士所說的，現在心理學家也同意這一點。只要三個星期，如果所有的行動和所有的同伴都從你身上帶走，如果你單獨一個人被留在房間裡，在三個星期之內，你將會發瘋，因為你所有的行動都只是在丟出你的瘋狂，它是一種發洩。

當你單獨一個人的時候，你要做什麼？在剛開始的三、四天裡，你會夢想，你會在內在談話，你會有一個內在的喋喋不休，然後這個將會變得很無聊。在第一個星期之後，你將會開始大聲講話，因為至少你可以聽到你自己的聲音。當你夜晚走在暗路上，你會開始吹口哨，為什麼？這個吹口哨如何能夠給你勇氣？這個吹口哨如何能夠幫助你？只是去聽它，你就會覺得你並不是單獨一個人，有人在吹口哨，「有兩個人」的幻象會被創造出來！

一個星期之後，你將會開始大聲講話，因為這樣的話，你也可以聽，你並不是單獨的，你在講話，你也在聽，就好像別人在對你講話。在第二個星期之後，你將會開始回答你自己，你將不只是談話，你還會回答，你變成分裂的。現在你變成「二」——一個發問的人和一個回答的人，現在已經有了一個對話，你已經完全瘋掉了。

有一個人問他的心理治療師說：「我非常擔心，我在自言自語，我要怎麼辦？你能夠幫助我嗎？」

那個心理治療師說：「這種事不必擔心，每一個人都會自言自語，這並不是什麼大問題。當你開始回答的時候，你才來找我，那個時候我才能夠對你有所幫助。」

但那個差別只是在於程度，那個質並沒有什麼不同，只是份量有些不同。如果你開始自言自語，遲早你也會開始回答，因為一個人怎麼能夠只是繼續講話？回答是需要的，否則你會覺得很愚蠢。到了第三個星期，你會開始回答，你已經瘋掉了。

這個世界，這個充滿活動、商業和職業的世界使你不必住進瘋人院。如果你被占據了，如果你的能量走向外在，那麼你就不需要去顧慮內在，不需要去顧慮內在的世界，你可以忘掉它。

一個道中之人並不是一個有很多行動的人，只有重要的行動。人們這樣來描述莊子：如果他能夠站著，他就不走路；如果他能夠坐，他就不站；如果他能夠睡，他就不坐。那個主要的，那個最主要的，只有那個必要的，他才做，因為在他裡面沒有瘋狂。

你會去做那些非主要的，你繼續在做那個非主要的。注意看你的行動，其中有百分之九十九是非主要的，你可以拋掉它們，你可以省下很多能量，你可以省下很多時間，但是你無法拋掉它們，因為你害怕，你害怕你自己。如果沒有收音機、沒有電視、沒有人可以談話，你要做什麼？

我聽說有一個教士過世，當然，他希望能夠上天堂，去到了那裡，每一樣東西都很美，他進入的那個屋子是曾經夢想過的最棒的一個，好像皇宮一樣。你一有欲望產生，就立刻會有一個僕人出現。如果他感到餓，就有一個僕人會端上食物來，端來他所曾經嘗過最好吃的食物；如果他感到口渴，甚至在那個欲望變成思想之前，當它還只是一個感覺，就有一個人會帶著飲料出現在他的面前。

事情就這樣繼續下去，在剛開始的兩、三天，他覺得非常高興，然後他開始覺得不自在，因為一個人總得有事情做，你不能夠只是坐在椅子上，只有道中之人能夠只是坐在椅子上，然後一直坐、一直坐、一直坐，你做不到這樣。

那個教士變得很不安，兩、三天沒有問題，它可以被當成休假或休息。他一直很活躍，有很多公共的服務、傳教活動、教會活動，和講道等等，他非常涉入教會和社區，所以他可以藉這個機會來休息，但是你能休息多久呢？除非你的本質處於休息狀態，否則遲早那個假日將會結束，你就必須回到世界上來。不安產生，他開始覺得不舒服。

突然間就有僕人出現來問他：「你想要什麼？你的這個感覺並不是因為缺少什麼？你既不渴，也不餓，只是不安，所以我應該怎麼做？」

那個教士回答說：「我不能夠永遠永遠地坐在這裡，我想要一些活動。」

僕人說：「那是不可能的，在這裡所有的欲望都必須由我們來滿足，所以有什麼活動的需要呢？那是不需要的，因此在這裡我們沒有提供這個。」

那個教士變得非常不安，他說：「這算是哪一種天堂？」

那個僕人回答說：「誰說這是天堂？這是地獄，誰告訴你說這是天堂？」

這的確是地獄。現在他了解到：如果沒有活動，這是地獄。這樣繼續下去的話，他一定遲早會發瘋。沒有溝通，也沒有談話，沒有社會服務可以做，沒有異教徒可以被轉變成基督徒，沒有愚蠢的人來讓他們教導成聰明的，他能夠做什麼呢？

只有道中之人能夠將地獄改變成天堂。一個道中之人不論他在哪裡，他都會很和平、很安然。他只做必要的事情，如果你能夠為他做必要的事，他會很高興，那些非必要的事都被拋掉了。

你無法拋掉那些非必要的事，事實上，你有百分之九十九的能量都浪費在那些非必要的事上面。那些必要的還不夠，頭腦一直在渴望那些非必要的，因為那些必要的東西很小、很少，它可以很容易就被滿足，然後你要做什麼？

人們對吃好吃的東西並不是非常有興趣，他們對擁有一輛大車更有興趣，因為好吃的東西很容易就可以得到，然後呢？人們對擁有一個好的、健康的身體並沒有興趣，因為那個很容易就可以達到，他們對那些無法很容易達到的東西比較有興趣，對那些不可能的東西比較有興趣，那些非必要的東西常常都是不可能的。它們總是較大的房子、較大的車子，它們繼續變得越來越大、越來越大，因此你就永遠無法休息。

整個世界都試圖在滿足那些非必要的東西，有百分之九十的工業都涉及非必要的東西，有百分之五十的人力浪費在那些完全沒有用的東西上。有百分之五十的工業用在女性的頭腦，應該說是女性的身體。每三個月就設計出新的衣服，設計出新的房子、衣服、粉餅、肥皂和面霜等，有百分之五十的工業貢獻給這些無意義的東西。而人類正在飢餓，人們因為缺乏食物而正在垂死，但是有一半的人類對那些完全不必要的東西有興趣。

登陸月球是完全不必要的，如果我們聰明一點，我們甚至連想都不會去想它。浪費掉可以餵飽整個地球的錢去發展那個是絕對地愚蠢。戰爭是不必要的，但是人類瘋了，它需要戰爭比需要食物來得更甚，它需要登陸月球比需要食物、衣服，和那些必要的東西來得更甚，因為那些必要的東西還不夠。

現在科學已經創造出最大的恐怖，那個恐怖就是現在那些必要的東西很容易就可以被滿足。在十年之內，所有人類的需要都可以被滿足，就必要的東西而言，整個地球都可以被滿足。然後呢？然後你要做什麼？你將會跟那個教士有同樣的感覺，他認為他是在天堂，但是之後他發覺他是在地獄。在十年之內，整個地球可能會變成一個地獄。

那些非必要的東西之所以需要是因為你那一直想要保持忙碌的瘋狂。所以月球還不夠，我們必須再更進一步，我們必須繼續創造出那個沒有用的，它是被需要的，人們需要它來使自己有事做。

一個道中之人並不是一個有很多活動的人，他的行動都是最必要的，都是那些不可避免的，那些可以避免的，他都避免。他跟自己在一起就覺得很快樂，不需要再進入行動。他的行動就好像無為，他做事，但是並沒有一個人在做。

他是一隻空船，在海上漂泊，沒有要去到任何地方。

然而他並不知道他自己是仁慈且溫和的

讓這一點深深地穿透你的心。然而他並不知道他自己是仁慈且溫和的，因為如果你知道，你就錯過了那個要點。如果你知道你是一個單純的人，那麼你就不是一個單純的人，這個知道會使它變複雜。如果你知道你是一個宗教人士，那麼你就不是，因為這個知道的狡猾的頭腦還在那裡。

當你是溫和的，而你不知道，當你是單純的，而你沒有覺知到它，它已經變成你的本性。當某件事真的很自然，你並沒有覺知到它，但是當某件事是從外在加上去的，你就會覺知到它。當某人變富有，最近才變富有，他會覺知到他的房子、他的游泳池，和他的財富，你可以看出他不是一個出身貴族的人，因為他非常顧慮到他的展示。

一個剛發了財的人在他的花園裡訂做了三個游泳池，當它們被做好的時候，他展示給一個朋友看，那個朋友覺得有些困惑，他說：「三個游泳池？為什麼？一個不就行了嗎？」

那個剛發了財的人說：「不，一個怎麼行，其中一個要用熱水，另外一個要用冷水。」

他的朋友問說：「那第三個呢？」

他回答說：「第三個是為那些不會游泳的人準備的，所以第三個游泳池不放水。」

你可以看到一個剛發了財的人會去展示它，而真正的貴族是一個已經忘記了他的財富的人。一個道中之人就是內在世界的貴族。

如果一個人會展示他的宗教，他就還不是真正具有宗教性的。那個宗教仍然好像一根刺，它並不是自然的，它會傷人，他很熱心於去展示它。如果你想要展示你的單純，那麼那算是哪門子的單純？如果你展示你的溫和，那麼它簡直就是狡猾，在它裡面並沒有什麼溫和存在。

道中之人是一個內在世界的貴族，他非常融入於它，所以不會有什麼展示，不僅不會展示給你，他本身也沒有覺知到它。他並不知道他是聰明的，他並不知道他是天真的。你怎麼能夠知道你是不是天真的，你的知道將會打擾到那個天真。

有一個穆罕默德的跟隨者跟著他到一個回教寺院去作晨間祈禱。那是一個夏天，在他們回家的途中，他們看到很多人還在他們的屋子裡睡覺，或者就睡在街上。那是一個清晨，一個夏天的早晨，有很多人還在睡覺，那個人很傲慢地告訴穆罕默德說：「這些罪人將會怎麼樣？他們沒有去作晨間祈禱。」

今天是他第一次去那個祈禱會，昨天他也是像那些罪人一樣在睡覺。剛發了財的人會想要展示，他向穆罕默德炫耀說：「穆罕默德，這些罪人將會怎麼樣？他們沒有去作晨間祈禱，他們還在那裡睡懶覺。」

穆罕默德停下來說：「你先回家，我還得再回到寺院去。」

那個人說：「為什麼？」

他回答說：「我的晨間祈禱就因為你而浪費掉了，跟你在一起讓我毀了一切，我將必須再去做我的祈禱，至於你，請你記住，永遠不要再來，你最好跟別人一樣，繼續睡你的覺，這樣的話，至少他們不會成為罪人。你的祈禱只做了一件事——它給了你一把鑰匙去譴責別人。」

所謂的宗教人士之所以成為宗教的只是為了要用譴責的眼光來看你們，好讓他能夠說你們是罪人。去到你們的聖人那裡，你們所謂的聖人那裡，洞察他們的眼睛，你將無法找到應該有的天真，你將會發現有一個算計的頭腦在看著你，然後想到地獄：你將會被丟進地獄，而我將會上天堂，因為我做了很多祈禱，每天祈禱五次，我也做了很多斷食，就好像你能夠買通天堂似的！這些是籌碼——斷食和祈禱——這些是一個人用來討價還價的籌碼。

如果你在一個聖人的眼光中看到譴責，那麼你就可以知道得很清楚，他是一個剛發了財的人，他還不是一個內在世界的貴族，他還沒有跟它合而為一。他或許知道它，但是唯有當某件事跟你是分開的，你才會知道它。

有一件事在此必須被記住：因為這個，所以知道自己是不可能的。你無法知道自己，因為每當你知道它，它就不是自己，它是某種另外的東西，某種跟你分開的東西。自己永遠都是那個知者，從來不是那個被知的，所以你怎麼能夠知道它？你無法將它貶成一個客體。

我能夠看到你，我怎麼能夠看到我自己？那麼誰是那個看者？誰是那個被看的？不，自己不能夠以其他事物被知道的同樣方式來被知道。

以平常的意義來講，知道自己是不可能的，因為那個知者一直都是超越的。任何它所知道的，它並不是那個。《優婆尼沙經》說：不是這個，也不是那個。任何你所知道的，你並不是那個，任何你所不知道的，你也不是那個。你是那個知道的那一個，這個知者不能被貶為一個被知的客體。

知道自己是不可能的，如果你的天真來自你內在的源頭，你無法知道它；如果它是你從外面加上去的，你就可以知道它；如果它就好像你所穿上去的衣服，你可以知道它，但它並不是你生命的氣息，那個天真是培養出來的，培養出來的天真是醜陋的。

道中之人不知道他自己是仁慈且溫和的。他是溫和的，但是他不知道；他是仁慈的，但是他不知道；他就是愛，但是他不知道，因為那個愛者和那個知者並不是「二」，那個溫和、仁慈、慈悲和那個知者並不是「二」，不，他們不能夠被分裂成知者和被知者。當你變得非常富有，富有到你並沒有覺知到它，這是內在的貴族。當你是那麼地富有，你並不需要去展示它。

我聽說：有一次，亨利福特去到英國，在機場的詢問台，他問城裡最便宜的旅館，那個職員看著他，他的臉大家都認得，亨利福特是舉世聞名的，就在前一天就有他的大張照片刊登在報紙上說他要來，他果然來了，詢問最便宜的旅館，穿著一件跟他自己的年紀一樣老的外套。

所以那個職員說：「如果我沒有弄錯的話，你就是亨利福特先生，我記得很清楚，我曾經看過你的照片。」

那個人說：「是的。」

這令那個職員感到非常疑惑，他說：「你在詢問最便宜的旅館，並穿著一件跟你的年紀一樣老的外套。我也看過你兒子來這裡，他總是詢問最好的旅館，而且他所穿的衣服也都是最好的。」

據說當時亨利福特這樣回答，他說：「是的，我兒子的行為是炫耀者的姿態，他還沒有調整好，我不需要住在昂貴的旅館裡，不論我住在哪裡，我都是亨利福特，即使住在最便宜的旅館裡，我還是亨利福特，它並不會造成任何差別。我兒子還是新手，他會擔心說如果他住在便宜的旅館，人們將會怎麼想。至於這件外套，是的，這件外套是我父親的，但是它並沒有什麼差別，我並不需要新的衣服。我是亨利福特，不論我穿什麼衣服，即使我光著身子站出來，我還是亨利福特，它根本就不會有什麼差別。」

當你真的很融入，當你的內在世界真的很富有，你就不會去顧慮到展示。當你第一次去到教室，你的祈禱會比別人大聲一點，它一定是如此，因為你想要炫耀。

那個炫耀是自我的一部分，至於你炫耀什麼，那並不是問題之所在。你炫耀、你展示，那麼那個自我是存在的，那隻船並不是空的，而道中之人是一隻空船。他是溫和的，但是他並不知道；他是天真的，但是他並沒有覺知到；他是聰明的，因此他能夠以一個傻瓜來行動而不擔心。不論他做什麼都沒有什麼差別，他的智慧是完整的，他經得起成為愚蠢的，但是你做不到。

你一直都在害怕別人或許會認為你是一個傻瓜。你害怕說如果別人認為你是一個傻瓜，你將會開始去懷疑它。如果有那麼多人認為你是一個傻瓜，你的自信心將會喪失。如果每一個人都一直重複說你是一個傻瓜，遲早你將會相信它。

只有聰明的人不可能被欺騙，他可以顯得好像是一個傻瓜。

我聽說有一個智者，他的外號叫做「瘋子」，沒有人知道他真正的名字，或其他任何有關他的事，他只是以「瘋子」為人所知。他是一個猶太人，猶太人的確創造出一些真正聰明的人，他們具有來自內在源頭的某些東西，那就是為什麼耶穌能夠出生在他們之中。

這個瘋子的行徑非常愚蠢，以至於整個社區都受到了他的打擾，因為沒有人知道他下一步要幹什麼。在一些宗教的紀念日或是其他的祭典，整個社區的人都很擔心，因為人們無法預測這個律法專家將會怎麼做，他會怎麼樣出現在那裡，他會怎麼樣行動。他的祈禱也很瘋狂。

有一次他召開了一個法庭，猶太的法庭，十個法官全部到場，那些法官來，因為這個律法專家在召集，他說：「我有一個反對神的案件，所以我們要決定如何懲罰神這個傢伙，我會提出所有的論點來證明說上帝是不公正的，是一個罪犯。」

那些法官變得非常害怕，但是他們必須聽，因為他是律法專家，他是那座廟的頭頭，他就像一個律師在法庭一樣作出那個案子。

他說：「上帝，你創造了世界，現在你派遣一些傳訊者來告訴我們說要如何拋棄它，這是多麼地愚蠢！你給我們欲望，但是現在你所有的老師都一直來告訴我們說：要成為沒有欲望的。所以，你以為你在做什麼？如果我們有犯下任何罪，事實上你才是那個犯罪者，因為你為什麼要創造出欲望？」

法院應該怎麼決定？他是對的，但是法院決定說這個人已經完全瘋掉了，應該被逐出那座廟。

但這個人的確是在講真理，他非常愛上帝，它是一個非常親密的「我和你」的關係。他說：「你在幹什麼？夠了，現在停下來，不要再愚弄了。」他一定非常喜愛神，所以他能夠以那樣的方式來做。

據說當他召開法庭的時候，上帝立刻停下來，祂必須聽聽這個人的話。天使們問說：「你突然停下來，到底是怎麼一回事？」

祂說：「那個瘋子在祈禱，我必須聽一聽，因為任何他所說的都是真實的，他非常愛我，所以不需要什麼客套形式……」在愛和恨當中，每一件事都是被允許的。

這個瘋子走在路上，有一個女人跑來找他，她問說：「四十年來，我一直在渴望有一個孩子，如果在三、四年內小孩還不來，事情將會變得很麻煩，所以，請你幫助我。」

那個瘋子說：「我可以幫忙，因為我母親也碰過同樣的問題，有四十年的時間，她一直在等待又等待，但是都沒有小孩來，然後她跑去找一個叫做鮑爾仙姆的神祕家，她告訴他這件事，所以他就出面協調。我母親給了他一頂漂亮的帽子，鮑爾仙姆將那頂帽子放在他的頭上，向上看，告訴神說：『你在幹什麼？這是不公平的，這個女人的要求並沒有錯，所以請你給她一個孩子。』過了九個月之後，我就被生下來了。」

所以那個女人臉上露出了光芒，很高興地說：「我將會回家，我將會帶給你一頂比你以前所曾經看過的都更漂亮的帽子，這樣的話，我就會生小孩了嗎？」

那個瘋子說：「你錯過了那個要點，我母親從來不知道那個故事，你的帽子是不行的，你錯過了，你不能模仿宗教，你不能模仿祈禱，你一模仿，你就錯過了。」所以每當有人來找這個瘋子，他就會說：「不要模仿，拋棄所有的經典。」

當這個瘋子即將過世時，他將所有寫他的書都燒掉。他所做的最後一件事就是告訴他的門徒說：「在這個屋子裡面再找找看，確定沒有什麼東西留下來，好讓我能夠安心死去，甚至連我所寫的任何一封信都不應該被留下來，否則在我死後，人們將會開始跟隨，當你跟隨，你就錯過了。」因此每一樣東西都被蒐集起來燒掉，然後他說：「現在我可以安心死去了，我並沒有留下任何痕跡。」

這種類型的智者並不會害怕。一個智者怎麼會害怕任何人？他可以顯得外表好像是一個傻瓜，他不需要展示他的智慧。

你是否曾經觀察過你自己？你一直都試著要展示你的智慧，一直都在找尋一個受害者，好讓你能夠對他炫燿你的知識，一直在找尋和獵取一個比你弱的人，然後你就會立刻不分青紅皂白地向他炫耀你的智慧。

聰明的人不需要成為一個炫耀者。任何是的，就是了。他並沒有覺知到它，他並沒有急急忙忙想要展示它。如果你想要找到它，你將必須作一些努力。如果你要知道他是否溫和，那要由你自己去發現。

他不會奮力去賺錢
他也不會把貧窮當成美德

記住這一點。很容易會想去賺錢，也很容易會把貧窮當成美德。但是這兩種類型的人並沒有什麼不同。一個人繼續賺錢，然後突然間他感到很挫折。他達成了，但是並沒有得到什麼，所以他拋棄了。然後貧窮就變成美德，然後他就過著窮人的生活，然後他說：這是唯一真實的生活，這是宗教的生活。這個人也是一樣，並沒有什麼改變。鐘擺移到左邊，但是現在它走到了另外一個極端。

他不會奮力去賺錢

這個你會了解，另外一部分比較難了解。

他也不會把貧窮當成美德

他既不貧窮，也不富有。他沒有作任何努力去賺錢，他也沒有作任何努力去成為貧窮的——任何所發生的，他就讓它發生。如果皇宮發生，他就在皇宮裡；如果皇宮消失，他也不會去找尋它。任何所發生的，他都隨著它，他的喜樂不會被打擾。他不會奮力去賺錢，他也不會奮力去保持貧窮。

他走他自己的路而不依靠別人

這個你很容易就可以了解。

他走他自己的路而不依靠別人
他對他自己的單獨行動也不引以為傲

你必須依靠別人，你的太太、你的小孩、你的父親、母親、朋友和社會，然後突然間，你拋棄了每一樣東西，而逃到喜馬拉雅山上去。你開始為你自己感到驕傲：我單獨一個人生活，我不需要任何人，我可以免於這個世界。

即使到了那個時候，你仍然不是單獨的，因為你的單獨還要依靠世界。如果沒有一個世界可以讓你離開，你怎麼能夠成為單獨的？如果沒有太太、小孩和家庭可以讓你拋開，你怎麼能夠成為單獨的？你的單獨要依靠他們。如果沒有錢可以讓你離開，你怎麼能夠成為貧窮的？你的貧窮要依靠你的財富。

不，一個完美的人，一個真正的聖人，一個道中之人，走他自己的路而不依靠別人。如果你依靠別人，你將會受苦，如果你依靠別人，你將永遠都會處於枷鎖之中，你將會變成依賴和脆弱的，但是那並非意味著你必須對你自己的單獨行動引以為傲。單獨一個人走，但是不要引以為傲，那麼你就可以在世界上行動而不必成為它的一部分；那麼你就可以是一個先生，但是不成為一個先生；那麼你就可以占有而不要被你的占有物所占有；那麼世界就是在外在，而不是在內在；那麼你就是在那裡，但是不被它所腐化。

這才是真正的單獨——在世界上行動，但是不被它所碰觸。但是如果你引以為傲，你就錯過了。如果你認為「我已經變成某號人物」，那麼那隻船就不是空的，你就再度淪為自我的犧牲品。

道中之人保持不為人所知
完美的美德不製造任何東西
沒有自己就是真實的自己
最偉大的人是一個「無人」

聽著……道中之人保持不為人所知。並不是說沒有人會知道他，但是能否發現他要依你而定，他不作任何努力去為人所知。想要為人所知的努力來自自我，因為當你不為人所知的時候，自我無法存在，唯有當你為人所知，自我才能夠存在。當別人看著你，當他們注意到你，當你是某某重要人物，它才能夠存在，它才會得到滋養。

如果沒有人知道你，你怎麼能夠成為重要的？當整個世界都知道你，你才是重要的，那就是為什麼人們那麼追求名聲。如果好名聲無法被達成，他們也不惜惡名昭彰，但就是不能沒沒無聞！如果人們無法讚美你，那麼你會不惜做出一些令人譴責的事，但是你無法忍受他們對你漠不關心。

我聽說有一個政客，他有很多追隨者，有很多人賞識他，直到有一天他變得很有權力……

當你還沒有當權的時候，你看起來非常天真，因為當沒有權力的時候，你能夠怎麼樣？所以真正的本性唯有當你得到權力的時候才會顯露出來。

注意看獨立之前印度的甘地派信徒，他們是多麼地神聖，現在每一件事都走到了相反的極端，現在他們是最腐敗的，到底怎麼了？一個簡單的法則：當他們還沒有當權，他們是鴿子，天真的；當權力來到，他們就變成好像蛇一樣，狡猾的、腐敗的、剝削的。

唯有當你有權力的時候，你真正的本性才會為人所知。當你能夠傷害，那麼你是否會傷害就可以被看出來了。

愛克頓(Lord Acton)爵士說：權力會使人腐化，絕對的權力使人絕對地腐化。不，那是不對的，權力從來不會腐化，它只是將那個腐化帶出來。權力怎麼能夠腐化？你已經腐化了，但是它找不到顯現的出路。你已經很醜，但是你站在黑暗中，現在你站在光線之下，所以你會說是燈光使你變醜的嗎？不，燈光只是顯露出實際的情況。

這個政客備受愛戴，他具有很好的個人特質，然後他當權之後每一個人都反對他，他被趕走了，他變得惡名昭彰，他到處都受到譴責，所以他必須離開他所住的那個城鎮，因為人們不允許他住在那裡，他做出了太多的傷害。

所以他跟他太太到新的城鎮去找尋新的住處，他走訪了很多城鎮，想要去看看和感覺哪裡適合居住，然後他到了一個城鎮，人們開始向他丟石頭，他說：「這是適合的地方，我們應該選擇這個城鎮。」

他太太說：「你瘋了嗎？人們在向你丟石頭！」

那個政客說：「至少他們不是漠不關心的。」

漠不關心是最傷害你的，因為自我無法存在於漠不關心之中。贊成我或反對我，自我都能夠存在，但是不要對我漠不關心，因為這樣的話，我怎麼能夠存在？自我怎麼能夠存在？道中之人保持不為人所知，那意味著他不找人來知道他。如果他們想要知道他，他們必須來找他。

完美的美德不製造任何東西

這是道家生活最基本的原則之一。

完美的美德不去製造任何東西，因為當你的美德是那麼地完美，你並不需要任何東西；當你的美德是那麼地完美，你沒有欲望，也沒有動機，你是完美的，完美怎麼能夠行動？只有不完美會行動，只有不完美會想要去製造什麼，所以一個完美的藝術家從來不畫一幅畫，而一個完美的音樂家會將他的西達琴丟掉。一個完美的弓箭手會折斷他的弓而將它丟掉，一個像佛陀這樣完美的人是絕對沒有用的。佛陀製造了什麼？詩、畫、雕塑，或一個社會嗎？他似乎是絕對地不事生產，他什麼事都沒有做。

完美的美德不製造任何東西，因為它並不需要任何東西。生產來自欲望，之所以要生產是因為你是不完美的。因為你覺得不滿足，所以你創造出某些東西來作為替代品。當你完全滿足，你為什麼要創造，你怎麼能夠創造？這樣的話，你本身就已經變成了創造的光輝，這樣的話，那個內在的本質本身就已經很完美了，不需要任何東西。

完美的美德不製造任何東西。如果世界是美德的，所有實用的目標都將會喪失。如果世界真的是具有完美的美德，那麼將會有遊戲而沒有生產。那麼整個事情都將變成只是一個遊戲，你會去享受它，但是你並不需要它。一個完美的聖人是完全沒有用的。

沒有自己就是真實的自己

當你覺得你不存在，那麼你就是首度存在，因為自己只不過是自我的同義詞，那就是為什麼佛陀、老子和莊子，他們都說沒有自己，沒有「阿特曼」(atman)。並不是沒有，他們說沒有自己，因為你的自我非常狡猾，它可以隱藏在它的背後。你可以說：我是梵天，我是神，然後自我可以隱藏在它的背後。佛陀說，沒有一個人可以來宣稱，在你裡面沒有自己。佛陀說，你就像是一顆洋蔥，你剝開它的皮，你繼續一層一層地剝，到了最後什麼都沒有。你的頭腦就好像是一個洋蔥，繼續剝。這就是靜心——繼續剝、繼續剝，有一個片刻會來到，到時候什麼都沒有留下來。那個空無就是你真實的自己。沒有自己就是真實的自己。唯有當那隻船是空的，你才首度在船上。

最偉大的人是一個「無人」

佛陀拋棄了他的王國，然後他從一座森林找到另外一座森林，從一個宗教社區找到另外一個宗教社區，從一個師父找到另外一個師父，全部都是用走路的。他以前從來沒有不穿鞋子走路，但是現在他只是一個乞丐。他正在經過一個河岸，走在沙灘上，他的腳印被留下來。

當他在樹蔭底下休息，有一個占星家看到他，那個占星學家正從卡西(Kashi)回來，從他學占星術的地方回來，他已經對占星學非常熟悉，他的熟悉程度已經到了完美的境界，現在他已經成為一個偉大的占星學醫生，要回到他的家鄉去開業。他看到了潮濕的沙灘上的腳印，心情受到了打擾，這些腳印不可能是一個普通人的腳印——在大熱天中午不穿鞋子走在沙灘上的一個普通人的腳印！這些腳印屬於一個偉大的國王，一個統治著整個世界的國王。所有的跡象都顯示說這個人是整個世界六大洲的國王，一個這麼偉大的國王為什麼會在這麼炎熱的夏天中午打赤腳走在沙灘上？那是不可能的！

那個占星學家帶著他最有價值的書，他心裡想：「如果這是可能的，我就應該將這些書都丟進河裡，而將占星學永遠忘掉，因為這件事太荒謬了。要找到一個統治整個世界的國王的腳印是非常非常困難的。在好幾百萬年裡面才有一個人會變成統治整個世界的國王，這個超級國王在這裡幹什麼？」

所以他就跟隨那些腳印到它們的源頭，他看到了佛陀，他閉著眼睛坐在一棵樹下休息，他的心情變得更受打擾。這個占星學家變得完全受打擾，因為那個臉也是整個世界的國王的臉，但是那個人看起來卻像是一個乞丐，他的乞丐碗就放在他的旁邊，他所穿的衣服也是破破爛爛的，但是他的臉看起來卻像超級國王，所以他要怎麼辦？

他說：「我的心情非常激盪，請你幫我平息，只有一個問題我必須問，我研究過你的腳印，它們應該是屬於一個統治著整個世界的偉大國王，整個地球都是他的王國，而你卻是一個乞丐，所以我要怎麼辦？我是否應該將我所有占星學的書都丟掉？我在卡西那十二年的努力都浪費掉了，在那裡的那些人都是傻瓜，我已經浪費掉我一生當中最寶貴的部分，所以請你平息我，告訴我，我應該怎麼辦？」

佛陀說：「你不需要擔心，這種事將不會再發生，你帶著你的書去到城裡開始執業，不要管我，我本來生下來是要當世界國王的，這些腳印攜帶著我的過去。」

所有的腳印都攜帶著你的過去，你的手相也攜帶著你的過去，那就是為什麼占星學家和手相學家對於過去的事都算得很準，但是對未來從來不準，對一個佛是絕對地不準，因為對一個拋棄了他所有的過去而進入未知的人而言，你無法預測他的未來。

佛陀說：「你將不會再碰到這麼麻煩的一個人，你不必擔心，這種事不會再發生，將它視為一個例外。」

但是那個占星學家說：「但是你的臉看起來非常美、非常鎮定，極度充滿著內在的寧靜，你是誰？你是來自天堂的天使嗎？」

佛陀說：「不是。」

那個占星學家再問一個問題說：「問你這個問題似乎不大禮貌，但是你挑起了我的好奇，你是人嗎？如果你不是一個國王，一個世界的國王，如果你不是一個從天堂來的神，那麼你是人嗎？」

佛陀說：「不，我是『無人』，我不屬於任何形式，也沒有任何名字。」

那個占星學家說：「現在我的心情更受打擾，你這樣說是什麼意思？」

這就是佛陀的意思：

最偉大的人是一個「無人」

你可以成為某號人物，但是你不可能成為最偉大的，在世界上的某一個地方總是有人比你更偉大。誰是某號人物？你是那個量尺。你說這個人是偉大的，但誰是那個量尺？你。湯匙是大海的量尺，你說：「這個人很偉大。」你說，同時也有很多像你一樣的人說：「這個人很偉大。」他因為你而變得很偉大！

不，在這個世界裡，凡是是某號人物的人都不可能是最偉大的，因為海洋無法用湯匙來衡量。你們都是茶匙在衡量海洋，不，那是不可能的。

所以，真正最偉大的將會是在你們之中的「無人」。當莊子說「最偉大的是『無人』」，它意味著什麼？它意味著：它是不可衡量的。你無法衡量，你無法給他貼上標籤，你無法將他歸類，你不能夠說：「他是誰。」他就是無法被衡量。他就是超越、超越、再超越，然後那個茶匙就掉到地上。

第3章 貓頭鷹和鳳凰

惠子是梁國的首相，他有他所相信的內線消息說莊子在垂涎他的職位，而且陰謀要取代他。

當莊子走訪梁國，首相派出一些警察要來抓他，雖然他們搜尋了三天三夜，但還是找不到他。

在那個同時，莊子自己跑去見惠子說：「你是否曾經聽說過有一種生活在南方的鳥，叫做鳳凰，牠從來不會變老？」

「那種不會死的鳳凰發自南海，然後飛到北海，除了在某些神聖的樹之外，從來不棲息；除了最精緻、最稀有的水果之外，從來不碰任何食物，而且牠只喝最清澈的泉水。」

「從前有一隻貓頭鷹在吃一隻已經腐爛的老鼠，牠看到了鳳凰往頭上飛過，牠向上看，並發出惶恐的尖叫聲，然後將那隻死老鼠抓在牠自己身邊，顯得很驚慌。」

「首相，你為什麼要那麼狂亂，抓著你首相的職位，很驚慌地對我尖叫？」

原文：

惠子相梁，莊子往見之。或謂惠子曰：「莊子來，欲代子相。」於是惠子恐，搜於國中三日三夜。莊子往見之，曰：「南方有鳥，其名鵷鶵，子知之乎？夫鵷鶵，發於南海而飛於北海；非梧桐不止，非練實不食，非醴泉不飲。於是鴟得腐鼠，鵷鶵過之，仰而視之曰：『嚇』！今子欲以子之梁國而嚇我邪？」

——《莊子》外篇·秋水

宗教的頭腦基本上是沒有野心的。如果有任何野心，那麼成為具有宗教性是不可能的，因為只有優越的人可以成為具有宗教性的。野心隱含自卑。試著去了解這一點，因為這是基本的法則之一。如果沒有了解這一點，你可以去到寺廟，你可以去到喜馬拉雅山，你可以祈禱，你可以靜心，但是每一件事都將會是徒然的。如果你沒有了解你頭腦的本質是有野心的，或是沒有野心的，那麼你只是在浪費你的生命。你的整個找尋將會是無效的，因為野心永遠無法引導到神性，唯有沒有野心能夠變成那個門。

現代的心理學也同意莊子、老子、佛陀，和所有那些為人所知的人，認為自卑會產生野心，因此政客來自人類裡面最差勁的東西。所有的政客都是最低階級的人，它不可能不是如此，因為每當頭腦覺得自卑，它就會試圖去成為優越的——相反的東西會產生。當你感覺到醜，你就試圖要成為美的。如果你很美，那麼就不需要努力。

注意看醜女人，你就會知道政客的本性。醜女人總是試圖要隱藏那個醜，總是試圖要成為美的。至少那張臉、那張畫出來的臉、那些衣服和那些飾物，一切都屬於那個醜。那個醜必須被克服，你必須創造出它的相反來隱藏它，來逃避它。一個真正美的女人不會擔心，她甚至不會意識到她的美。唯有一個無意識的美才是美的。當你變得有意識，那個醜就進入了。

當你覺得你是低劣的，當你把你自己跟別人相比，然後了解到他們比你更優越，你要怎麼辦？自我會覺得受傷——你是比較低劣的。你無法接受它，所以你必須欺騙你自己和別人。

你要如何欺騙？有兩種方式，其中一種就是發瘋，那麼你就可以宣稱你就是亞歷山大、希特勒或尼克森，它會來得很容易，因為這樣的話你就不必擔心別人說什麼。去到全世界的瘋人院，在那裡你將會發現所有歷史上的偉人都還活著！

當尼赫魯還活著的時候，在印度至少有一打的人相信說他們就是尼赫魯。有一次他到一家瘋人院去為一個新成立的部門剪綵。該瘋人院當局安排了一些人由他來釋放，因為現在他們已經變健康和正常了。第一個人被帶到他面前介紹給他，所以尼赫魯也介紹他自己給那個已經變得比較正常的瘋子，他說：「我是印度總理尼赫魯。」

那個瘋子笑著說：「不必擔心，在這裡待三年，你就會變得跟我一樣正常。三年前當我剛進這家瘋人院，我也是相信我就是印度總理尼赫魯，但是他們已經把我完全醫好了，所以不必擔心。」

這種事發生過很多次。洛依德喬治（Lloyd George）是英國的首相。在戰爭的時候，到了晚上六點鐘，他們就燈火管制，沒有人可以離開他自己的家，所有的交通都必須中止，不允許有任何燈光，每一個人都必須待在某種避難所裡，洛依德喬治在作他慣常的傍晚散步，他忘了時間。

突然間警報響起，時間是六點鐘，他家至少離他當時所在的地方有一英里。所以他就去敲附近的門，他對來開門的那個人說：「讓我晚上在這裡休息，否則警察將會來抓我，我是首相洛依德喬治。」

那個人突然抓住他說：「進來，你來對地方了，我們這裡已經有三位洛依德喬治！」那是一家瘋人院。

洛依德喬治試著要去說服那個人說他是真的，但是那個人說：「他們都會爭辯，所以不必忙著這樣做，只要進來，否則我會打人。」

所以洛依德喬治必須整晚都保持沉默，否則他真的會被打。他怎麼能夠說服他們？他們已經有三位洛依德喬治在那裡，而他們都試圖要去證明它。

其中一個方式就是發瘋，你突然宣稱你是比較優越的，你是最優越的。另外一個方式就是走政治路線。或者是發瘋，或者是走政治路線。透過政治，你無法突然宣稱，你必須證明你真的是首相或總統，所以它是一條漫長的路。發瘋是變成重要人物的一條捷徑，而政治是一條漫長的路，但是它們都可以達到相同的目標。

如果這個世界變成一個健全的、正常的世界，那麼這兩種人都必須被治療：瘋子和政客。這兩種人都生病了。一個是繞了很長的路，一個是抄捷徑。記清楚：瘋子比政客更不會傷害，因為他只是宣稱他的優越，他並沒有忙著去證明它，而政客會忙著去證明它，那個證明必須花很大的代價。

希特勒試圖證明什麼？證明他是最優越的，是至高無上的阿利安族。如果他發瘋，使用那個捷徑，它對整個世界將會比較好，那麼就不會有第二次世界大戰。

政客更危險，因為他們是想要證明的瘋子，他們是一直工作、一直想要達成目標的瘋子，為的只是要隱藏他們內在的自卑感。每當有人覺得自卑，他就必須證明，或者是催眠他自己去相信說他並不是較低劣的。如果你是瘋的，你不可能具有宗教性。我所說的並不是像聖法蘭西斯(Saint Francis)那樣的瘋狂，他那種瘋狂是來自狂喜，而這種瘋狂是來自自卑感。聖法蘭西斯或莊子的瘋狂是來自優越感，來自心，來自原始的源頭。而這個另外一種的瘋狂是來自自我。靈魂永遠都是優越的，而自我永遠都是低劣的。

所以一個自我主義者必須用某些方法去變成一個政客，不論他選擇什麼職業，他都會透過它而成為一個政客。

當我說政治，我是意味著什麼？我是意味著自我與自我之間的衝突，想要活下去的奮鬥。當你的自我和我的自我衝突，我們就是政客。當我不跟任何人的自我衝突，我就是一個宗教人士。當我不試圖成為優越的，我就是優越的，但這個優越並不是跟自卑相對的，它是自卑感的不在。

這個區別必須被記住。有兩種優越感，其中一種你只是在隱藏你的自卑，你在掩蓋它，你使用了一個面具，在那個面具背後，那個自卑感就在那裡。你的優越感只是表面上的，在內在深處，你仍然是自卑的，而因為你繼續感覺到它，所以你必須戴上這個優越感的面具，這個漂亮的面具。因為你知道你是醜的，所以你必須想辦法成為美的，你必須展示，你必須秀出一個虛假的臉，這是一種優越感，它是不真實的。

還有另外一種優越感，那種優越感是自卑感的不在，而不是它的相反，你只是不比較。

當你不比較，你怎麼會自卑。看，如果你是世界上唯一的一個，其他沒有人，你會自卑嗎？你要跟誰來比較呢？你要跟什麼來比較呢？如果你是單獨一個人，你將會怎麼樣，自卑或優越？你將會兩者都不是。你不可能自卑，因為沒有人在你之上，你不可能宣稱你自己是較優越的，因為沒有一個人在你之下，你將會既不優越，也不自卑，而我要告訴你，這就是靈魂的優越，它從來不比較。比較，那麼自卑感就產生了；不比較，那麼你就只是存在，是獨一無二的。

一個宗教人士是優越的，而那個優越意味著自卑感的消失。一個政客的優越是由於他克服了他的自卑感，它隱藏在那裡，它仍然在裡面，他只是打扮成一個優越的人，並戴上了優越的人的面具。

當你去比較，你就錯過了，那麼你就會一直去看別人，而沒有兩個人是一樣的，他們不可能如此。每一個個人都是獨一無二的，每一個個人都是優越的，但這個優越是不能比較的。你是優越的，因為你不可能是另外的東西，優越就是你的本性。樹木是優越的，石頭是優越的，整個存在都是神性的，所以，在這裡的任何東西怎麼可能是低劣的？它是神以無數的方式流露出來。在某一個地方，神變成一棵樹；在某一個地方，神變成一顆石頭；在某一個地方，神變成一隻小鳥；在某一個地方，神變成了你。只有神存在，所以不可能有比較。神是優越的，但這並不是相對於任何東西而言的，因為只有神存在，所以不可能有任何自卑。

一個宗教人士會經驗到他的神性，透過他對神性的經驗，他會了解到一切的神性。這是非政治的，因為如此一來是沒有野心的，你沒有什麼東西可以去證明，你已經被證明了，你沒有什麼東西可以去宣稱，你已經被宣稱了，你的存在就是證明，你存在……那就夠了，其他不需要任何東西。

因此，記住這一點，將它視為基本法則。如果在宗教裡面你還繼續在比較，那麼你是在政治裡面，而不是在宗教裡面，那就是為什麼所有的宗教都變成政治的。他們使用宗教的語言，但是隱藏在背後的是政治。伊斯蘭教是什麼？印度教是什麼？基督教是什麼？他們都是政治團體、政治組織，以宗教之名行政治之實。

當你去到廟裡祈禱，你只是祈禱，或者你在比較？如果也有別人在那裡祈禱，在你的頭腦裡會有比較產生嗎？你會懷疑說他是否做得比你更好嗎？或者你做得比他更好？那麼那個廟就不復存在了，那個廟就消失了，它變成了政治。

在宗教裡面，比較是不可能的，你只是祈禱，祈禱變成你內在的本質，它並不是某種必須比較的外在東西。這種不比較的祈禱和不比較的靜心將會引導你到一切存在所固有的優越。

佛陀說：不要成為有野心的，因為透過野心你將會永遠保持自卑。成為沒有野心的，然後去達到你內在的優越，它是固有的，它不需要被證明，或是被達成，你已經擁有它，你已經得到它，它已經在那裡，它一直都跟你在一起，它也將永遠都跟你在一起。你的本質就是優越的，但是你不知道有什麼本質，你不知道你是誰，因此你很努力去找尋你的認同，你想要找尋和證明你是比別人優越的，你不知道你是誰。

一旦你知道，那麼就沒有問題，你已經是優越的了。並非只有你是優越的，每一樣東西都是優越的，整個存在都是優越的，沒有任何一樣東西是低劣的，因為神是「一」，存在是「一」，沒有較低劣或較優越的東西可以存在。「沒有野心」的頭腦可以了解到這一點。

現在讓我們來看看莊子的話語。這個很美的事件的確發生了。莊子要到首都去，那個首相開始害怕，他一定是透過祕密警察聽到莊子要來的消息。政客一直都在害怕，因為每一個人都是他們的敵人，甚至連朋友也是敵人。一個人必須保護他自己，使免於朋友的陷害，因為他們也是試圖要把你拉下來。

記住，沒有一個人是朋友，在政治裡面，每一個人都是敵人，友誼只是表面上的，而在宗教裡面沒有一個人是敵人。在宗教裡不可能有任何敵人；在政治裡不可能有任何朋友。

那個首相變得害怕，因為莊子要來。莊子非常優越，首相認為他一定會想辦法來當首相，那是一個令人不安的狀況，當然，莊子是優越的，他的優越並不是跟任何人相比而來的，他本來就是優越的，那是固有的。

當一個像莊子這樣的人在行動，他是一個國王，不管他是否像一個乞丐一樣地生活，那都沒有差別。不論他走到什麼地方，他都是一個國王。他的國王風範並不是外在的，而是內在的。

在這個世紀初，有一個托缽僧從印度去到美國，他的名字叫做拉瑪替爾沙（Ramateertha），他慣常稱呼他自己為「皇帝」。美國總統來看他，看到他覺得很驚訝，他只不過是一個乞丐！總統說：「我不了解，為什麼你稱呼自己為皇帝！你看起來就像是一個乞丐，你甚至還寫一本書叫做《南姆皇帝的六個制度》（*Six Orders of Emperor Ram*），為什麼？」

拉瑪替爾沙笑著說：「看我的內在，我的王國屬於內在世界，洞察我，我是一個皇帝，我的王國不屬於這個世界。」

就是因為這樣，所以耶穌被釘死在十字架上，他一直都在說：「我是國王。」他被誤解了。真正的國王哈洛德（Herod）變得很警覺，總督比拉多（Pilate）認為耶穌是危險的，因為他談到王國和國王，而且他宣稱：「我是猶太人的國王。」他被誤解了，他是在談論一個不同類型的王國，那個王國不屬於這個世界。

當他被釘在十字架上，士兵們在嘲弄他，他們向他丟石頭和鞋子，為了要愚弄他，他們在他的頭上戴上一頂由荊棘所做成的皇冠，上面寫著：猶太人的國王。當他們向他丟石頭和鞋子的時候，他們說：「現在，告訴我們一些關於王國的事，說一些話啊！咱們猶太人的國王！」

他是在談論其他的王國，那個王國不屬於這個世界，那個王國並不是外在的，那個王國是內在的，但是每當有一個像耶穌這樣的人走出來，他就是皇帝，他不得不如此。他並不跟任何人競爭，他並不渴望屬於這個世界的任何皇冠，但是不論他去到什麼地方，有野心的人就會變得害怕，政客們就會變得害怕。這個人是危險的，因為他的臉、他的眼睛，和他走路的方式，在在都顯示出他是一個皇帝，他不需要證明它，他本身就是證明。他不需要說它，他不需要道出它。

所以當首相透過祕密警察聽到說莊子要來，他認為他是要來首都取代他的，否則他為什麼要來？人們來到首都只是為了那個目的，一個人從來不會為了任何其他的事來到德里。人們來到首都是因為野心，都是在找尋自我和認同。身為一個托缽僧、一個乞丐，他來幹什麼？他有什麼需要來首都？他一定是要來拿我的位子，他一定是要來找國王說：「我才是適當的人選，讓我來當首相，我將使每一件錯誤的事都導正，我將解決你所有的難題。」

那個人散發出一種光輝、一種特質，因此首相變得害怕，首相永遠都是自卑的，在內在深處，那個自卑感就在那裡，就像是一種病，就好像一隻蟲在蠶食你的心，一直都在害怕那個優越的。

惠子是梁國的首相，他有他所相信的內線消息說莊子在垂涎他的職位，而且陰謀要取代他。

政客不可能作其他的想法。第一件必須加以了解的事是：你是怎麼樣，你就會認為別人怎麼樣。你的欲望和你的野心會給你那個模式。如果你在追求金錢，你會認為每一個人都在追求金錢。如果你是一個扒手，你會一直檢查你的錢包，你就是這樣在顯露出你是一個扒手，你內在的欲望就是你了解的語言。政客一直都是以陰謀和共謀來思考：有人要來取代我，有人想要把我擠掉……因為他們就是這樣在做，他們的一生都是這樣在做，在陰謀策畫。政客是共謀者，那就是他們的語言，你透過你的頭腦來看別人，你將你隱藏在內在深處的事情投射到別人身上。惠子在想：「這個莊子陰謀要取代我。」

當莊子去拜訪他，首相派出警察要抓他，但是雖然他們搜尋了三天三夜，他們還是找不到他，這太美了！

警察可以找到小偷，他們互相都了解對方。警察的頭腦和小偷的頭腦並沒有什麼不同，小偷為政府服務就是警察。他們的頭腦、他們的思考方式是一樣的，只是他們的主人有所不同而已。小偷是為他自己服務，而警察是為政府服務，但他們兩個人都是賊。那就是為什麼警察能夠抓到賊。如果你派一個聖人去抓賊，他一定抓不到，因為他將會透過他的頭腦來看別人。

在一個宗教慶典的日子，有一個猶太教的牧師走路經過一個年輕人身邊，那個年輕人正在抽菸，在那一天抽菸是被禁止的，所以那個牧師就停下來問他說：「你不知道嗎？年輕人，這是一個宗教的日子，你不應該抽菸的。」

那個年輕人說：「是的，我知道這是一個宗教的日子。」說完之後他還是繼續抽菸，不僅如此，他還將煙吐到那個牧師的臉上。

那個牧師問說：「你不知道抽菸是被禁止的嗎？」

那個年輕人很傲慢地說：「是的，我知道它是被禁止的。」但他還是繼續抽。

那個牧師仰望天空說：「天父，這個年輕人是很美的，他或許是破壞了法律，但是沒有人能夠強迫他撒謊。他是一個真實的人，他說：是的，我知道這是一個宗教的日子，是的，我知道它是被禁止的。請你在審判日的時候記住，這個年輕人即使在被逼迫的情況下也不會撒謊。」

這是一個非常善良的牧師，這就是聖人的頭腦，他看不到那個錯誤的，他總是看到那個正確的。

警察找不到莊子，他們不可能找到他，如果他是一個有野心的人，他們就可能會找到他，如果他有在圖謀什麼，如果他以政治的方式來思考，那麼他可能就會被抓到。警察一定是去他不在的地方找，他們的路線一定交叉過很多次，但他是一個乞丐，一個沒有野心的人，他並沒有在圖謀什麼，他沒有陰謀的頭腦，他就好像微風。警察搜尋了很多天，但是都找不到他。

你只能夠找到你是的。你總是在別人裡面找到你自己，因為別人只是鏡子。要抓莊子需要一個老子，其他沒有人能夠抓到他，因為有誰能夠了解他呢？需要一個佛，佛一定可以猜出他在哪裡。但是一個警察？不可能！唯有當他是一個小偷，那才可能。注意看警察，看他的方式，他走路的方式，看他所使用的髒話，它甚至比小偷所使用的語言還來得更低俗。警察必須比小偷來得更低俗，否則小偷將會贏。

有一次，一個人被警察抓去，推事問他說：「告訴我，當你被抓的時候，警察告訴你什麼？」

那個人說：「在法庭這裡我可以重複他所使用的髒話嗎？你不會覺得被冒犯嗎？它可能會令你震驚。」

那個推事說：「髒話不要說，只要告訴我他講什麼。」

那個人想了一下之後說：「那麼……那個警察什麼都沒說。」

警察向惠子回報說他們找不到莊子，沒有這樣的一個人。他們一定有一張照片，他們一定有某種認出他的方式，某種概念說要如何找到他、抓到他，以及他的類型，但是莊子沒有可以認同的，他沒有臉，一個片刻接著一個片刻，他是一個流，一個流動性。一個片刻接著一個片刻，他對存在反映或反應，他沒有固定的住所，他沒有家，他沒有臉，他沒有名字，他不是一個過去，他永遠都是一個現在，而所有的照片都屬於過去。

這是很美、很有意義的，雖然它看起來很荒謬。據說一個像佛陀這樣的人你無法拍取他的照片。並不是說你無法拍取他的照片，而是你一拍取他，他又變動了，所以照片永遠都屬於過去，而沒有辦法屬於現在，你沒有辦法抓住佛陀現在的臉，你一抓到它，它就已經過去了，你一了解它，它就已經走掉了。

佛陀的名字之一就是「塔沙嘉塔」（tathagata），這個字真的很棒，它意味著，就好像風一樣，他來了又去，像風一樣地來，像風一樣地去，你沒有辦法拍取風的照片，在你還沒有抓住它之前，它就已經走掉了，它就已經不在那裡了。

莊子無法被找到，因為警察在找他的過去，而他生活在現在，他是一個存在，而不是一個頭腦。頭腦可以被抓住，但是存在無法被抓住，沒有這樣的網可以網住它。頭腦很容易就可以被抓住。就某方面而言，你們都被抓住了，因為你有一個頭腦，一個太太或一個先生將會抓住你；一家店、一個寶物、一個職位，任何東西都會抓住你。有很多網，有無數的網，你無法成為自由的，除非你能夠免於頭腦。你將會一再一再地被抓住。如果你離開這個太太，另外一個女人將會立刻抓住你，你是逃不掉的，你可以逃離這個女人，但是你無法逃離所有的女人。你可以逃離這個男人，但是你要走到哪裡去？你還沒有離開前一個，下一個就已經進入你的生命。你可以離開這個城鎮，但是你要到哪裡去呢？另外一個城鎮將會抓住你。你可以脫離這個欲望，但是另外一個欲望將會變成你的枷鎖。頭腦總是處於枷鎖之中，它已經被抓住了，當你拋掉了頭腦，警察就抓不到你。

這個莊子是沒有頭腦的，他是一個沒有頭腦的乞丐，或是一個皇帝，它的意思是一樣的，他無法被抓到。

當莊子走訪梁國，首相派出一些警察要來抓他，雖然他們搜尋了三天三夜，但還是找不到他。

同時，在第三天或第四天，莊子自己出現在惠子的面前說：「你無法抓到像我莊子這種人，他總是自己出現，那是他的自由，你不能夠去抓他，你只能邀請他，要不要出現是他的自由。」

當有一個頭腦，你總是會被抓住，頭腦會強迫你，你是它的囚犯。當沒有頭腦，你就自由了，你可以按照你自己的意願出現，也可以按照你自己的意願消失，那是你自己的自由。

如果我對你們講話，那並不是因為你們問了一個問題，那是出自我自己的意願。如果我跟你們一起下功夫，那並不是因為你，而是出自我自己的意願。當沒有頭腦，就有自由。頭腦是所有奴役的基礎。

莊子自己出現，並且講了一個很美的寓言。從你內心最深處的核心來聽。

> 你是否曾經聽說過有一種生活在南方的鳥，叫做鳳凰——一種神話中的鳥——牠從來不會變老？

這是一個中國的神話，它非常美，而且含有很多意義。神話並不是真實的事情，但是它比真實的事情來得更真實。神話是一種寓言，它指出某種以其他方式無法被指出的事。唯有透過寓言或透過詩，它才能夠被說出來。神話是詩，它不是一個描述。它指出真理，不是外在世界的一個事件，它屬於內在。

你是否曾經聽說過有一種生活在南方的鳥？

對中國來講，印度是南方，那種鳥就生活在那裡。據說當老子消失，他消失進入南方，他們不知道他什麼時候死去……他從來沒有死去，這樣的人永遠不會死，他們只是到南方去，他們消失進入印度。

據說菩提達摩來自南方，他離開印度去找尋門徒，要將佛陀的寶物傳遞給他。在等待了九年之後，他終於能夠將它傳遞出去，據說在那之後他又消失而進入了南方。對中國來講，印度是南方。事實上，印度是所有神話的源頭，世界上沒有一個神話不是發源於此。

科學發源於希臘人的頭腦，而神話發源於印度人的頭腦。只有兩個方式用來看世界，其中一個是科學，另外一個是宗教。如果你透過科學來看世界，它就是透過分析、數學和邏輯來看。

雅典人和希臘人的頭腦將科學給予這個世界，將蘇格拉底分析、邏輯和懷疑的方法給予這個世界。宗教看世界是一種完全不同的模式，它透過詩、透過神話，和透過愛來看世界，當然，它是浪漫的，它無法給你事實，它只會給你虛構的事情，但是我說虛構之事比任何事實更確實，因為它們給你最內在的核心，它們不去管外在的事件，因此印度沒有歷史，它只有神話，而沒有歷史。

拉瑪（Rama）並不是一個歷史上的人物，他或許存在過，或許不曾存在過，那是無法證明的。克里希那是一個神話，而不是一個歷史上的事實，他或許曾經存在過，或許不曾存在過，但是印度人不去管說克里希那和拉瑪是不是歷史上的人物，他們是有意義的，他們是偉大的史詩。對印度人來講，歷史是沒有意義的，因為歷史只包含赤裸裸的事實，它從來不顯露出最內在的核心。我們所顧慮的是最內在的核心，是輪子的中心。輪子繼續在轉動，那是歷史，但是那個輪子的中心，那個從來不動的，是神話。

莊子說：

你是否曾經聽說過有一種生活在南方的鳥，叫做鳳凰，牠從來不會變老？

一切被生下來的都會變老。歷史無法相信這種鳥，因為歷史意味著有開始、有結束，歷史意味著生和死之間的這一段，而無生和無死之間的這一段是神話。

拉瑪從來沒有被生下來，也從來沒有死去，克里希那從來沒有被生下來，也從來沒有死去，他們一直都在那裡。神話不會顧慮到時間，它顧慮到永恆。歷史隨著時間而改變，而神話一直都是相關的。不，神話永遠不可能過時。新聞是歷史，昨天的新聞已經過時了。拉瑪並不是報紙的一部分，他不是新聞，他永遠都不會過時。他一直都是在現在，一直都是有意義的、相關的，歷史一直在改變，而拉瑪則停留在輪子的中心，一動也不動。

莊子說：

……生活在南方的鳥，叫做鳳凰，牠從來不會變老？

你是否曾經看過拉瑪或克里希那老年的照片？他們永遠都是年輕的，一點鬍鬚都沒有。你有看過拉瑪長鬍鬚的照片嗎？除非他有某種賀爾蒙失調，否則一定會長鬍鬚才對。如果他真的是一個男人——他的確是——那麼一定會長鬍鬚。如果拉瑪是歷史性的，那麼一定會有鬍鬚，但是我們把他畫成沒有鬍鬚的，因為鬍鬚一長出來，他就已經開始變老了。遲早它將會變白，死亡就接近了，但是我們無法忍受去想說拉瑪會死，所以我們把他的臉洗得完全沒有死亡的痕跡。我們不只是對拉瑪如此，所有耆那教的二十四位大師都是沒有鬍鬚的。佛陀和所有印度神的化身都沒有鬍鬚，它只是在指出他們永遠年輕，指出那個永恆性、那個無時間性，和那個遙遠性。

……鳳凰，牠從來不會變老。

有時間，在時間當中，每一樣東西都會改變，也有永恆，在永恆當中，沒有一樣東西會改變。歷史屬於時間，神話屬於永恆。科學屬於時間，宗教屬於非暫時性的、屬於永恆。

在你裡面也是一樣，時間和永恆兩者都存在。在表面上是那個輪子、時間：你被生下來，你將會死，但這只是在表面上。你是年輕的，你將會變老；你是健康的，你將會生病。現在你充滿生命，遲早每一樣東西都將會衰退，死亡將會穿透你，但這只是在表面上，這是歷史之輪。現在這個片刻在你的內在深處存在著永恆，存在著無時間。在那裡沒有什麼東西會變老——鳳凰、南方、印度，和那永恆的，沒有一樣東西會變老，沒有一樣東西會改變，每一樣東西都是不動的。那個南方就在你裡面。

那就是為什麼我一直在說印度並不是地理的一部分，也不是歷史的一部分，它是內在地圖的一部分，它並不存在於德里，它從來不存在於那裡。政治不屬於它，它也不屬於政治，它是內在的，它存在於每一個地方。

不論在什麼地方，只要一個人深入他自己，他就到達了印度，這就是印度具有永恆的磁性和永恆的吸引力的原因。每當一個人對他的人生覺得不舒服，他就會走向印度，這只是象徵性的。透過身體的移動，你將不會找到印度，需要一種不同的移動，在那裡你會開始從外在走向內在，走到南方，走到神話之地，以及那個不死的、那個長生不老的鳳凰——那個永遠不會變老的鳳凰。

那種不會死的鳳凰發自南海，然後飛到北海，除了在某些神聖的樹之外，從來不棲息；除了最精緻、最稀有的水果之外，從來不碰任何食物，而且牠只喝最清澈的泉水。

這個靈魂，這個你存在最內在的核心，除了在某些神聖的樹之外，從來不棲息，這隻內在的鳥，這是你的本性，它只棲息在某些神聖的樹上。

除了最精緻、最稀有的水果之外，從來不碰任何食物，而且牠只喝最清澈的泉水。

從前有一隻貓頭鷹在吃一隻已經腐爛的老鼠，牠看到了鳳凰往頭上飛過，牠向上看，並發出惶恐的尖叫聲，然後將那隻死老鼠抓在牠自己身邊，顯得很驚慌。

莊子是在說：我是那隻鳳凰，你只是一隻貓頭鷹在吃一隻死老鼠。你唯恐我會來取代你，你的職位和你的權力對我來講只不過是一隻死老鼠，這不是我要的食物。野心並不是生活之道，它只適合那些已經死掉的人。我已經洞察了野心，我發覺它是沒有用的。

從前有一個女人哀聲嘆氣哭著來找一個牧師，但是那個牧師正在祈禱，所以她告訴他的祕書說：「進去，即使他的祈禱必須被打斷，你就打斷它。我先生離開我了，我希望牧師為我祈禱，讓我先生回來。」

祕書進去打斷了那個祈禱，那個牧師說：「告訴她，不要擔心，她先生不久就會回來。」

那個祕書回來告訴那個女人說：「不必擔心，不必傷心，牧師說你先生不久就會回來，你先回家好好休息。」

那個女人高高興興地離開說：「神將會報償你的牧師一百萬倍，他是那麼地仁慈。」

但是當那個女人離開，那個祕書變得很傷心，她告訴她身邊的人說這是不會有所幫助的，她先生不可能回來，可憐的女人，她離開這裡的時候竟然還那麼高興。

她身邊那個人說：「為什麼呢？你難道不相信你的牧師和他的祈禱嗎？」

那個祕書說：「我當然相信我的牧師，我也相信他的祈禱，但是她只看到那個女人的懇求，而我是看到了她的臉，她先生一定永遠都不會回來。」

一個看過野心的臉的人，一個看過欲望的臉的人，一個看過色慾的臉的人，一定不會再回到那些事情上面。那是不可能的，那個臉是那麼地醜。

莊子看過野心的臉，所以他說：你的權力、你的位子、你首相的職位對我來講只不過是一隻死的老鼠。不要尖叫，不要驚慌。

那種不會死的鳳凰發自南海，然後飛到北海，除了在某些神聖的樹之外，從來不棲息；除了最精緻、最稀有的水果之外，從來不碰任何食物，而且牠只喝最清澈的泉水。從前有一隻貓頭鷹在吃一隻已經腐爛的老鼠，牠看到了鳳凰往頭上飛過，牠向上看，並發出惶恐的尖叫聲，然後將那隻死老鼠抓在牠自己身邊，顯得很驚慌。

首相，你為什麼要那麼狂亂，抓著你首相的職位，很驚慌地對我尖叫？

這是事實，但是唯有當你知道它，你才能夠了解。聽佛陀的話語，或是聽耶穌的話語，或是聽查拉圖斯特的話語，你一直都得到這樣的訊息：停止欲求，你就會有喜樂，但是你無法拋棄它，你無法了解說當你拋棄欲望，喜樂要如何發生，因為你只嘗過欲望。它或許是有毒的，但它一直都是你唯一的食糧。你一直都在喝有毒的泉水。當有人叫你拋棄它，你會害怕說你將會渴死。你不知道有純淨的泉水，你不知道有些樹木會長出稀有的水果。你只透過你的欲望來看事情，所以你看不出那些水果和那些樹木。

當你的眼睛充滿著欲望，它們就只能夠看到死的老鼠。拉瑪克里斯納（Ramakrishna）以前常說：有一些人除了他們貪欲的標的物之外無法看到其他任何東西。這隻貓頭鷹可以棲在一棵大樹的頂端，但牠只是在尋找死的老鼠。每當牠看到一隻死老鼠在街上，貓頭鷹就變得很興奮。如果你丟給牠精緻的水果，牠並不會興奮，牠甚至不會看它一眼，牠不會覺知到它。那個訊息永遠不會傳達到牠身上，因為欲望會加以篩選，進入到你身上來的一直都是你欲望所允許的東西。你的欲望就好像門房，站在你存在的門口，它們只允許那些吸引你的東西進入。

改變這個門房，否則你將會一直依靠死老鼠過活。你將會保持是一隻貓頭鷹，那就是不滿足的地方，那就是為什麼你永遠沒有辦法覺得安然，那就是為什麼你永遠沒有辦法覺得喜樂。一隻鳳凰對一隻死老鼠怎麼會覺得喜樂？牠對死老鼠非常陌生，這並不是他所要的食物。

這種事你也曾經有過很多次的經驗。跟一個女人或一個男人做愛，你常常會感覺到，對方並不是你所要的。鳳凰會主張它自己，但是貓頭鷹遠比牠來得更吵鬧。鳳凰的聲音無法被聽到，牠的聲音非常細微、非常寧靜、不積極。在和平和靜心的狀態下，鳳凰說：「你在幹什麼？這並不是你要的。你在吃什麼？這並不是你要的。你在喝什麼？這並不是你要的。」

但是那個貓頭鷹非常吵鬧，你已經相信貓頭鷹有很久的時間，因此你繼續遵循著它，就好像是一個習慣一樣，它已經變成一個死的習慣。你只是遵循著它，因為那是阻礙最少的一條路線，那個軌跡就在那裡，你不需要做任何事，你只要走在那個軌道上，你繼續繞著圈子在跑——同樣的欲望、同樣的色慾、同樣的野心。難怪你會生活在極度的痛苦之中，難怪你會生活在惡夢之中。

讓內在的莊子來主張他自己，讓內在的鳳凰來主張牠自己。注意去聽它，它是一個非常小的聲音，你必須鎮定下來，你必須使這隻貓頭鷹睡覺，唯有如此，你才能夠聽。這隻貓頭鷹就是自我，就是頭腦，這隻鳳凰就是靈魂。它出生在南方的海上，它並不是陸地的一部分，它並不是來自污泥，它出生在廣大的海洋，它從來不變老，它從來不會死，它只棲息在稀有的、神聖的樹上，只吃最精緻、最稀有的水果，只喝最清澈的泉水。那些泉水就在那裡，那些神聖的樹就在那裡，但是因為貓頭鷹的緣故，你一直在錯過它們，那個貓頭鷹變成了領導者。

所有的靜心只不過是一種努力，要使這隻貓頭鷹靜下來，好讓那個非常小的聲音可以被聽到，那麼你就可以看清你一直在做的——一直在嚼著死老鼠。莊子說得對，那個首相是不必要地驚慌。當你內在的鳳凰活過來的時候，那個貓頭鷹、那個首相就會開始變得非常驚慌。你的頭腦會創造出各種對靜心的反對，因為頭腦會害怕。首相害怕說這個莊子、這個靜心者將會來取代他。

你的頭腦會抓住死老鼠，會尖叫、恐懼，好像有人要搶走你的食物。在剛開始的時候，這種事將會發生，你必須很警覺地去覺知它，只有你的覺知能夠一步一步地幫助你。

每當一個人開始靜心，頭腦就會反抗，它會發動各種爭辯：你在幹什麼，你為什麼要浪費時間？好好地利用這些時間！你可以用這些時間做很多事。你的欲望已經等了一段很長的時間沒有被滿足，現在你居然浪費時間在靜心，將它忘掉，那些說靜心可能的人是在欺騙你。這些佛陀、這些莊子，不要相信他們。相信頭腦，相信頭腦所說的。它對每一個人都產生各種懷疑，但是它從來不會對它自己產生任何懷疑。

我聽說，有一個人在跟他的小孩講話，那個小孩寫了一封信作為家庭作業，然後拿給他爸爸看，裡面有很多拼錯字，幾乎寫了多少字就拼錯多少字，甚至還更糟，所以父親說：「你的拼字簡直糟透了！你為什麼不查字典？當你覺得懷疑，你就要查字典。」

那個小孩說：「但是，爹，我從來不覺得懷疑。」

你的頭腦就是這樣在做，它告訴佛陀說：「但是，爹，我從來不覺得懷疑。」頭腦從來不會懷疑它自己，那就是問題之所在。它懷疑每一個人，它甚至會懷疑一個佛。即使克里希那來敲你的門，它也會懷疑；即使耶穌來，它也會懷疑，它一直都是如此，你一直都是這樣在做。

你懷疑我，但是你從來不會懷疑你自己，因為一旦頭腦開始懷疑它自己，它就已經脫離存在了。一旦自我懷疑產生，那個基礎就被打破了，頭腦就失去了它的信心，一旦你開始懷疑頭腦，遲早你將會掉進靜心的深淵。

一個叫做鮑爾仙姆的神祕家快要過世，他的兒子赫茲（Hertz）是一個非常昏睡、非常無意識的人。在他過世之前，鮑爾仙姆告訴他說這個晚上是他的最後一個晚上。

但是赫茲說：「沒有人能夠知道死亡什麼時候會來臨。」他懷疑。鮑爾仙姆是他的父親，有千千萬萬人相信他是救世主，相信他可以拯救無數的人，但是他自己的兒子卻懷疑，因此那天晚上他也是照常睡覺，他在半夜醒來，他父親過世了，然後他就開始哭。他錯過了一個很大的機會，現在已經不可能再看到他爸爸活著了，但是他從來沒有懷疑他的頭腦，他懷疑鮑爾仙姆。

在絕望和驚慌之中，他開始哭，他閉起他的眼睛，生平第一次對他父親講話，既然他父親已經死了。以前他父親叫過他很多次說：「赫茲，來我這裡。」他就會說：「好，我會來，但是首先我有更重要的事要做。」

你的頭腦也是這樣在說，我一直叫你說：「來我這裡。」但是你說：「現在有其他更重要的事要做，稍後我就來，再等一陣子。」

但是死亡打斷了那個連結。所以赫茲哭了，他開始跟他父親說話，他說：「現在我要怎麼辦？我迷失了，我處於黑暗中，現在我要怎麼樣才能夠拋棄這個欺騙我的頭腦？我從來不懷疑它，我懷疑你，現在它令我非常傷心。」

鮑爾仙姆出現在赫茲的內在說：「看著我，跟著我做。」赫茲看到了，就好像在夢中的一個洞見，他看到鮑爾仙姆走到山上，然後跳進一個深淵，他說：「跟著我做。」

赫茲說：「我不了解。」懷疑再度產生：這個人在說什麼？這樣做不就等於自殺嗎？

鮑爾仙姆笑了，他說：「你仍然在懷疑我，而沒有懷疑你自己。現在做這個。」在他的內景裡，赫茲看到了一座大山，全部都燃燒起來，就好像一個火山一樣，到處都是火，石頭在爆裂，整座山都破成碎片。鮑爾仙姆說：「或者是做這個，將頭腦丟進深淵裡，讓頭腦完全燒掉。」

那個故事再繼續下去，赫茲說：「我再考慮看看。」

每當你說「我再考慮看看」，你就已經開始在懷疑了。是懷疑在思考，而不是你在思考。當沒有懷疑，是信心在行動，而不是你在行動。懷疑會思考，信心會行動。透過懷疑，你可以成為一個偉大的哲學家，而透過信心，你將變成一個莊子，變成一隻從來不會變老、也不會死的鳳凰。透過懷疑，你可以穿透時間的奧祕，透過信心，你將會進入永恆之門。

我聽說有兩個人在森林裡迷路了，那是一個非常黑暗的夜晚。那是一座非常危險的森林，非常濃密，到處都是野獸，周遭一片漆黑。其中有一個人是一個哲學家，另外一個人是一個神祕家，一個是懷疑的人，另外一個是有信心的人，突然間，起了一陣暴風雨，烏雲密布，雷電交加。

那個哲學家看著天空，而那個神祕家看著路，在那個打雷的片刻，那個路很清楚地呈現在他的面前，那個哲學家看著閃電，開始懷疑說：「這到底是怎麼一回事？」因而錯過了那個路。

你迷失在一個比故事中更濃密的森林裡，那個夜晚更黑暗，有時候一道閃光出現，你要看著路。

一個莊子是一道閃光，一個佛陀是一道閃光，我是一道閃光，不要看著我，要看著路。如果你看著我，你已經錯過了，因為那個閃光將不會持續，它只會持續一個片刻。當永恆穿透時間的那個片刻是稀有的，它就像閃電一樣。

如果你看著閃電，如果你看著一個佛——一個佛是很美的，那個臉令人著迷，那個眼睛很有磁力——如果你看著那個佛，你就錯過了那個路。

注意看那個路，忘掉那個佛，看著路，但是那個看唯有當沒有懷疑、有信心、沒有思想、沒有頭腦時，才會發生。

莊子不是要讓你來思考的，不要去想他，只要讓這個故事穿透你，然後忘掉它。透過這個故事，那個路就被照明了，注意看那個路，然後做些什麼，遵循那個路，然後行動。思考無法引導你，只有行動能夠引導你，因為思考只會在頭腦裡繞來繞去，它永遠沒有辦法變成全然的，唯有當你行動，它才是全然的。

第4章 道歉

如果一個人在街上踩到了一個陌生人的腳，他會很禮貌地道歉，並且加以解釋說：「這個地方太擠了。」

如果哥哥踩到了弟弟的腳，他會說聲對不起，就這樣而已。

如果父母踩到了他小孩的腳，他根本不會說什麼。

最好的禮貌就是免於所有的客套，完美的行為就是免於顧慮，完美的智慧就是不計畫，完美的愛就是沒有任何展示，完美的真誠不提供任何保證。

原文：

蹍市人之足，則辭以放驁，兄則以嫗，大親則已矣。故曰，至禮有不人，至義不物，至知不謀，至仁無親，至信辟金。

——《莊子》雜篇・庚桑楚

一切偉大的、一切美好的、一切真實的，永遠都是自發性的，你不能夠計畫它，你一計畫它，每一件事都會變得不對勁。那個計畫一進入，每一件事都會變得不真實。

但是這種事卻發生在人類身上。你的愛、你的真誠，和你的真理，每一樣東西都變得不對勁，因為你去計畫它，因為你被教導不要成為自發性的。你被教導去操縱你自己、去控制、去駕馭，而不要成為一個自然的流。你已經變得很僵硬、很凍結、死氣沉沉。

生命不知道有計畫，它本身就足夠了。樹木會去計畫要如何成長、如何成熟、如何開花嗎？它們只是成長，而甚至沒有意識到那個成長，沒有自我意識，沒有分裂。

每當你開始計畫，你就分裂了你自己，你變成了「二」——一個控制者和一個被控制者，然後就會有衝突產生，你將永遠無法和平。你或許控制得很成功，但是將不會有和平，你或許控制得並不成功，這樣的話也不會有和平。不論你是成功或失敗，到了最後你都將會了解到你是失敗的。你的失敗是一個失敗，你的成功也將會是一個失敗。不論你做什麼，你的人生都將會是痛苦的。這個分裂造成醜陋，你並不是「一」，而美屬於「一」，美屬於一個和諧的整體。所有的文化、所有的文明，和所有的社會都使你變醜。所有的道德律都使你變醜，因為它是基於分裂和控制。

我聽說有一次鮑爾仙姆乘坐一輛很美的三匹馬的馬車在旅行，但是他一直在懷疑，因為在他開始旅行這三天以來，他的馬從來沒有發過一次嘶叫聲，那些馬到底怎麼了？然後突然在第四天，一個路過的農夫對他大喊，叫他要放鬆那個繮繩。他放鬆那個控制，突然間，所有那三匹馬都開始嘶叫，牠們變得很活，前面那三天的時間，牠們都死氣沉沉，好像快要死掉一樣。

這就是發生在你們的情況，也是發生在整個人類的情況，你無法發出嘶叫聲。除非一匹馬能夠嘶叫，否則牠是死的，因為嘶叫意味著牠在享受，牠的能量在洋溢，但是你無法發出嘶叫聲，你是死的。就任何一方面而言，你的生命都不是一首洋溢的歌，或是一支能量洋溢的舞，因為那只有在能量太多的時候才會發生。

開花永遠都是一種奢侈，它並不是必然需要的。沒有一棵樹說一定需要花，只要根就夠了。開花永遠都是奢侈的。唯有當樹木擁有太多，它需要給予，它需要分享，花朵才會出現。

每當你擁有太多，生命就變成一支舞，或是一個慶祝，但是社會不允許你跳舞或慶祝，所以社會必須留意不讓你有比需要更多的能量，你只被允許生活在一種飢餓狀態，你不被允許擁有太多，因為一旦你擁有太多，你就無法被控制，而社會想要控制你，它是一種駕馭，一種非常微妙的駕馭。

每一個小孩被生下來的時候都是能量洋溢的，然後你必須切斷那個能量的源頭，你必須將那個小孩修修剪剪，好讓他變得能夠被控制。所有控制的基礎就是要將小孩子分裂成「二」，那麼你就不需要再麻煩了，他本身就會去控制；你不需要再麻煩，他本身就會成為他自己的敵人。

所以他們告訴小孩說：這是錯的。不要做這個。突然間，那個小孩就分裂了，現在他知道什麼是錯的，現在他知道他存在的哪一個部分是錯的，他的頭腦變成了控制者。

透過分裂，理智會變成控制者、變成主人。如果你是不分裂的，你將不會有任何頭腦，並不是說頭腦將會消失，或者是頭腦將會掉落，而是你將不會是頭腦導向的——你將會是你的整個存在。

目前你只是頭，而身體的其他部分都只是在支撐那個頭，頭變成了剝削者，或是獨裁者，這種情形是透過衝突而來的，是透過在你裡面創造出衝突而來的。你被教導說這是好的，那是不好的。理智學習到它，然後理智繼續在譴責你。

記住：如果你譴責你自己，你將會譴責每一個人，你將會譴責整體。一個譴責他自己的人不可能愛，一個譴責他自己的人不可能祈禱，一個譴責他自己的人，對他來講沒有神，不可能有。一個譴責的頭腦永遠無法進入神性的殿堂。唯有當你能夠歡舞，唯有當你是狂喜的、不譴責的，唯有當你是能量洋溢的，而沒有人在控制，沒有人在操作，生命才會變成一種放開來，它並不是正式的，它是自然的，那麼你就可以進入，那麼就到處都是門，那麼你就可以從任何地方去到廟堂。

但是目前就現在的你而言，你是精神分裂的。不只是心理分析學家說你有精神分裂，你才是精神分裂的，不需要任何心理分析學家來分析你，社會本身就會創造出精神分裂的人，性格上的分裂就是精神分裂。你並不是「一」，你生下來的時候是「一」，但是社會會立刻在你身上運作，他們會對你作很多主要的手術，你一直在被動手術而成為分裂的。如此一來，社會就會變得比較放心，因為你在跟你自己抗爭，你的能量就在內在的抗爭當中發散掉了，它從來不是一個能量洋溢的狀態，那麼你就沒有危險性。

洋溢的能量會變成叛逆，洋溢的能量一直都是叛逆的，洋溢的能量一直都處於革命狀態，它就好像河流氾濫，它不相信河岸，不相信規則，不相信法律，它只是繼續橫溢——走向大海。它只知道一個目標——如何變成大海，如何變成那無限的。

洋溢的能量一直都是在走向神。神之所以在我們這個世界上消失並不是因為科學，也不是因為無神論者，而是因為所謂的宗教人士。他們造成你的極度分裂，以至於那個河流一直在跟它自己抗爭，沒有什麼東西被留下來而可以去動，沒有能量被留下來，你跟你自己抗爭已經變得疲憊不堪，你怎麼能夠走向大海？

道或老子或莊子最基本的法則之一就是：如果你是自發性的，它是最高的祈禱，你不可能錯過神，不論你做什麼，你都將會達到祂。所以莊子從來沒有談到神，談論是無關的，它是不需要的，他只談論如何將你內在的完整帶出來。「那神性的」是無關的，當你變成完整的，你就是神性的。當你的片片斷斷融解而成為「一」，你的生命就變成一個祈禱。他們從來不談論祈禱，那是不需要的。

自發性，以一個整體來生活……如果你想要以一個整體來生活，你就不能夠計畫，要由誰來計畫呢？你不能夠為明天決定，你只能生活在此時此地。要由誰來決定呢？如果你決定，分裂就進入了，那麼你就必須去操縱。要由誰來計畫呢？未來是未知的，你怎麼能夠為那個未知的計畫？如果你為那個未知的計畫，那個計畫將會來自過去，那意味著死的將會控制活的。過去是死的，而過去一直在控制著未來，因此你變得非常無聊，那是自然的結果，它一定會發生。無聊來自過去，因為過去是死的，而過去一直試圖要控制未來，因此才會有無聊產生。

未來一直都是一個冒險，但是你不允許它成為一個冒險，你會去計畫它，一旦你去計畫它，你的生命就走在一個固定的軌道上，它就不是一條河流。

當你走在一個固定的軌道上，你知道你要去哪裡，你知道什麼事在發生，每一件事都只不過是一個重複。要由誰來計畫呢？如果是由頭腦來計畫，頭腦一直都屬於過去。生命無法被計畫，因為透過計畫，你是在自殺。

生命只能夠是沒有計畫的，一個片刻接著一個片刻去進入那未知的，但你的恐懼是什麼？你將會在那裡反應，不論那個情形是怎樣，你都將會在那裡反應，你的恐懼是什麼？為什麼要計畫？

那個恐懼之所以產生是因為你不確定你是否還會在那裡。你是那麼地無意識，那就是不確定，你不夠警覺。

比方說你要去應徵一個工作，所以你就一直在你的頭腦裡計畫說要回答什麼，要如何回答，要如何走進辦公室，要如何站、如何坐，這是為什麼？你將會在那裡，你可以反應。但是你對你自己不確定，你非常不警覺，你非常無意識，你不知道——如果你不計畫，某些東西或許會弄錯。如果你是警覺的，那麼就沒有問題。你將會在那裡，所以不論那個情形需要什麼，你都會反應。

記住，這個計畫將不會有所幫助，因為如果你不能成為有意識的，不能夠在你計畫的時候有覺知，那麼那個計畫也是在昏睡狀態下所做的。但是你可以重複它很多次，使它變成機械式的，那麼當那個問題被問出來的時候，你就可以回答。那個回答是準備好的，所以不需要你，它是一個固定的模式，你只是在重複它而已，你變成一個機械裝置，你根本就不需要在那裡。那個回答能夠被給出來，它來自記憶，如果你已經重複它很多次，你知道它是可靠的。

透過計畫，生命會變得越來越無意識。你越是無意識，你就越需要計畫。在真正死亡之前，你就已經死了。活著意味著有反應能力、很敏感，活著意味著：不論什麼事發生，我都將會在那裡反應，而那個反應將會來自「我」，而不是來自記憶，我不會去準備它。

當一個基督教的傳教士，或是一個基督教的牧師，或是一個教士在準備那個講道，你可以看出那個不同。

我曾經拜訪一個神學院，該校在培養他們的牧師和他們的神職人員——五年的訓練，所以我問他們說耶穌是在哪裡被培養、被訓練的，誰教他如何講道？

當然，這些基督教的牧師是死的，他們的每一件事都是經過計畫的。當你說出這句話，你就必須做出某種動作，甚至連姿勢都不被允許成為自發性的。當你說出那句話，你就必須有某種表情，甚至連眼睛都不被允許成為自發性的。你要如何站，什麼時候必須大聲喊，什麼時候要小聲說話，什麼時候要拍桌子，什麼時候不要，每一件事都必須計畫得好好的。

我問他們說耶穌是在哪裡受訓的，他根本就不是一個牧師，也不是一個神職人員，他從來沒有進過任何神學院，他是一個木匠的兒子。

兩千年以來，基督教的牧師一直都在受訓，但是他們從來沒有製造出一個耶穌，他們以後也永遠不可能再製造出一個，因為耶穌是無法被製造出來的，你無法在工廠裡面製造耶穌，而這些神學院是工廠，你們在那裡製造牧師，如果這些牧師顯得很無聊、死氣沉沉、好像是一個重擔，那是不足為奇的，很明顯地，它將會如此。

有兩種宗教，其中一種屬於頭腦，它是死的，那種宗教就是一般所熟知的神學，還有另外一種宗教——真實的宗教、自發性的宗教，它不是神學的，它是神祕家的。記住，印度教有一種神學，回教有另外一種，基督教又有另外一種，但神祕家的宗教是一樣的，它不可能有所不同。

佛陀、耶穌、莊子和老子，他們都是一樣的，因為他們並不是神學家，他們並不是從頭腦來談論，他們是從他們的心傾倒出來。他們並不是邏輯家，他們是詩人。他們並不是在談一些來自經典的東西，他們並不是被訓練要來這樣做的，他們只是反應於你的需要，他們的話語並不是事先就準備好的，他們的舉止並不是固定的，他們的行為並不是經過計畫的。

現在讓我們來進入莊子的經文：

如果有一個人在街上踩到了一個陌生人的腳，他會很禮貌地道歉，並且加以解釋說：

「這個地方太擠了。」

道歉是需要的，因為你們之間沒有關係，另外一個是陌生人。解釋是需要的，因為沒有愛。如果有愛，那麼就不需要解釋，對方將會了解。如果有愛，那麼就不需要道歉，對方將會了解，愛永遠都會了解。

所以，沒有比愛更高的道德律，不可能有，愛是最高的法則，但是如果它不存在，那麼代替的東西是需要的。在街上踏到一個陌生人的腳，道歉是需要的，同時還要加以解釋說：

「這個地方太擠了。」

關於這一點，還有另外一件事需要了解。在西方，甚至連先生都需要道歉，太太都需要道歉，那意味著愛已經消失了，那意味著每一個人都變成了陌生人，沒有家，每一個地方都變成一個市場。在東方不可能這樣去想，但是西方人認為東方人是粗魯的。先生從來不會解釋，不需要，因為我們並不是陌生人，對方能夠了解。唯有當對方無法了解，才需要道歉。如果愛無法了解，道歉又有什麼意義呢？

如果世界變成一個家，所有的道歉都將會消失，所有的解釋都將會消失。你會給予解釋是因為你對對方不確定。解釋是一種避免衝突的詭計，解釋是一種避免衝突的設計，但那個衝突是存在的，你害怕它。

這是一種避開衝突的文明方式！你踏到了一個陌生人的腳，你在他的眼睛裡看到暴力，他變得很有侵略性，他想打你，在這個時候，道歉是需要的，道歉將會平息他的憤怒，那是一種詭計。你的道歉不需要很真誠，它只是一種社會上的設計，它被當作一種潤滑劑。你可以解釋說：我是沒有責任的，這個地方很擠，它是一個市場，我沒有辦法，事情就是這樣。你的解釋是在說明：我是沒有責任的。

而愛一直都是有責任的，不論那個地方是否擁擠，因為愛一直都很覺知、很警覺，你不能夠將你的責任推到那個情形上面，你是有責任的。

注意看那個現象……道歉是一種避免衝突的設計，就好像潤滑劑一樣，而解釋是將責任推到其他的東西上面。你不說：「我是無意識的、沒有覺知的，所以我踏到了你的腳。」你說：「這個地方太擠了！」

一個宗教人士不可能這樣做，如果你繼續這樣做，你將永遠無法變成具有宗教性的。因為宗教意味著負起所有的責任，不逃避、不避開。你越是負責任，就有更多的覺知會因之而產生；你越是覺得沒有責任，你就會變得越來越無意識。每當你覺得你是沒有責任的，你就會進入昏睡。這種事經常發生——不僅在個人的關係上，而且在社會的各個層面上。

馬克思主義說社會應該對每一件事負責。如果一個人是貧窮的，社會應該負責；如果一個人是一個賊，社會應該負責。你不必負責，沒有一個個人必須負責，那就是為什麼共產主義是反宗教的，並不是因為它否定神，並不是因為它說沒有靈魂，而是因為這一點：它將整個責任推給社會，使得你不必負責任。

注意看宗教的態度，那是截然不同的，在品質上不同。一個宗教人士會認為他自己是有責任的：如果有人在乞討，我是有責任的。那個乞丐或許是在地球的另一端，我或許並不認識他，我或許並沒有碰到他所走的路線，但是如果有一個乞丐，我是有責任的。如果有一個戰爭在任何一個地方進行，在以色列、在越南，或是在其他任何地方進行，而我並沒有以任何看得到的方式在參加，我還是有責任。我在這裡，我不能將責任推給社會。當你說社會的時候，你是意味著什麼？這個社會在哪裡？這是逃避責任最大的藉口之一。只有個人存在，你永遠無法碰到社會，你永遠無法將它明確地指出來說：這就是社會。到處都是個人存在，而社會只不過是一個名詞。

社會在哪裡？古時候的文明耍了一個詭計，他們說：神應該負責、命運應該負責，現在共產主義在玩同樣的遊戲說社會應該負責。但是社會在哪裡？神或許在某一個地方，但是社會並不在任何地方，只有很多個個人。宗教說：你應該負責，或者說得更貼切一點：我應該負責。不需要用任何解釋來規避這個責任。

再記住一點：每當你覺得你對於所有這些醜陋、混亂、無秩序、戰爭、暴力和侵略等有責任，突然間，你就會變得很警覺。責任會穿透你的心，而使你變得有覺知。當你說：「這個地方太擠了。」你就可以繼續昏睡地走。事實上，你之所以踏到別人的腳並不是因為那個地方太擠，而是因為你是無意識的。你就好像是一個夢遊症患者在走路，當你踏到了別人的腳，你才突然變得有覺知，因為如此一來，那個情形已經有了危險。你道了歉，說：「這個地方太擠了！」然後又再度陷入昏睡，繼續走你的路。

我聽說有一個單純的村夫第一次來到城市。在火車站的月台上有人踏到了他的腳，然後說：「對不起。」之後他去到一家旅館，又有一個人撞到他，然後說：「對不起。」後來他去看電影，當他走進一家戲院，又有一個人幾乎撞倒他，那個人也說：「對不起！」然後那個村夫說：「這太美了，我們從來不知道這個詭計。你可以對任何人做出你想要做的事，然後只要說聲對不起！」所以他就在街上找了一個看不順眼的人，打了他一拳，然後說：「對不起！」

當你說對不起的時候，你事實上是在做什麼？你的昏睡被打破了，你本來在夢中走路，你一定是在做夢、在想像，頭腦裡面有某些事情，然後你踏到了別人的腳。並不是說那個地方很擠，如果沒有人在那裡的話，你也會被絆倒，即使那個地方並不擁擠，你也一樣會踏到別人的腳。

那是你，那是你的無意識，那是你無意識的行為。即使是在一個擁擠的市場裡，一個佛也不可能會絆倒，因為他是帶著完全的意識在走路。不論他做什麼，他都是很有覺知地在做。如果他踏到了你的腳，那表示他是故意踏的，一定有某種原因。它或許只是要幫助你醒過來，他踏你的腳或許只是要喚醒你，他不會說那個地方很擠，他不會給予任何解釋。

解釋永遠都是欺騙的，它們看起來好像很合乎邏輯，但它們是虛假的。唯有當你必須隱藏某些東西，你才會給予解釋。你可以在你自己的日常生活當中觀察這一點。這不是一個理論，這是每一個人都可以經驗到的簡單事實——唯有當你想要隱藏某些東西，你才會給予解釋。

真理不需要任何解釋。你越撒謊，就需要越多的解釋。有很多經典存在，因為人撒了很多謊，然後就需要一些解釋來隱藏那些謊言。你必須給予一個解釋，然後這個解釋又需要更進一步的解釋，它就這樣一直繼續下去，它是一個無限的循環，即使到了最後一個解釋，也沒有什麼東西真的被解釋清楚，基本的謊言仍然保持是一個謊言。你無法只是藉著解釋一個謊言，就將它變成一個真理。藉著解釋，沒有什麼東西能夠真正被解釋清楚，你或許會認為如此，但真實的情況並不是這樣。

當目拉・那斯魯丁第一次坐飛機，他覺得很害怕，但是他不想讓別人知道。第一次坐飛機的人都會有這樣的感覺，沒有人想要第一次。他想要表現出滿不在乎的樣子，所以他故意走起路來顯得很勇敢，那個勇敢是一個解釋說：我常常坐飛機旅行。然後他坐下來，他想要說一些話來使他自己的內心安定下來，因為每當你開始講話，你就變得很勇敢，透過講話，你會覺得比較不害怕。

所以那斯魯丁對他身邊的乘客說話，他往窗外一望，然後說：「看！我們飛得好高喔！人看起來好像螞蟻。」

他身邊的那個乘客說：「先生，我們還沒有起飛，那些本來就是螞蟻。」

解釋無法隱藏任何東西，相反地，它們會透露一些東西。如果你能夠看，如果你有眼睛，每一個解釋都是透明的。如果他保持沉默還比較好一點，但是也不要試著以沉默來作為解釋，如果以沉默來作為解釋，那是沒有用的。你的沉默將會透露出一些東西，就好像你的話語也會透露出一些東西一樣，最好不要成為一個撒謊者！那麼你就不需要給予任何解釋。最好是成為真實的，最容易的事就是成為真實的。如果你害怕，最好是說：「我害怕。」當你接受事實，那個害怕就會消失。

「接受」是如此的一個奇蹟。當你接受你的害怕，然後說：「我第一次坐飛機。」突然間，你將會感覺到有一種改變遍布在你的全身。基本的恐懼並不是恐懼，基本的恐懼就是害怕那個恐懼，就是：我不想讓任何人知道我在害怕，我不想讓任何人知道我是一個懦夫，然而每一個人在新的情況下都是一個懦夫，在新的情況下表現出勇敢是愚蠢的。怯懦只是意味著說那個情況很新，因此你的頭腦無法提供任何答案，過去無法提供答案，所以你在顫抖，但這是好的！為什麼要試著由頭腦來提供答案？讓它顫抖，讓那個回答來自你現在的意識。你是敏感的，就是這樣，不要透過解釋來扼殺這個敏感。

下一次當你在解釋的時候，要覺知到你在做什麼，你是否試圖要隱藏什麼東西，或是試圖要用解釋來避開某些東西？像這樣的做法是不能夠有任何幫助的。

有一個最近發了財的人去到一個海灘，那是最貴的一個專用海灘，他花錢不眨眼，為的只是要向他周遭的人炫耀。隔天，在游泳的時候，他太太溺水了。她被抬到岸邊，有一堆人圍在那裡，他問說：「你們現在在做什麼？」

有一個人說：「我們要對你太太做人工呼吸。」那個富有的人說：「人工呼吸？不要用人工的，給她真實的，我會付錢。」

不論你做什麼，不論你不做什麼，不論你說什麼，不論你不說什麼，都會顯露出你。在你的周遭到處都有鏡子，每一個別人都是一面鏡子，每一個情況都是一面鏡子，你以為你在騙誰？如果欺騙變成一種習慣，最終你將會騙到你自己，而不會騙到別人，被浪費在欺騙裡的是你的生命。

莊子說：解釋表示你並不真實。

如果哥哥踩到了弟弟的腳，他會說聲對不起，就這樣而已。

兩個兄弟……當那個關係更親密、更親近，對方並不是一個陌生人，那麼就不需要解釋，哥哥只要說聲對不起，他接受了那個過失，他說：「是我不小心，我是無意識的。」他並沒有把責任推到別人身上，他接受了那個責任，就這樣而已，那個關係是更親近的。

如果父母踩到了他小孩的腳，他根本不會說什麼。

那是不需要的，因為那個關係甚至更親密、更親近，他們之間有愛，那個愛就夠了，不需要什麼代替品，不需要解釋，也不需要道歉。

最好的禮貌就是免於所有的客套，完美的行為就是免於顧慮，完美的智慧就是不計畫，完美的愛就是沒有任何表露，完美的真誠不提供任何保證。

但是所有這些完美都需要一件事，那就是自發性的覺知，否則你將會變成虛假的，你將會變成戴上一個假面具。你可以很真誠，但是如果你必須作任何努力，那麼那個真誠只不過是形式上的。

你可以愛，但是如果你的愛需要努力，如果你的愛是屬於戴爾・卡內基（Dale Carnegie）在《如何贏取友誼與影響他人》（*How to Win Friends & Influence Pople*）一書中所說的那一類型，如果是那種類型的愛存在，那麼它不可能是真實的，你一直在操縱它，那麼甚至連友誼都是一項生意。

要小心戴爾・卡內基，這些人很危險，他們摧毀了一切真實的。他們告訴你要如何贏取朋友，他們教你一些技巧或詭計，他們使你變得很有效率，他們給你方法。

但是愛沒有方法，它不可能有。愛不需要訓練，友誼並不是某種你必須去學習的事。一個學來的友誼並不是友誼，它只是一種剝削，你在剝削別人，並且在欺騙他，你並不真實，這是一種生意關係。

但是在美國，每一件事都變成了生意，友誼和愛都變成了生意。戴爾・卡內基的書銷售了好幾百萬冊，再版了好幾百次，它的知名度僅次於《聖經》。

現在已經沒有人知道要如何交朋友，它必須被學習。遲早將會有教導愛的學校，有一些訓練課程，甚至透過函授的課程，你可以去申請和學習那些課程。問題在於，如果你將這些事做得很成功，那麼你就永遠迷失了，因為那真實的將永遠無法發生在你身上，那個門已經完全關閉起來了。一旦你對某件事變得很有效率，頭腦就會抗拒，頭腦會說：這是捷徑，你知道得很清楚，所以為什麼要選擇另外的途徑？

頭腦總是喜歡最沒有抗拒的路線，那就是為什麼「聰明」的人從來不能夠愛，他們太聰明了，所以他們會開始操縱。他們不會說出他們心中的話，他們會說好聽的話，他們會看著別人，看看他喜歡聽什麼樣的話。他們不會說出他們的心，他們只會創造出讓別人受騙的情況。

先生欺騙太太，太太欺騙先生，朋友欺騙朋友……整個世界都變成只是一群敵人。只有兩種類型的敵人：那些你無法欺騙的敵人和那些你能夠欺騙的敵人。這是唯一的差別，這樣的話，狂喜怎麼能夠發生在你的生命當中？

所以這並不是一個學習的過程。真實無法透過學校教育而產生，真實是透過覺知而產生的，如果你很有覺知，如果你以一種有意識的方式來生活，你就會變得很真實。注意看那個差別：很有意識地生活意味著很敞開地生活，不要隱藏，不要耍花招。「成為警覺的」意味著「成為敏感的」，不論發生什麼事，就讓它發生。你接受它，但是你從來不妥協，你永遠不放棄你的意識來換取任何東西，即使它意味著你會完全單獨被留下來，你也接受，而你還是一直保持有意識地警覺和覺知。唯有帶著這個警覺，真實的宗教才會開始發生。

我要告訴你一個故事。在古時候，有一個國王，他本身也是一個占星學家，他對研究星象有很深的興趣。突然間他的內心覺得很恐慌，因為他覺知到說吃再來這一年的農作物會有危險，吃了它的人一定會發瘋，所以他就把他的首相兼顧問叫來，告訴他說這件事一定會發生，那些星星很清楚地顯示，由於宇宙光線的組合，這一年的農作物一定會變得有毒，這種事很少發生，幾千年才會發生一次，但是今年將會發生，任何吃下這一年的作物的人都一定會發瘋，所以他就問他的顧問說：「我們要怎麼辦？」

那個首相說：「去年留下來的農作物一定不夠大家吃，但是有一件事可以做，你和我可以吃去年留下來的農作物，可以將去年留下來的農作物蒐集起來或徵收過來，那麼就沒有問題，一定夠你我兩個人吃。」

國王說：「這種說法不吸引我。如果所有效忠於我的人都發瘋了，所有的女人、聖人、忠誠的僕人、以及所有的子民，甚至連小孩都發瘋了，那麼叫我成為一個局外人這種說法並不吸引我，只有拯救我和你，這樣是不值得的，那是行不通的，我寧可跟著大家一起發瘋。但是我有另外一個建議，我會在你的頭上蓋一個瘋子的印，你也在我頭上蓋一個瘋子的印。」

首相問說：「這樣做對所有的人有什麼幫助？」

國王說：「我聽說這是一支古老的智慧的鑰匙，所以讓我們來試試看。在每一個人都發了瘋之後，在我們都發了瘋之後，每當我看到你的額頭，我就會想起我是發瘋的，而每當你看到我的額頭，你也會想起你是發瘋的。」

首相仍然覺得很迷惑，他說：「但是這樣有什麼用？」

國王說：「我從智者那邊聽到說，如果你能夠知道你是發瘋的，你就不再發瘋了。」一個瘋子無法知道他是發瘋的，一個無知的人不知道他是無知的，一個處於夢中的人不知道他在做夢。如果在你的夢中你有覺知到你在做夢，那個夢就會停止，你就會完全清醒。如果你能夠了解你是無知的，那個無知就會消失。無知的人一直都相信他們是聰明的，瘋子認為他們才是真正聰明的人。當一個人變得真正聰明，他是藉著認出他的無知而變聰明的，所以國王說：「我們就是要這樣做。」

我不知道那件事後來變得怎麼樣，那個故事就在這裡結束，但那個故事是有意義的。

當整個世界都發瘋，只有警覺能夠有所幫助，其他不能夠有所幫助。使你自己保持置之度外，或是逃到喜馬拉雅山上去，這樣做將不會有太大的幫助。當每一個人都發瘋，你也會發瘋，因為你也是大家的一部分，它是一個整體，一個有機的整體。

你怎麼能夠使你自己分開？你怎麼能夠逃到喜馬拉雅山上去？在內在深處，你將仍然保持是整體的一部分。即使住在喜馬拉雅山上，你也會想起你的朋友，他們將會出現在你的夢中，你將會想到他們，你將會想知道他們怎麼想你——你會繼續跟他們保持有連結。

你無法走出這個世界，沒有這個世界以外的地方，世界是一個大陸，沒有人能夠成為一個孤島，所有的島嶼在深處都跟大陸有連結，你只能在表面上認為你是分開的，但是沒有人能夠真正是分開的。

那個國王的確很聰明，他說：「這將不會有所幫助，我不想成為一個局外人，我要成為局中人，我就是要這樣做。我會試著去記住我是發瘋的，因為當你忘記你是發瘋的，你就真的是瘋了。事情就是要這樣做。」

不論你在哪裡，你都要記住你自己，記得你的存在，這個「意識到你存在」應該是持續的。並不是要記住你的名字、你的階級或你的國籍，那些是沒有用的事，完全沒有用。只要記住：我存在。這個一定不可以忘記，這就是印度人所說的「記住自己」，也是佛陀所說的「正念」，或是戈齊福（Gurdjieff）所說的「自我記憶」，或是克里虛納穆提所說的「覺知」。

這是靜心最主要的部分——記住「我存在」。不論是在走路、坐著、吃東西或講話，都要記住「我存在」，永遠不要忘記這個。它將會很困難、很費力，剛開始的時候，你會一直忘記，只有少數片刻你會覺得被照亮了，然後它又會失去，不要覺得難過，即使只有少數片刻也算是很多了，繼續，每當你能夠再度記住，你就再度去抓取那個線。當你忘掉，不必擔心，再度記住，再度去抓取那個線。漸漸地，那個空隙將會減少，那個間隔將會開始消失，持續就會產生。

每當你的意識變成持續的，你就不需要使用頭腦，那麼就沒有計畫，你就由意識來行動，而不是由你的頭腦來行動，那麼就不需要任何道歉，不需要給予任何解釋。你是怎麼樣就是怎麼樣，沒有任何隱藏。不論你是什麼，你就是什麼，你不能夠做任何其他的事，你只能處於一種持續記住的狀態下。透過這個記住、這個經常的有意識，就會產生出真實的宗教，就會產生出真實的道德律。

最好的禮貌就是免於所有的客套。

如果你不來客套，那麼沒有人是陌生人，不論你是走在市場上，或者是走在擁擠的街道上，沒有人是陌生人，每一個人都是朋友。不只是一個朋友，事實上，每一個人都只是你的延伸，那麼就不需要客套。如果我踏到我自己的腳——可能很難有這種機會——我不會對自己解釋說：「這個地方很擠！」當我踏到你的腳，我是踏到我自己的腳。

一個全然覺知的頭腦知道說意識是「一」，生命是「一」，本性是「一」，存在是「一」，它不是片斷的。在那裡開花的樹木是我，只是以不同的形式，在地上的石頭是我，只是以不同的形式。整個存在都變成一個有機的統一體——有機的，生命流經它，而不是機械式的。一個機械式的統一體是不同的，它是死的。

一部車子是一個機械的統一體，在它裡面沒有生命，所以你可以換取它的零件，每一部分都是可替換的，但是你能夠替換一個人嗎？不可能。當一個人過世，一個獨特的現象就消失了，完全消失了，你無法替換它。當你太太或你先生過世，你怎麼能夠替換他們？你或許可以再娶另外一個太太，但這將會是另外一個太太，而不是一個替換。第一個太太的影子永遠都會存在，第一個無法被忘掉，它將會永遠都存在，它或許會變成一個影子，但即使是愛的影子也是非常重要的。

你無法替換一個人，沒有辦法這樣做。如果它是一個機械的統一體，那麼太太是可以替換的零件，你甚至可以有備用的太太。你可以將她們儲存在你的倉庫裡，每當你太太過世，你就可以替換她！

這就是發生在西方的情形，他們已經開始以機械裝置來思考，所以現在他們說任何事都沒有困難。如果一個太太死了，你就娶另外一個，如果先生不在了，你就再去找另外一個……所以婚姻在西方是一個機械的統一體，那就是為什麼離婚是可能的。東方拒絕離婚，因為婚姻是一個有機的統一體。你怎麼能夠替換一個活生生的人？它將永遠不會再發生，那個人就這樣消失而進入最終的奧祕。

生命是一個有機的統一體，你無法替代一棵植物，因為每一棵植物都是獨一無二的，你無法找到另外一棵，完全同樣的一棵樹是找不到的。生命具有一種獨特的品質，甚至連一顆小石頭都是獨一無二的，你走遍天下也無法找到一顆類似的石頭。你怎麼能夠替代它？這就是有機統一體和機械統一體之間的不同。機械統一體依靠零件，那些零件是可以替換的，它們並不是獨一無二的；有機統一體依靠整體，而不是依靠各個部分。部分並非真的是部分，它們跟整體是分不開的，它們是一，它們不能夠被替換。

當你對你內在本性的內在火焰變得很警覺，突然間你就會覺知到你並不是一個孤島，它是一個廣大的大陸，一個無限的大陸。沒有界線可以將你跟它分開，所有的界線都是虛假的，都是偽裝的，所有的界線都只是在頭腦裡，在存在裡面是沒有界線的。

那麼誰可以被稱為陌生人？當你踏到了別人的腳，那是你自己的，你踏到了你自己的腳，不需要道歉，也不需要解釋。沒有別人，只有「一」，那麼你的生命就變成真實的、自發性的，那麼它就不是形式化的，你不遵循任何規則。你已經知道了最終的法則，現在已經不需要任何法則了。你已經變成了法則，現在已經不需要再去記憶法則。

最好的禮貌就是免於所有的客套。

你有沒有注意看那些有禮貌的人？你無法找到比他們更自我主義的人。注意看一個有禮貌的人，看他站的方式、講話的方式、看東西的方式，和走路的方式，他安排使每一件事看起來都很有禮貌，但內在是自我在操縱。

注意看所謂謙虛的人，他們說他們是無名小卒，但是當他們這樣說的時候，你去洞察他們的眼睛，你去看他們的自我在斷言，這是一種非常狡猾的自我，因為如果你說「我是某號人物」，每一個人都會反對你，每一個人都會試圖要把你壓下來。如果你說「我是無名小卒」，那麼每一個人都會贊成你，沒有人會反對你。

有禮貌的人非常狡猾，非常「聰明」，他們知道要說什麼或是要做什麼，他們才能夠剝削你。如果他們說：「我是某號人物，」每一個人都會反對他們。然後就會有衝突產生，因為每一個人都認為他是一個自我主義者，這樣的話，就很難去剝削別人，因為每一個人都會封閉起來對抗你。如果你說：「我是無名小卒，我只是你腳上的灰塵。」那麼那個門就打開了，你就可以剝削。所有的禮節和所有的文化都只是一種老練的狡猾，事實上你是在剝削。

最好的禮貌就是免於所有的客套。

有一次，孔子跑去看莊子的師父老子，孔子是正式禮節的形象代表，他是世界上最大的形式主義者，世界上從來沒有一個比他更大的形式主義者，他就只是禮節、客套、文化和禮貌。他跑去看老子，老子是最不拘形式的，剛好跟他相反。

孔子已經很老了，而老子並沒有那麼老。那個客套是當孔子進來，老子必須站起來迎接他，但是他仍然坐著。孔子簡直不能相信，這麼偉大的一個師父，他的謙虛是舉國皆知的，他竟然會這麼沒有禮貌，因此他必須提出來講。他立刻說：「這樣不好，我比你更年長。」

老子大聲地笑著說：「沒有人比我更年長，我在每一樣東西進入存在之前就存在了。孔夫子，我們的年紀是一樣的，每一樣東西都是同樣的年紀。從恆久以來，我們就一直都存在，所以，不要攜帶著這個老年的重擔，坐下來。」孔子是要來問一些問題的，他說：「一個宗教人士要如何躬行？」

老子說：「當那個『如何』進入，就沒有宗教了，對一個宗教人士來講，並沒有『如何』的問題，那個『如何』表示你還不是具有宗教性的，但是你想要像一個宗教人士一樣地躬行，所以你才會問『如何』。」

「一個愛人會問說一個人應該如何去愛嗎？他直接就愛！事實上，唯有到了後來，一個人才會覺知到他在愛，或許唯有當愛已經消失，他才會覺知到他曾經愛過，他就只是愛，它就這樣發生了。它是一個發生，而不是一個作為。」

任何孔子所問的，老子的回答都令孔子覺得很困惑，因此孔子說：「這個人是危險的！」

當他回去，他的弟子問他說：「事情怎麼樣？老子是一個怎麼樣的人？」

孔子說：「不要接近他，你或許看過危險的蛇，但是沒有什麼東西能夠跟這個人相比；你或許聽過兇猛的獅子，然而在這個人面前，牠並不算什麼。這個人就好像是一條龍，可以在地面上走，可以在海裡游泳，也可以飛到天空的盡頭，非常危險。他不適合我們這些渺小的人，我們太渺小了。他是危險的，就好像深淵一樣地廣大。不要接近他，否則你將感到頭昏，而且或許會暈倒，甚至連我都會感到頭昏，我無法了解他所說的，他超出了所有的了解。」

如果你試圖透過客套和形式來了解老子，他一定是超出了解的，否則他是簡單的，但是對孔子來講，他是困難的，幾乎不可能了解，因為他透過形式來看，而老子沒有形式，也沒有形式的概念。沒有名字，也沒有任何形式，他生活在無限之中。

最好的禮貌就是免於所有的客套。

老子坐著，孔子在等他站起來。誰是真的有禮貌？孔子在等老子站起來歡迎他、迎接他，因為他比較年長，這根本就是自我主義的，現在自我以年長或資深的形式出現。

但是孔子無法直接洞察老子的眼睛，因為老子是對的，他是在說：我們都是同樣的年紀。事實上，我們都是一樣的，同樣的生命在你裡面流，也在我裡面流，你並沒有比我更優越，我也沒有比你更優越，沒有優越和低劣的問題，也沒有年長和年幼的問題，沒有問題，我們是「一」。

如果孔子能夠洞察老子的眼睛，他一定能夠看出那雙眼睛是具有神性的。但是一個眼睛充滿著法律、規則、規定和客套形式的人幾乎是瞎眼的，他不能夠看。

完美的行為就是免於顧慮。

你把你的行為控制得很好，因為你有顧慮；你很躬行，因為你有顧慮。

就在前幾天，有一個人來找我，他說：「我想要跳，我想要成為門徒，但是我有家庭，我的小孩在上大學，我對他們有很大的責任。」

他在顧慮，他有責任要履行，但是沒有愛。責任是一種顧慮，它以什麼事必須被做來思考，因為它是被期望的，因為：「如果我離開了，人們會怎麼說？」是誰在想說人們將會怎麼說？是自我。所以：「人們將會怎麼說？首先讓我履行我的責任。」

我從來沒有叫任何人離開，我從來沒有叫任何人棄俗，但是我堅持說一個人不應該因為責任而處於某種關係之中，因為這樣的話，整個關係是醜陋的。一個人應該因為愛而處於關係之中，這樣的話，這個人就不會說：「我有責任要履行。」他會說：「我現在不能來，我的小孩正在成長，我愛他們，我為他們工作覺得很快樂。」

那麼這將會是一個快樂。現在它並不是一個快樂，而是一個重擔。當你攜帶著一個重擔，當你甚至將你的愛轉變成一個重擔，你就不可能快樂。如果你將你的愛轉變成一個重擔，你的祈禱也會變成一個重擔，你的靜心也會變成一個重擔，然後你就會說：「因為這個師父的緣故，所以我被陷住了，現在我必須去做這個。」它將不是來自你，它將不是來自你的全然，它將不是一種洋溢。

為什麼要擔心？如果有愛，不論你在哪裡，都不會有重擔。如果你愛你的小孩，即使你離開他們，他們也會了解；如果你不愛你的小孩，而你繼續服務他們，他們也會了解，他們將會知道說這些都只不過是虛假的。

這種事經常在發生，人們來看我，他們說：「我一生都在工作，甚至沒有人感謝我。」怎麼有人會感謝你？你好像重擔一樣地攜帶著他們。當愛存在的時候，甚至連小孩子都會了解得很清楚，而當你只是在履行你的責任，他們也會了解得很清楚。責任是醜陋的，責任是暴力的，它顯示出你的顧慮，但是並沒有顯示出你的自發性。

莊子說：

完全的行為就是免於顧慮。

任何被做出來的事都是因為愛而被做，那麼你就不是因為誠實可以帶來很好的報酬，你才誠實，你的誠實是因為誠實很可愛。

如果誠實可以帶來很好的報酬，生意人就會誠實。他們說：誠實為上策。你怎麼能夠摧毀一個像誠實這麼美的東西，而將它轉變成一個上策？策略是政治，誠實是宗教。

有一個老年人快要過世，他把他的兒子叫來說：「現在我必須告訴你那個祕密，既然我快要不久人世了。永遠都要記住兩件事，我就是因此而成功的。第一，每當你給予一個承諾，你就要去履行它。不論付出什麼代價，你都要老老實實地去履行它，這是我的基礎，這是我成功的原因，第二件事就是永遠不要許下任何承諾。」

對一個生意人來講，甚至連宗教都是一個策略，每一件事都是一個策略，甚至連愛都是一個策略。國王和女王從來不會跟一般人結婚，為什麼？它是政治的一部分。國王會跟其他的公主或女王結婚，那個顧慮就是：哪一種關係對整個王國最有利。兩個王國將會變得有關連，好讓他們能夠變成朋友，而不會互相敵對，所以，要跟誰結婚呢？

在古時候的印度，一個國王必須跟很多女人結婚，好幾百個女人，甚至好幾千個女人結婚，它是政治的一部分，他會跟任何有某些權力的人的女兒結婚，好讓他能夠創造出一個權力關係的連鎖，如此一來，你跟他女兒結婚的那個人就會變成你的朋友，他將會幫助你。

在佛陀的時代，印度有兩千個王國，所以最成功的國王就是一個有兩千個太太的人，每一個王國都有一個太太。這樣的話，他就可以過著太平的日子，因為如此一來他就沒有敵人了，如此一來，整個國家都變成好像一個家庭，但是在這種顧慮之下，愛怎麼能夠存在？愛從來不會去想結果，從來不會去渴望結果，它本身就足夠了。

完美的行為就是免於顧慮，完美的智慧就是不計畫。

一個有智慧的人會一個片刻接著一個片刻去生活，從來不會計畫，只有無知的人會計畫，而當無知的人計畫，他們能夠計畫什麼？他們是由他們的無知來計畫。如果不計畫，他們一定會比較好，因為來自無知，只有無知會產生，來自混亂，只有更大的混亂會產生。

一個有智慧的人會一個片刻接著一個片刻去生活，他沒有計畫，他的生活很自由，就好像一朵雲飄浮在天空，沒有要去到哪一個目的地，也沒有什麼決定。他沒有未來的藍圖，他不用藍圖而生活，他不用藍圖而行動，因為真正的事並不是目標，真正的事是那個行動之美。真正的事不在於到達，真正的事是那個旅程。記住：真正的事是那個旅程，是那個旅行，它是那麼地美，所以為什麼要去煩惱目標？如果你過分擔心目標，你將會錯過旅程，而旅程就是生命，目標只可能是死亡。

旅程就是生命，生命是一個無止境的旅程。你從最開始就一直在行動——如果有任何開始的話。那些知道的人說沒有開始，所以，從沒有開始以來，你就一直在行動，直到沒有結束，你也會一直在行動，如果你是目標導向的，你將會錯過。整體就是那個旅程、那個道路、那個無止境的道路，從來沒有開始，也從來沒有結束。真的是沒有目標，目標是由狡猾的頭腦所創造出來的。這整個存在要走到哪裡？它並沒有要走到任何地方。它只是在走，那個走非常美，那就是為什麼存在是沒有負荷的，沒有計畫、沒有目標、沒有目的，它不是一項生意，它是一個遊戲，每一個片刻都是目標。

完美的智慧就是不計畫，完美的愛就是沒有任何展示。

因為愛不存在，所以展示是需要的。愛越少，你就會展示得越多，當它存在，你不會展示。每當一個先生回家帶著一個禮物給他太太，她就會知道有什麼事不對勁。他一定是走出線外，他一定是碰到了另外一個女人。現在這是一個解釋，這是一個代替品，否則愛是如此的一個禮物，所以不需要其他的禮物。並不是說愛不會給予禮物，而是愛本身就是這麼棒的一個禮物，你還能夠給什麼其他的禮物？還可能有什麼其他的禮物？

但是每當先生覺得犯了什麼錯，他就必須將它導正。每一件事都必須重新被安排、被平衡。困難在於：女人非常直覺，她們會立刻知道，你的禮物無法欺騙她們。那是不可能的，因為女人仍然用她們的直覺在生活，用她們非邏輯的頭腦在生活，她們會立刻跳到結論，她們會了解一定有什麼不對勁，否則為什麼要有這個禮物？

每當你展示，你是在展示你內在的貧乏。如果你的成為門徒變成一項展示，那麼你就不是一個門徒；如果你的靜心變成一項展示，那麼你就不是靜心的，因為每當「那個真實的」存在，它是如此地一道光，所以不需要去展示它。當你的屋子被點亮了，當你的屋子裡面有一個火焰，你不需要到你的鄰居那裡去告訴他們說：「看！我們家有一盞燈。」它很明顯地就在那裡。但是當你是暗的，你會試圖去說服你的鄰居說有光在那裡。藉著說服他們，你是試著在說服你自己，這就是為什麼你會想要展示。如果別人被說服了，他或她的信念將會幫助你被說服。

我聽說有一次目拉·那斯魯丁擁有一棟很美的房子，但是他感到厭倦了，就好像每一個人都會感到厭倦一樣，它美不美並沒有什麼差別，每天住在同一個房子裡，他感到很厭倦。那個房子很美，有一個很大的花園，有好幾英畝的綠地，還有游泳池，每一樣東西都有，但是他感到很厭倦，所以他就叫一個不動產的經紀人來，告訴他說：「我想要把這個房子賣掉，我已經膩了，這個房子已經變成一個地獄。」

隔天有一則廣告出現在早晨的報紙上，那個不動產的經紀人登了一則很美的廣告。目拉．那斯魯丁一再地讀它，他變得非常被說服，所以他打電話給那個經紀人說：「等一等，我不想賣了，你的廣告深深地說服了我，現在我才明白我一生都在想要這樣的房子，都在找尋這個房子。」

當你能夠說服別人來相信你的愛，你自己也會被說服。但是如果你有愛，那麼就不需要，你已經知道了！

當你有智慧，那麼就不需要去展示它。但是當你只有知識，你就會去展示，你會去說服別人，當他們被說服，你也同時被說服說你是一個博學多聞的人。當你有智慧，就沒有這個需要，即使一個人都沒有被說服，你仍然可以確定說你單獨一個人就是足夠的證明。

完美的真誠不提供任何保證。

所有的保證都是因為沒有足夠的真誠。你保證、你承諾，你說：這是保證，我將會這樣做。當你在給予保證，就在那個片刻就有不真誠存在。

完美的真誠不提供任何保證，因為完美的真誠是那麼地覺知，覺知到很多事情。首先，未來是未知的，你怎麼能夠給予保證？生命每一個片刻都在改變，你怎麼能夠承諾。所有的保證和所有的承諾都只能夠為這個片刻，而不能為下一個片刻。對下一個片刻是沒有辦法的，你將必須等待。

如果你確實很真誠地愛一個女人，你不會說：「我將會一生都愛你。」如果你這樣說，你是一個撒謊者，這個保證是虛假的，但是如果你真的愛，這個片刻就足夠了。那個女人不會要求你的一生。這個片刻，如果真愛存在，它是那麼地令人滿足，只要一個片刻就夠你享受很多世了。一個片刻的真愛就是永恆，她將不會有額外的要求。但是現在她在要求，因為這個片刻沒有愛，所以她問說：「有什麼保證？你會一直都愛我嗎？」

這個片刻沒有愛，所以她在要求保證，這個片刻沒有愛，所以你在保證未來，因為唯有透過那個保證，你才能夠在這個片刻欺騙。你可以創造出一個未來很美的憧憬，藉此來隱藏醜陋的現在。

你說：「是的，我將永遠永遠都愛你，甚至連死亡都不會拆散我們。」這是多麼地荒謬！多麼地不真誠！你怎麼能夠這樣做？

你可以這樣做，你很容易就這樣做，因為你並沒有覺知到你在說什麼。下一個片刻是未知的，它將會走到哪裡，沒有人知道，將會有什麼事發生，沒有人知道，沒有人可以知道它。

不可知性是未來遊戲的一部分，你怎麼能夠保證？最多你只能夠說：「在這個片刻我愛你，在這個片刻我覺得——這是這個片刻的一個感覺——即使死亡也無法拆散我們，但這是這個片刻的一個感覺，這並不是保證，未來會怎麼樣沒有人知道。我們從來不知道這個片刻，所以我們怎麼能夠知道另外的片刻？我們將必須等待，我們將必須祈求它的發生，好讓我永遠永遠都愛你，但這並不是一個保證。」

完美的真誠無法給予任何保證。完美的真誠是那麼地真誠，它不可能承諾，它只給出任何在此時此地它所能給出的，完美的真誠生活在當下這個片刻，它沒有未來的概念。

頭腦會進入未來，本性則生活在此時此地。完美的真誠屬於本性，而不屬於頭腦。愛、真理、靜心、真誠、簡單和天真，這些都屬於本性。這些東西的相反之物屬於頭腦，為了要隱藏相反的東西，頭腦就創造出虛假的東西：虛假的真誠——可以給予保證和承諾的虛假真誠；虛假的愛——它只不過是責任的代名詞；虛假的美——它只不過是內在醜陋的一個外表。頭腦會創造出虛假的東西，記住，除了你自己之外，沒有人會被騙。

第5章 朝三暮四？朝四暮三？

什麼是「朝三」？它是關於一個猴子的訓練師，他去到他的猴子那裡告訴牠們說：「關於你們的栗子，我早上會分給你們三升，晚上分給你們四升。」

在聽到了這些話的時候，所有的猴子都變得很生氣，所以那個養猴子的人就改口說：「好吧！那麼就早上四升，晚上三升。」然後那些猴子就覺得很滿意。

其實這兩種安排是一樣的，栗子的總數量並沒有改變，但是在第一種情況下，猴子們都覺得很不高興，而在第二種情況下，牠們就覺得很滿意。那個養猴子的人很願意改變他個人的安排，以便去適應客觀的情況，他這樣做並不會有任何損失。

真正的智者會去考慮問題的兩面，沒有任何偏好，在道的光之下來看兩者，這個被稱為同時遵循兩種路線。

原文：

何謂朝三？狙公賦芧，曰：「朝三而暮四。」眾狙皆怒。曰：「然則朝四而暮三。」眾狙皆悅。名實未虧而喜怒為用，亦因是也。是以聖人和之以是非而休乎天鈞，是之謂兩行。

——《莊子》內篇・齊物論（八）

「朝三」的法則。莊子非常喜歡這個故事，他常常提起這個故事，這是一個很美的故事，它具有很多層面的意義，它在表面上看起來很簡單，但是卻深深地指出人類的頭腦。

第一件必須加以了解的事是：人類的頭腦就好像猴子一樣。並不是達爾文發現說人來自猴子，長久以來，人們就觀察到：人類的頭腦跟猴子的頭腦以同樣的模式在運作，只有在少數情況下，你可以超越你的猴性。當頭腦靜下來，當頭腦變寧靜，當真正沒有頭腦的時候，你就超越了猴子的模式。

什麼是猴子的模式？有一件事，頭腦從來不會靜止。除非你是靜止的，否則你無法看到真理，你在搖晃和顫抖得很厲害，以至於什麼都看不到。清晰的知覺是不可能的。當靜心的時候，你是在做什麼？你是在將那個猴子放在靜心的位置，因此靜心會有各種困難。你越是試著去使頭腦靜止，它就越會反抗、越會陷入混亂、越會變得浮躁。

你曾經看過一隻猴子靜靜地坐著嗎？不可能！猴子總是在吃些什麼，做些什麼，晃來晃去，喋喋不休，這就是你在做的。人發明了很多東西，如果沒有什麼事可做，他會嚼口香糖，如果沒有什麼事可做，他會抽菸！這些只不過是愚蠢的被占據，就好像猴子一樣，總是要有事忙。總是要一直做些什麼事，好讓你的心神能夠保持被占據。

你非常浮躁，坐立不安，你的浮躁需要忙東忙西，那就是為什麼，不論你說什麼反對抽菸的話，它都無法被停止。唯有進入靜心的世界，抽菸才能夠停止，否則沒有辦法。即使有死亡的危險，或者癌症和肺病的危險，它也無法被停止，因為問題並非只是在於抽菸，問題是要如何釋放掉那個坐立不安。

那些頌唸咒語的人可以停止抽菸，因為他們找到了代替品。你可以繼續頌唸阿彌陀佛、阿彌陀佛、阿彌陀佛，這變成了另外一種抽菸。你的嘴唇在動，你的嘴巴在動，你的不安就被釋放掉了，所以，持咒可以變成一種抽菸，它是更好的一種，對健康比較沒有傷害。

但基本上它是一樣的，你的頭腦無法休息，你的頭腦必須做些什麼，不僅當你醒著的時候要做些什麼，甚至當你在睡覺的時候，你也要做些什麼。哪一天注意看你太太或你先生在睡覺的時候，只要靜靜地坐下來兩三個小時，注意看他的臉，你將會看到猴子，而不是看到人。甚至連在睡覺當中也有很多事在進行，那個人的心神被占據了。這個睡覺不可能很深，它不可能真的放鬆，因為有工作在進行。白天的工作還在持續，它並沒有間斷，頭腦繼續以同樣的方式在運作。有經常性的內在喋喋不休，有一個內在的獨語，難怪你會感到厭煩，你是在厭煩你自己，每一個人看起來都很煩。

目拉．那斯魯丁在講一個故事給他的門徒聽，突然間下起雨來——天氣一定剛好像今天一樣。所以有一個路過的人為了要躲雨，就跑到那斯魯丁他們的棚子來，他在等雨停，但是他不由自主地會去聽他講故事。

那斯魯丁講了一個很長的故事，有很多次，那個人都很想插嘴，因為他所說的事情非常荒謬，但是他再三思考，並告訴他自己說：「這不干我的事，我來這裡只是為了要躲雨，雨一停，我就要走了，我不需要去干涉。」但是到了某一個點，那個人實在是忍不住了，他打斷他的話說：「夠了！對不起，這並不干我的事，但是你實在是講得太離譜了！」

我必須告訴你那個故事，以及那個人忍不住的那一點……

那斯魯丁說：「有一次，在我年輕的時候，我旅行到黑暗大陸——非洲的叢林裡，突然間有一隻獅子跳出來，就在離我十五英尺的地方，我身上都沒有帶任何武器或是可以保護的東西，只有單獨一個人在森林裡，那隻獅子盯著我看，並開始向我這邊走過來。」門徒們變得非常興奮，那斯魯丁停了一下子，看著他們的臉，有一個門徒說：「不要叫我們等，快告訴我們後來怎麼了？」

那斯魯丁說：「那隻獅子走得越來越近，直到只有五英尺遠。」

另外一個門徒說：「不要再等了，快告訴我們後來怎麼樣。」

那斯魯丁說：「很簡單，只要用邏輯推論一下，你就可以知道答案。那隻獅子向我撲過來，殺了我，並且吃掉我！」

就在這個點上，那個陌生人終於忍不住了，他說：「你是在說那隻獅子殺了你，並且吃掉你嗎？那麼你為什麼還活活地坐在這裡？」

那斯魯丁直視著那個人說：「哈哈！你稱這個為活著嗎？」

注意看人們的臉，你就會了解他的意思，你稱這個為活著嗎？無聊死了，拖著生命在走，這算是活著嗎？

從前有一個人告訴那斯魯丁說：「我非常窮，現在已經不可能再活下去，我們應該自殺嗎？我有六個小孩和一個太太，以及我的寡婦妹妹和老爸、老媽。生活變得越來越困難，你能夠給我一些建議嗎？」

那斯魯丁說：「你可以做兩種事，這兩種事都將會有幫助。第一，開始做麵包，因為人們活著一定要吃東西，你一定會有生意。」

那個人問說：「另外一種呢？」

那斯魯丁說：「做死人的壽衣，因為人們現在活著，但是總有一天會死，這也是一種很好的生意，這兩種生意都很好——麵包和死人的壽衣。」

過了一個月之後，那個人回來，他看起來甚至更絕望，他非常傷心，他說：「似乎這兩種事都行不通。按照你的建議，我將我的一切都投入生意，但是每一件事似乎都在反對我。」

那斯魯丁說：「怎麼可能？當人們活著的時候，他們一定要吃麵包，當他們過世，他們的親戚一定要買壽衣。」

那個人說：「但是你不了解，在這個村子裡，沒有一個人是活著的，也沒有一個人死，他們都只是拖著生命在走。」

人們只是拖著生命在走。你不需要去看別人的臉，只要自己去照照鏡子，你就會了解拖著生命在走是什麼意思——既不是活的，也不是死的。生命很美，死亡也很美，但拖著生命在走是醜的。

為什麼你看起來好像揹著一個重擔？頭腦經常性的喋喋不休會消散能量。頭腦經常性的喋喋不休是你存在的一個經常性漏出，能量被發散掉了，你從來沒有足夠的能量可以使你感覺活生生的、年輕的、新鮮的。如果你不是年輕的、新鮮的、活生生的，你的死也將會是一件非常乏味而沒有感覺的事。

一個活得很盡致的人也會死得很盡致，當那個死很盡致，它具有一種它本身的美。一個活得很全然的人也會死得很全然，有全然在的地方就有美。死是醜的，但它的醜並不是因為死的緣故，而是因為你從來沒有活得很好。如果你從來不曾活生生，你並沒有掙得一個很美的死，它必須被掙得。一個人必須以這樣的方式來生活：非常全然、非常完整，好讓他能夠死得很全然，而不是片片斷斷的。你片片斷斷地活著，所以你死的時候也會是片片斷斷的。你的一部分先死掉，然後另外一部分，然後再另外一部分，你要花好幾年的時間去死，這樣的話，整個事情都會變得很醜。如果人們在生前是活生生的，那個死一定會是很美的。這個內在的猴子不允許你成為活生生的，這個內在的猴子也不允許你死得很美，這個經常的喋喋不休必須停止。

喋喋不休是什麼？它的主題是什麼？它的主題就是那個一直在頭腦裡進行的「朝三」。在頭腦裡面你在做什麼？經常在安排：做這個，不要做那個，建造這個房子，摧毀那個房子，從這個生意轉到另外一個生意，因為那個生意將會更有利潤；換個太太或換個先生。你到底在幹什麼？只是在改變安排。

莊子說，如果你能夠就整體來看，到了最後，那個總數一直都是一樣的，它是七。不論你是早上給三升栗子，晚上給四升栗子，或是調換過來，早上給四升，晚上給三升，那個總數還是七。這是最奧祕的法則之一——總數一直都是一樣的。

你或許無法理解，但是當一個乞丐或一個國王死了，他們的總數是一樣的。乞丐住在街上，皇帝住在皇宮裡，但那個總數是一樣的。一個富有的人或是一個窮人，一個成功者或是一個失敗者，那個總數是一樣的。如果你能夠去看生命的全部，那麼你就會知道莊子所說的「朝三」是什麼意思。

到底是怎麼一回事？生命是沒有偏好的，生命對你的安排完全漠不關心，它不會去管你所作的安排。生命是一個禮物，如果你改變那個安排，總數也不會改變。

富有的人找到了較好的食物，但是飢餓已經喪失了，他無法真正感覺到飢餓的強烈。那個比例永遠都是一樣的。他找到了一張美麗的床，但是他卻得了失眠症。他對睡覺作了較好的安排，他應該在睡覺的時候進入無意識的三摩地，但是事情並沒有這樣發生，他睡不著，他只是改變了那個安排。

乞丐就睡在外面的街上，車子來來往往，但是乞丐卻能夠照睡不誤，他沒有床，他所睡的地方並不平坦，而且很堅硬、不舒服，但他還是照睡。乞丐無法得到好的食物，那是不可能的，因為他必須去乞討，但是他有很好的胃口，整個結果是一樣的，總數還是七。

一個成功的人不僅是很成功，隨著成功而來的有各種災難。一個失敗並非只是一個失敗，隨著那個失敗而來的有各種祝福。總數永遠都一樣，但那個總數必須被仔細看，必須被看穿，需要有清晰的眼光。要看總數需要眼睛，因為頭腦只能夠看到片斷。如果頭腦看到早上，它就不能夠看到晚上，如果它看到晚上，早上就被忘掉了，頭腦無法看一整天，頭腦是片片斷斷的。只有靜心的意識能夠看整體——從出生到死亡——那麼那個總數永遠都是七。那就是為什麼智者從來不會試圖去改變那個安排。那就是為什麼在東方從來沒有革命發生，因為革命意味著改變那個安排。

看看發生在蘇聯的情形，在西元一九一七年，最大的革命發生在地球上，那個安排被改變了。我不認為列寧、史達林或托洛斯基曾經聽過「朝三」的故事，他們本來可以從莊子那裡學到很多，但是這樣的話，就不會有革命。到底是發生了什麼？資本主義者消失了，如此一來，沒有人是富有的，也沒有人是貧窮的，舊有的階級已經不復存在，但是只有名字改變，新的階級進入存在。在革命之前是富有的人和貧窮的人，是資本主義者和無產階級的人，現在它變成安排的人和被安排的人，但是那個差別、那個差距是一樣的，沒有什麼東西被改變，只是現在你將那些資本主義者叫做經理人！

那些研究蘇聯革命的人說這不是一個社會主義的革命，它是一個管理權的革命。在兩個階級之間仍然保持著同樣的差距、同樣的距離，一個沒有階級的社會並沒有因革命而產生。

莊子一定會笑，他一定會講這個故事，你們到底做了什麼？安排的人變得很有權力，而被安排的人仍然保持沒有權力。

印度人說有些人永遠都是支配者，有些人永遠都是被支配的，有上層階級的「克夏特利亞」(ksbatriyas)和下層階級的「首陀羅」(shudra)，這些並非只是標籤而已，這些是人的類型。印度人將社會分成四個階級，他們說社會永遠不可能沒有階級，它並不是社會安排的問題，的確有這四種類型的人存在，除非你改變他們的類型，否則沒有一種革命會有太大的幫助。

他們說有一種類型的工人——首陀羅，他們將永遠都是被支配者。如果沒有人來支配他，他就會感到失落，他就不會快樂，他需要有人來指使他，他需要有人來讓他服從，他需要有人來為他負起一切的責任，他並沒有準備好要自己來負起責任，這是一種類型。唯有當經理人在旁邊，這種類型的人才會工作，如果經理人不在，他將會只是坐在那裡。

經理人可以是一個微妙的現象，甚至是看不見的，比方說，在資本主義的社會裡是由利潤動機在支配。一個首陀羅之所以工作並不是因為他喜愛工作，並不是因為工作是他的嗜好，並不是因為他是具有創造力的，而是因為他必須餵飽他自己和他的家人。如果他不工作，誰要來養他？是利益的動機、飢餓、身體和肚子在支配。

在共產主義的國家裡，這個動機並不是支配者，在那裡，他們必須用看得見的經理人或管理人。據說在史達林時代的蘇聯，每一個公民都有一個警察在管，否則很難管理，因為利益的動機已經不復存在了。一個人必須強迫，必須命令，必須時常嘮叨，唯有如此，首陀羅才會工作。

總是會有像生意人這一類型的人，他們喜歡金錢、財富和囤積，他會去做那樣的事，至於他以什麼樣的方式去做都沒有差別。如果有金錢，他就會累積金錢，如果沒有金錢，他就會蒐集郵票，不論在什麼樣的情況下，他都會去蒐集。如果沒有郵票，他會去聚集一些跟隨者，反正他就是會去聚集、蒐集或囤積！他一定要去做一些跟數目有關的事。他將會有一萬個、兩萬個，或一百萬個跟隨者，這跟他會聚集一千萬或一億是一樣的。

去到你們的聖人那裡，他的跟隨者越多，他就越偉大，所以，跟隨者只不過是銀行存款。如果沒有人跟隨你，你就是沒沒無聞，那麼你就是一個窮師父。如果有很多人跟隨你，你就是一個富有的師父。不論情形怎麼樣，生意人都會去聚集，他會去算，有時候他所聚集的東西是精神上的。

有一種戰士型的人，他會戰鬥，任何藉口都可以，他就是會去戰鬥，戰鬥已經深入了他的血液，深入了他的骨頭。就是因為有這一類型的人，所以世界永遠沒有和平，那是不可能的。每十年就一定會有一次大的戰爭，而如果你想要避免大的戰爭，那麼就必須有一些小的戰爭，但是那個總數會保持一樣。因為現在有原子彈和氫彈，所以大型的戰爭已經變得幾乎不可能，那就是為什麼世界上到處都有很多小的戰爭：在越南、在喀什米爾、在孟加拉、在以色列，有很多小的戰爭，但那個總數是一樣的。在五千年裡面，人類打了一萬五千次戰爭，平均每年有三次戰爭。

有一種類型的人就是必須去戰鬥，你可以改變這個類型，但是那個改變將會是表面上的。如果這個戰士不被允許在戰爭中戰鬥，他將會以其他的方式來戰鬥，他會去打選舉戰，或者他會變成一個運動員，他或許會在籃球場或足球場戰鬥，不管怎麼說，他就是會去戰鬥，他會去競爭，他需要有人來讓他挑戰。一定得在某一個地方有戰鬥來滿足他。那就是為什麼隨著文明的發展，人們必須被提供越來越多的遊戲。如果你不將正式遊戲給那些戰士類型的人，他要做什麼？

當籃球賽、足球賽或曲棍球賽在進行，你去看一看，人們簡直瘋了，好像某種非常嚴肅的事在進行，好像真正的戰爭在發生！選手們非常嚴肅，而周圍的球迷在發瘋，戰鬥如火如荼地展開，有時候會有暴亂發生。比賽場上一直都很危險，因為聚集在那裡的人也是屬於戰士型的人，任何事情隨時都可能有不對勁。

有一種婆羅門型的人，他們總是生活在文字裡，或是生活在經典裡。在西方並沒有婆羅門，但是那個名字並不要緊，婆羅門型的人到處都存在。你們的科學家、你們的教授和大學，到處都充滿著這一類型的人，他們繼續在文字和符號上面下功夫，或是創造理論、辯護和爭論等等。他們繼續這樣在做，有時候是以科學的名義，有時候是以宗教的名義，有時候則是以文學的名義，那個名義可能改變，但是那個婆羅門仍然繼續存在。

有這四種類型，你無法創造出一個沒有階級的社會，這四種類型的人將會持續下去，但全部的安排將會是一樣的。片斷的部分可能改變。你可以在早上做一件事，在晚上做不同的事，但整天看起來是一樣的。

我聽說有一位年輕的科學家，他父親反對他的科學研究，他父親一直認為那是沒有用的。他告訴他兒子說：「不要浪費你的時間，最好是去當醫生，那將會比較實際可以幫助人。只是一些理論，一些抽象的物理理論是不會有所幫助的。」最後他終於說服了他的兒子，因此他成為一個醫生。

第一個來找他看病的人患了嚴重的肺病，那個醫生開始翻書，因為他是一個抽象的思想家，一個婆羅門。他翻了又翻，那個病人變得很不耐煩，他說：「我還要等多久？」

那個科學家醫生說：「我不認為有什麼希望，你將必須一死，這種病沒有辦法治療，它已經超出可以治療的範圍。」那個病人是一個裁縫師，因此他就回家去了。

兩個星期之後，那個醫生路過，看到那個裁縫師在工作，他顯得很健康，而且充滿活力，所以他說：「什麼！你居然還活著？你應該早就死了。我已經翻過書，你的病不可能醫好，你是怎麼弄的，怎麼還可以活著？」

那個裁縫師說：「你告訴我說在一個星期之內我就會死，所以我想：那麼為什麼不好好活一下？只剩下一個星期……馬鈴薯煎餅是我最喜歡吃的東西，所以在我離開你的診所之後，我就直接去餐廳，吃了三十二張馬鈴薯煎餅，然後我立刻覺得精神百倍，現在我已經完全好了！」

那個醫生立刻在他的日記簿上記下說：三十二張馬鈴薯煎餅是嚴重肺病的最佳良藥。

第二個病人剛好也患了肺病，他是一個鞋匠，那個醫生說：「不必擔心，現在你這種病的最佳良藥已經被發現了，你立刻去吃三十二張馬鈴薯煎餅，不要低於三十二張，這樣你就會好了，否則你將會在一個星期之內死掉。」

一個星期之後，醫生去敲那個鞋匠的門，它已經被鎖起來了，鄰居說：「他已經死了，你的馬鈴薯煎餅殺死了他。」他立刻在他的日記簿上記下：三十二張馬鈴薯煎餅幫助了裁縫師，但是卻殺死了鞋匠。

這是抽象的頭腦，他不能夠成為實際的，他是婆羅門。

你可以改變表面，你可以化裝臉部，但是內在的類型仍然保持一樣，因此東方不會麻煩它自己去革命。東方在等待，那些東方的智者，他們看著西方，他們知道你們在玩玩具，你們所有的革命都是玩具，遲早你們將會了解「朝三」的法則。

這個「朝三」是什麼？一定是有一個弟子問了莊子，因為每當有人提到革命或改變，莊子一定會笑，然後說：「朝三的法則。」所以，一定是有一個弟子問了莊子：「你一直在談論的朝三是什麼？」

莊子說：

它是關於一個猴子的訓練師，他去到他的猴子那裡告訴牠們說：「關於你們的栗子，我早上會分給你們三升，晚上分給你們四升。」

在聽到了這些話的時候，所有的猴子都變得很生氣……

因為在以前，牠們都是早上拿四升，晚上拿三升。很明顯地，牠們都生氣了！「你這是什麼意思？我們以前都是在早上拿四升，而現在你只給我們三升，我們無法忍受。」

所以那個養猴子的人就改口說：「好吧！那麼就早上四升，晚上三升。」然後那些猴子就覺得很滿意。

總數保持一樣……但是猴子無法看整體。那是早晨，所以牠們只能夠看到早晨，每天早上牠們都按例拿四升，牠們都這樣期待，而現在這個人卻說：「早上拿三升。」他減了一升，那是無法忍受的，因此牠們變得很生氣，開始反抗。

但是這個猴子的訓練師一定是一個智者。如果你不是一個智者，很難變成猴子的訓練師，我從我自己的經驗知道它，我本身也是一個猴子的訓練師。

那個猴子的訓練師說：「好，不必不高興，我會按照原來的方式，你們將會在早上拿四升，晚上拿三升。」猴子們都覺得很高興。可憐的猴子！牠們可以毫無理由地對這樣的安排高興或不高興。但是這個人有一個更廣的看法，他可以看清這整個事情，他可以把四和三加起來，那個總數是一樣的，一天還是給牠們七升，至於牠們怎麼樣得到它，或者是以什麼樣的安排，那都不重要。這兩種安排其實是一樣的，栗子的數量並沒有改變，但是在第一種情況下，猴子們都很不高興，而在第二種情況下，牠們就很滿意。

你的頭腦就是這樣在運作，你只是一直在改變那個安排。你對某種安排覺得滿意，而對另外的安排覺得不滿意，但總數是一樣的。然而你從來不去看總數，頭腦無法看總數，只有靜心能夠看總數。頭腦只會看到片斷，它是短視的，非常短視。那就是為什麼每當你覺得高興，你就立刻跳進去，你從來不去看晚上。每當有快樂，就有痛苦隱藏在它的背後。這是你的經驗，但是你並沒有覺知到它。痛苦將會在晚上出現，但是快樂就在早上這裡。

你從來不去洞察那個隱藏的、那個看不見的、那個潛伏的。你只是看到表面，然後你就發瘋了，你一生都這樣在做。一個片斷會抓住你。有很多人來到我這裡說：「當我剛跟這個女人結婚的時候，每一件事都非常美，但是在幾天之後，事情就走樣了，現在一切都變得很醜，現在它變得很痛苦。」

從前有一次車禍，那輛車子翻到路邊的排水溝裡，那個人躺在地上，完全殘廢，幾乎變得神智不清，有一個警察過來，開始作筆錄，他問那個人說：「你結婚了嗎？」

那個人說：「我未婚，這次意外是我曾經經歷過最大的一團糟。」

據說那些知道的人從來不結婚，但是沒有結婚你怎麼能夠知道在婚姻裡面會發生什麼？你看著一個人，看著片斷，有時候當你到了最後去想它，那個片斷會看起來很愚蠢。

你只因為一個人的眼睛顏色就愛上她（他）？眼睛的顏色——多麼愚蠢！你的生命怎麼能夠依靠你眼睛的顏色或別人眼睛的顏色？你的生命怎麼能夠因為眼睛的顏色而變得很美？——少量的色素，只值三、四毛錢，但是你很羅曼蒂克，你說：喔！那雙眼睛，以及那個眼睛的顏色。然後你就發瘋了，你認為：「如果我沒有跟這個女人結婚，生命就失去了，我將會自殺。」

但是你看不清你在做什麼。一個人無法永遠藉著眼睛的顏色來生活。兩天之後你就會熟悉那雙眼睛，然後你就會忘掉它們，然後在你面前的是整個生命，是它的全部。接下來就是痛苦。蜜月尚未結束之前，痛苦就開始了，你從來沒有將整個人納入考慮——頭腦無法看到整體，它只能看到表面，看到身材、臉、頭髮、眼睛的顏色、那個女人走路的樣子，以及她說話的聲音，這些都只是部分，但是整個人在哪裡呢？

頭腦無法看到全部，頭腦只會看到片斷，然後就陷住在那些片斷上。一旦它被陷住了，整體就進入了，整體並沒有離得很遠。眼睛的存在並不是一個分開的現象，它們是整個人的一部分。如果你被眼睛給勾住了，你就被整個人勾住了，當這個整體浮現，每一件事都變得很醜。

所以，要由誰來負這個責任？你本來就應該考慮整體，但是當它是早上的時候，頭腦只看到早上，而完全忘掉晚上。要好好記住：每一個早上都隱藏著晚上，早上一直在轉變成晚上，這是沒有辦法的，你無法阻止它。

莊子說：

其實這兩種安排是一樣的，栗子的總數量並沒有改變，但是在第一種情況下，猴子們都覺得很不高興，而在第二種情況下，牠們就覺得很滿意。

猴子就是你的頭腦，它無法穿透整體，這就是悲哀，你總是錯過，你總是因為片斷而錯過。如果你能夠看到整體之後才行動，你的人生將永遠不會成為一個地獄，那麼你就不會去擔心那些表面上的安排，你就不會去擔心早上和晚上，因為這樣的話你就可以計算，而它一直都是七。不論你在早上拿到三或四都沒有差別，總數還是七。

我聽說有一個小孩從學校回家，覺得非常困惑，他媽媽問說：「你為什麼看起來那麼困惑？」

那個男孩說：「我陷入一片混亂，我認為我們老師已經發瘋了，昨天她告訴我說四加一等於五，而今天她告訴我說三加二等於五，她一定是瘋掉了，因為當四加一等於五，三加二怎麼可能也等於五？」

那個小孩無法看出有很多種安排可以達到五，不只是有一種安排可以使總數變成五，有無數種安排都可以使總數變成五。

不論你是怎麼樣安排你的生活，宗教人士總是會去看整體，而世俗的人都只會看片斷，那就是他們之間的差別。世俗的人會去看那個近的，而不會去看那個隱藏在遠處的。而那個遠處的事實上也不是離得很遠，它將會變成近處的，它不久將會發生。晚上很快就來了。

你能夠有一個將整個生命都納入的看法嗎？有一種相信，而且我也認為它是真的，如果一個人快要被溺斃，突然間他的整個人生都會被憶起。你正在垂死，被淹沒在一條河流裡，已經沒有時間可以活了，突然間在你的腦海裡，整個人生從頭到尾都會被顯露出來，它就好像整個影片在經過頭腦的銀幕，但是既然你快要死了，這又有什麼用？

一個宗教人士每一個片刻都會去看整體。整個人生都在那裡，然後他由那個整體的看法來行動，他從來不會像你一樣經常在後悔。不可避免地，不論你做什麼，你都會後悔。

有一天，國王去拜訪一家瘋人院，那家瘋人院的管理員陪他到每一個房間，國王對發瘋的現象非常有興趣，他在研究它。每一個人都應該對它有興趣，因為它是每一個人的問題。你不需要去到瘋人院，你可以到任何地方去研究人們的臉，這樣你就等於是在瘋人院裡面研究！

有一個人在那裡又哭又泣的，用他的頭去撞欄杆，他的痛苦非常深，他的受苦令人刻骨銘心，國王要求要知道這個人如何發瘋的整個故事。那個管理員說：「這個人愛上一個女人，但是得不到她，所以他就發瘋了。」

然後他們又走到另外一個房間，在那個房間裡，有一個人在對一張女人的照片吐痰，國王問說：「這個人的故事怎麼樣？他似乎也是跟女人有關。」

那個管理員說：「那是同一個女人，這個人也愛上她，他得到了她，所以他發瘋了。」

如果你得到了你想要的，你會發瘋，如果你得不到你想要的，你也會發瘋，總量是一樣的。不論你做什麼，你都會後悔。片斷永遠沒有辦法令人滿足，整體是那麼地大，而片斷是那麼地小，你無法從片斷來推論整體。如果你依靠片斷，而按照它來決定你的人生，你將永遠都會錯過，你的整個人生將會被浪費掉。

所以我們應該怎麼做？莊子要我們怎麼做？他想要我們不要成為片斷的，他想要我們成為全部的，但是要記住，唯有當你是全然的，你才能夠去看全部，因為唯有類似的能夠知道類似的。如果你是片斷的，你無法知道整體，如果你是片斷的，你怎麼能夠知道整體？如果你被分裂成很多部分，整體無法在你身上反映出來。當我說靜心，我的意思是說頭腦不再被分裂，在它裡面所有的片斷都消失，頭腦是不分裂的、完整的、一體的。

這個統一的頭腦能夠看得很深入，深入到最終點，它能夠從死看到生，從生看到死。兩極都呈現在它的面前。從這個「看」，從這個穿透的洞見，就有行動產生。如果你問我說罪惡是什麼，我會說：由片斷的頭腦來行動就是罪惡；如果你問我說美德是什麼，我會告訴你：由全部的頭腦來行動就是美德。那就是為什麼罪人總是必須懺悔。

記住你自己的人生，觀察它，不論你做什麼，不論你選擇什麼，這個或那個，每一件事都會走錯。不論你得到那個女人或是失去她，在這兩種情況下你都會發瘋。不論你選擇什麼，你都是選擇悲慘，因此克利虛納穆提經常堅持不選擇。

試著去了解這個。你在這裡聽我演講，這是一種選擇，因為你一定是留下某些未做的工作，或是某種未完成的工作。你必須上班、購物、照顧家庭，或是去到市場，而你卻在這裡聽我演講。今天早上你一定是決定好要怎麼做。是否來聽這個人演講，或是去工作、去上班、去市場，然後你作了決定來這裡。

你作了決定來這裡，你將會後悔你的選擇，因為即使當你在這裡，你也無法全然在這裡：只有一半的頭腦在，你只是在等我講完，然後就可以走。但是你認為如果你選擇了另外的事——去逛街、或是去上班，你就會全然在那裡嗎？不，因為那也是一個選擇，所以，你將會在那裡，而你的頭腦將會在這裡。你將會後悔：我錯過了什麼？誰知道他們在那裡做什麼？或談什麼？誰知道今天早上有什麼奧祕的鑰匙被傳遞了？

所以，不論你選擇了什麼，或者是你來，或者是你決定不來，如果它是一個選擇，它意味著有一半的心，或是比一半多一點，被選擇了，這是一個民主的決定，是由國會決定的，你是由大多數的頭腦來決定的，但是仍有少數存在。沒有一個少數是固定的，也沒有一個多數是固定的，沒有人知道它的多寡，黨員的人數一直在改變，有時候他們支持這一邊，有時候他們支持另外一邊。

當你來這裡的時候你決定了，你有百分之五十一的頭腦想要來，有百分之四十九的頭腦想要去上班，但是等你來到這裡，你的頭腦結構已經改變了，那個想要來聽演講的決定產生出一個打擾。

等你來到這裡的時候，那個少數或許已經變成了多數。如果它尚未變成多數，等到你離開的時候它將會變成多數，然後你就會想：「兩個小時浪費掉了，現在我要如何來彌補？如果我沒有來一定會比較好，心靈的東西可以延緩，但是這個世界是不可以延緩的。生命夠長，我們可以以後再靜心。」

在印度，人們說靜心是老年人在做的，等到他們瀕臨死亡的邊緣，他們就可以靜心，它不是年輕人在做的。靜心是單子上的最後一項，當你做完其他每一件事之後再來做它。但是要記住，要等到你做完每一件事之後再來靜心，那個時間永遠不會來到，因為到時候你可能太老了而沒有辦法做任何其他的事，或者是你所有的能量都已經被浪費掉了。

當你已經沒有能力做任何事，你怎麼能夠靜心？靜心需要能量，最純的能量，最活的能量，靜心需要能量洋溢。一個小孩能夠靜心，但是一個老年人怎麼能夠靜心？一個小孩可以很容易靜心，但是一個老年人，不行，他已經枯竭了。在他裡面沒有能量在流動，他的河流已經不流動，他是凍結的，他生命的很多部分都已經死了。

如果你選擇到廟裡去，你會痛苦，你會後悔；如果你去上班或是到市場去，你也會痛苦和後悔。

有一次一個和尚過世了，他是一個很有名的和尚，舉國皆知，有很多人崇拜他，認為他已經成道，剛好同一天，有一個妓女也過世了，她就住在那個和尚廟的前面。她也是一個非常有名的妓女，跟那個和尚一樣有名，他們是兩個極端住在隔壁，而他們在同一天過世。

掌管死亡的天使來，將那個和尚帶到天堂去，另外一群掌管死亡的天使來，將那個妓女帶到地獄去。當那群天使去到天堂，那個門是關著的，那個主事者說：「你們弄錯了，這個和尚應該被帶到地獄去，而那個妓女應該被帶到天堂來。」

那群天使說：「你這話是什麼意思？這個人是一個很有名的苦行者，一直在靜心和祈禱，所以我們沒有問就把他帶來。那個妓女一定已經在地獄了，因為有另外一群天使把她帶到那裡，我們從來沒有想到要問，因為事情似乎非常明顯。」

那個在門口主其事的人說：「你們搞混了，因為你們只看到表面。這個和尚一直在為別人靜心，但是為他自己，他一直都在想：『我錯過了生命，那個妓女長得多麼美，而且垂手可得，只要我走過馬路，她就在那裡。我所做的事是一大堆無意義的東西——祈禱、以佛陀的姿勢靜坐，卻沒有達成什麼。』但是為了他的名譽，他不敢去做。」

有很多人很有美德，因為他們就像他一樣地怯懦。他之所以有美德是因為他是一個懦夫，他不敢走過馬路去。有很多人認識他，他怎麼能夠去找妓女？人們會怎麼說？

懦夫總是害怕別人的意見，所以他保持是一個苦行者，斷食，但是他的頭腦一直都在想那個妓女。當有歌唱和跳舞的時候，他就會去聽，他坐在佛像的前面，但是佛並不在那裡，他並沒有在拜佛，他會去夢想說他在聽那些宴樂的聲音，在他的幻想中，他會跟那個妓女做愛。

而那個妓女呢？她一直都在懺悔、懺悔、又懺悔，她知道她浪費了她的生命，她浪費了一個大好的良機，為了什麼呢？只是為了錢而出賣她自己的身體和靈魂，她常常往那個和尚廟的方向看過去，很羨慕在那裡的寧靜生活，那裡到底有什麼樣的靜心在發生？

她渴望神能夠給她一次機會進到廟裡去，但是她想：「我是一個妓女，我是不神聖的，我不應該進去廟裡。」所以她常常會在廟的外面繞來繞去，從街上往裡面看。裡面多麼美、多麼寧靜、多麼有福氣！當那裡面有慶典，有很多人在歌唱和跳舞的時候，她常常暗自哭泣、尖叫，想像著她所錯過的。

所以那個管天堂之門的人說：「把那個妓女帶到天堂來，把這個和尚帶到地獄去。他們外在的生活是不一樣的，他們內在的生活也不一樣，但是就好像其他每一個人一樣，他們兩個人都在後悔。」

在印度我們發明了一個字，那個字在世界上其他任何語言裡面都不存在。天堂和地獄到處都可以找到，所有的語言都有天堂和地獄這兩個字，但是我們有一個不同的字：那就是「莫克夏」或「涅槃」——絕對的自由，它既不是地獄，也不是天堂。

如果你的外在生活是地獄，而你對它感到懺悔，你將會到天堂去，就好像那個妓女，她經常在欲求靜心和祈禱的世界。如果你的外在生活是天堂，而你的內在生活是地獄，就好像那個和尚，在欲求那個妓女，那麼你將會到地獄去，但是如果你不選擇、不後悔，如果你是無選擇的，你將會達到「莫克夏」。

無選擇的覺知就是「莫克夏」——絕對的自由。地獄是一個枷鎖，天堂也是一個枷鎖。天堂或許是一個漂亮的監獄，而地獄或許是一個醜陋的監獄，但兩者都是監獄，基督徒和回教徒都沒有辦法同意這一點，因為對他們來講，天堂是最終的。如果你問他們說耶穌在哪裡，他們的回答是錯的。他們說：在天堂跟神在一起。這是完全錯誤的。如果耶穌在天堂裡，那麼他就是還沒有成道。天堂或許是黃金般的，但它仍然是一個監獄。它或許是好的，它或許是令人愉快的，但它仍然是一個選擇，是相對於地獄的一個選擇。那個相對於罪惡所選擇的美德是一個多數的決定，但是那個少數就在它的後面等待著它可以決定的機會。

耶穌處於「莫克夏」之中，那是我所說的，他並沒有在天堂裡，他也沒有在地獄裡，他完全免於所有的監禁，不管是好的或是壞的，不管是美德的或是罪惡的，不管是道德的或是不道德的。他沒有選擇，他過著一種無選擇的生活，那就是我一直在告訴你們的：過著一種無選擇的生活。

但是一個無選擇的生活要怎麼樣才可能？唯有當你能夠看到全部，它才可能，唯有當你能夠看到那個七，它才可能，否則你將會選擇。你將會說這個應該在早上發生，那個應該在晚上發生，你認為只是藉著改變那個安排，你是在改變整體，整體是無法被改變的，整體仍然保持一樣，每一個人的整體都保持一樣。

因此我說在一個乞丐和一個國王之間沒有差別。在早上，你是一個國王，在晚上，你將會是一個乞丐；在早上，你是一個乞丐，在晚上，你將會是一個國王，那個整體保持一樣。注意看那個整體，成為全然的，那麼所有的選擇就會消失。

那個猴子的訓練師只是看著整體，然後說：「好，你們這些愚蠢的猴子，如果你們高興這樣，那麼就這樣安排。」但如果他也是一隻猴子，像別人一樣，那麼就會有爭鬥，那麼他一定會堅持說：「事情必須這樣安排。是誰在下命令？是誰在作決定？你認為誰是主人？你或我？」

自我總是會選擇、決定和強迫。猴子們是叛逆的，如果這個人也是一隻猴子，牠們一定會把他逼瘋。他一定必須花很大的力氣來平息牠們，他一定會堅持說：「從今以後早上不再給四升，我已經這樣決定。」

那是一個人的六十歲生日，在經過漫長的四十年充滿了吵架和衝突的結婚生活之後，那天晚上他回到家。但是當他回到家，他感到很驚訝，他太太居然拿著兩條漂亮的領帶作為禮物在等他，他從來沒有想到他太太會做出這樣的事。她太太拿著兩條領帶作為禮物在等他，那簡直是不可能的事，他覺得非常高興，他說：「不必煮晚餐，我很快就準備好，我們去城裡最好的餐廳吃飯。」

他洗了澡，準備好，並戴上了她送給他的其中一條領帶。他太太注視著那條領帶說：「什麼？你的意思是說你不喜歡另外一條領帶嗎？另外一條領帶不夠好嗎？」一個人在一個時間裡只能戴一條領帶，但是不管他選擇了哪一條，同樣的事也一定會發生：「你這是什麼意思？另外一條領帶不夠好嗎？」

那是舊有的吵架和爭鬥的習慣。據說那個同樣的女人每天都會找一些事情來吵架，而她總是會成功，因為當你去找尋，你就會找到。記住：不論你找尋什麼，你都會找到。世界非常大，存在非常豐富，如果你真的很熱中去找一樣東西，你將會找到它。

有時候她在她先生的外套上面發現一根長頭髮，然後她就會跟他吵說他去找別的女人，但是有一次，連續七天，她都找不出有任何不對勁，她一直努力嘗試，但是都沒有可以挑毛病的藉口，所以到了第七天，當她先生回到家，她就開始尖叫，並且自己捶胸。他說：「你在幹什麼？這到底是怎麼一回事？」

她說：「你這個卑鄙的傢伙，你跟上次那個女人分手了，現在竟然愛上一個光頭的女人！」

頭腦總是會找麻煩，不要笑，因為這是關於你的頭腦。藉著笑，你或許只是在欺騙你自己，你或許會認為它是關於別人，但它是關於你，任何我所說的，它永遠都是關於你。

頭腦會選擇，而且它總是選擇麻煩，因為隨著選擇就會有麻煩產生。你不能夠選擇神，如果你選擇，那麼就會有麻煩。你不能夠選擇門徒，如果你選擇，那麼就會有麻煩。你不能夠選擇自由，如果你選擇，它將不是自由。

那麼它是怎麼發生的？神是怎麼發生的？門徒是怎麼發生的？自由是怎麼發生的？莫克夏是怎麼發生的？當你了解選擇的愚蠢，它就發生了。它並不是一個新的選擇，它只是拋棄所有的選擇。只要去看這整個事情，你就會開始笑，沒有什麼好選擇的，那個總數是一樣的，到了最後，到了晚上，那個總數將會是一樣的。那麼你就不會去擔心說在早上你是一個國王或是一個乞丐。你會很快樂，因為到了晚上每一件事都會變得一樣，每一件事都會被軋平。

死亡會使一切都變平等。在死亡當中，沒有一個人是國王，也沒有一個人是乞丐。死亡會顯露出全部，它一直都是七。

兩種安排都一樣。記住：栗子的數量並沒有改變，但是在第一種情況下，猴子們都不高興，而在第二種情況下，牠們都很滿意。

那個養猴子的人很願意改變他個人的安排，以便去適應客觀的情況，他這樣做並不會有任何損失。

一個具有了解性的人總是會去看客觀的情況，而不會去看他個人主觀的感覺。當那些猴子說不，如果你是那個猴子的訓練師，你一定會覺得被冒犯了。這些猴子試圖要反叛，牠們不順從，這是不能忍受的，它一定會傷到你的內在。

你甚至會對死的東西生氣。如果你試著要開門，而門打不開，你就會生氣。如果你試著要寫一封信，而那支筆出水不順，你就會生氣，你會覺得受傷，就好像那支筆故意在跟你過不去，就好像有人在船上，你甚至會覺得有人在筆裡面試圖要打擾你。

這不僅是小孩子的邏輯，這也是你的邏輯。如果一個小孩撞到了桌子，他就會打它，為了矯正那個錯誤，而且以後他會永遠成為那個桌子的敵人。你也一樣，你也會對死的東西生氣！

這是主觀的，一個智者從來不會主觀，一個智者永遠都會去看客觀的情況。他會去看門，如果它打不開，他會試著將它打開，但是他不會對它生氣，因為那條船是空的。並沒有一個人在那裡試圖關起那扇門，或是抗拒你的努力。

為了要符合客觀的情況，那個訓練師改變了他個人的安排。他看著猴子和牠們的頭腦，他並沒有覺得被冒犯，他是一個猴子的訓練師，而不是一隻猴子。他看到了那個情形，他一定暗中在笑，因為他知道那個總數，他讓步了，只有智者會讓步，愚蠢的人總是在抗拒，愚蠢的人會說：寧願死也不屈服，寧願被折斷也不願意彎下來。

老子和莊子一直在說：當強風吹過來，愚蠢的自我主義的樹木會抗拒而死，但是聰明的草會彎下來，當暴風雨過後，草會再度站直，在那裡笑著享受。草是客觀的，大樹是主觀的，大樹考慮它自己太多了：「我是某號人物，誰能夠使我彎曲？誰能夠強迫我讓步？」大樹會跟暴風雨抗爭。跟暴風雨抗爭是愚蠢的，因為暴風雨並不是衝著你來的，它並沒有什麼特別，暴風雨只是經過，而你剛好在那裡，它是一種巧合。

猴子認為牠們自己是非常優越的動物！牠們並不是故意要冒犯那個猴子的訓練師。猴子就只是猴子，牠們就是這個樣子，牠們無法看整體，牠們無法加總，牠們只能夠看到近處，而不能夠看到遠處，遠處對牠們來講太遠了。對牠們來講，去想像晚上是不可能的，牠們只知道早上。

所以，猴子就是猴子，暴風雨就是暴風雨，為什麼要被冒犯？它們並不是在跟你抗爭，它們只是遵循著它們自己的方式，或是它們自己的習慣。因此那個猴子的訓練師並沒有被冒犯，他是一個智者，他讓步了，他就好像草一樣。每當你開始覺得很主觀，你就要記住這一點。如果有人說了些什麼，你就立刻覺得受傷，好像它是針對你在說的。你太過於在船上了，那些話或許根本就不是針對你在說的，別人或許只是在表達他或她主觀的看法。

當有人說：「你侮辱了我。」事實上他這樣說是意味著另外的事。如果他聰明一點，他一定會以其他的方式來說，他一定會說：「我覺得被侮辱了，你或許並沒有侮辱我，但是任何你所說的，我覺得被侮辱了。」這是一個主觀的感覺。

但是沒有人了解他們的主觀性，每一個人都繼續將主觀性投射到客觀的情況上。別人總是說：「你侮辱了我。」當你聽到它，你也是主觀的，兩隻船都是滿滿的，太擠了，一定會有衝撞、敵意和暴力。

如果你很聰明，當別人說：「你侮辱了我。」你就會很客觀地去看那件事，然後你會想：「為什麼對方會覺得受到了侮辱？」你會試著去了解對方的感覺，如果你能夠將事情導正，你將會讓步。猴子就是猴子，為什麼要生氣，為什麼要覺得被冒犯？

> 據說當目拉．那斯魯丁年老的時候，他被封為榮譽推事，第一個出現在他面前的案子是一個遭到搶劫的人，那斯魯丁聽了他的故事之後說：「是的，你說得對。」但是他還沒有聽另外一邊的故事！
>
> 法庭的辦事員在他的耳邊低聲說：「你是新上任的，那斯魯丁，你不知道你在做什麼，

在你下判斷之前，你必須聽另外一邊的說辭。」

所以那斯魯丁說：「好！」

另外一邊那個搶劫的人講出了他的故事，那斯魯丁聽了之後說：「你是對的。」

法院的辦事員覺得很混亂：「這個新的推事不只是沒有經驗，他簡直就是瘋了。」他再度向他低聲說：「你在幹什麼？不可能兩邊都對。」

那斯魯丁說：「是的，你說得對。」

這就是智者，他會去看客觀的情況，他會讓步，他總是在讓步，他總是說「是」，因為如果你說「不」，那麼你的船並不是空的。「不」一直都是來自「自我」，所以如果一個智者必須說「不」，他會使用「是」的詞句，他不會直接說「不」，他會使用「是」的詞句。如果一個愚蠢的人想要說「是」，他會覺得不說「不」很困難，他會使用「不」的辭句，如果他必須讓步，他會很不心甘情願地讓步。他會覺得被冒犯，或是帶著抗拒的心情而讓步。那個猴子的訓練師讓步了。

那個養猴子的人很願意改變他個人的安排，以便去適應客觀的情況，他這樣做並不會有任何損失。

經由對愚蠢的人說「是」，沒有一個智者曾經損失過任何東西，沒有一個智者曾經因為讓步而損失任何東西，他會得到每一樣東西。因為沒有自我，所以不可能有任何損失。損失永遠都是自我所感覺到的：我在損失。為什麼你會覺得你在損失？因為你從來不想輸。為什麼你會覺得你是一個失敗者？因為你一直都想要成功。為什麼你會覺得你是一個乞丐？因為你一直都想要成為一個國王。

一個智者只是接受任何是的，他接受全部。他知道——早上是乞丐，晚上就是國王；早上是國王，晚上就是乞丐。哪一個是較好的安排？

如果一個智者被強迫去安排，他一定會喜歡在早上成為一個乞丐，而在晚上成為一個國王。一個智者從來不選擇，但是如果你堅持，他會說最好在早上成為乞丐，而在晚上成為國王，為什麼呢？因為先在早上成為國王，然後在晚上成為乞丐，這樣將會很困難，但這就是選擇。

一個智者將會選擇開始的時候痛苦，結束的時候快樂，因為開始時的痛苦可以給你一個背景，相對於那個背景之下的快樂將會更令人愉悅。如果以快樂作為開始，它將會給你一個柔軟的背景，然後那個痛苦將會覺得太過分而無法忍受。

東方和西方作了不同的安排。在東方，人生開始的二十五年，每一個小孩都必須經歷過艱辛，那是直到西方進來而開始支配東方之前好幾千年以來所遵循的原則。

小孩必須去到師父在叢林裡的屋子，他必須去經歷每一種可能的艱辛。就好像乞丐一樣，他必須睡在地上，用一塊墊子墊著，沒有舒適可言。他必須像乞丐一樣地吃東西，他必須到城裡去為師父乞討，砍柴，帶著家畜到河邊去喝水，或是到森林裡去餵牠們。

有二十五年的時間，他必須過著最簡單、最嚴苛的生活，不論他生下來是一個國王，或是一個乞丐，都沒有差別。甚至連國王的兒子都必須遵循同樣的模式，不可以有差別，然後當他知道了世界上的生活，人生就會變得很喜樂。

如果東方人的生活過得非常滿足，這就是詭計，這就是安排，因為任何再來的人生所給予的，它總是比剛開始的時候來得更多。當小孩住進茅屋，對他來講那是一個皇宮——如果跟躺在地上又擁擠、又沒有任何庇護相比的話。當他擁有一張普通的床，它簡直就像是天堂。平常的食物、麵包、奶油、鹽，這些都是高級享受，因為在師父的家裡沒有奶油。任何生命所給予的，他都會覺得很高興。

現在西方的模式剛好相反。當你是一個學生，每一種舒適都給了你。青年招待所、漂亮的大學、漂亮的房間、教室、老師，你的醫藥設施、食物和衛生，每一樣東西都被安排得好好的，都被照顧得好好的，然後在這種環境之下經過了二十五年之後，你就被丟進人生的奮鬥。你已經變成一棵溫室的植物！你不知道奮鬥是什麼，然後你在一家辦公室當職員，或是在小學當老師——人生是地獄。那麼你的一生都將會發牢騷，你的整個人生將會成為一個漫長的抱怨，繼續不斷的抱怨，每一件事都不對勁，它將會如此。

那個猴子的訓練師說：「早上三升，晚上四升。」

但是猴子們堅持說：「早上四升，晚上三升。」

早上四升，晚上三升，那麼晚上將會變得很抑鬱。你會將它跟過去相比，跟早上相比。國王在早上，乞丐在晚上……那麼晚上將會很悲慘，晚上應該是高潮，而不是悲慘。

猴子們並沒有選擇聰明的安排。首先，聰明的人是從來不選擇的，他無選擇地生活，因為他知道說不論什麼樣的事情發生，那個總數都將會是一樣的，再說，如果因為客觀的情況使得他必須選擇，他也會選擇早上三升，晚上四升，但是猴子們說：「不，我們要選擇，我們要在早上拿四升。」為了要符合客觀的情況，那個訓練師、那個養猴子的人很願意遵照猴子的意思，反正對他來講沒有損失，但是對猴子們來講呢？他們損失了某些東西。

所以每當你去接近一個智者，你就讓他來安排，不要堅持你自己的主張，一開始，去選擇就是錯的，再者，任何你們猴子所選擇的都將會是錯的。猴子的頭腦只找尋那個立即的快樂，猴子不擔心後來的發展，牠不知道，牠沒有整體觀，所以，最好讓智者來選擇。

但是整個安排已經改變了，在東方是智者在決定，在西方是民主：由猴子們投票選擇。現在他們已經使整個東方都變成民主，民主意味著由猴子來投票和選擇。貴族政治意味著由智者來選擇那個安排，而猴子們必須讓步和遵循。如果貴族政治運作得很適當，其他沒有任何一種政治能夠產生出比它更好的效果。民主政治一定會陷入混亂。猴子們會覺得很高興，因為是由他們來選擇那個安排，但是當那個選擇是由智者來做，世界將會比較快樂。

記住，關於重要的事務，以前的國王總是會去請教智者，請他們來作最後的決定。智者並不是國王，因為他們不喜歡那麼繁瑣的生活，他們通常住在他們森林中的茅屋裡。每當有難題產生，國王不會跑去他的選區問他的選民說：「要怎麼辦？」他會跑到森林裡去問那些已經拋棄了一切的人，因為他們有一個整體的看法，他們不執著，他們的頭腦不會陷住在某種思想裡，他們沒有他們自己的選擇，他們是無選擇的，他們會去看整體，然後決定。

> 真正的智者會去考慮問題的兩面，沒有任何偏好，在道的光之下來看兩者，這個被稱為同時遵循兩種路線。

去看整體意味著同時遵循兩種路線，那麼就不是早上四升、晚上三升的問題，它是在整個人生裡是七的問題。

安排是不重要的，可以按照客觀的情況來安排，但總數將會是七，兩種路線在一起。智者對於每一件事都會去看整體。性能夠給你歡樂，但是他也會去看由它所產生出來的痛苦。

財富可以給你歡樂，但是他也會去看跟著它一起來的惡夢。成功使你快樂，但是他知道隨著高峰而來的深淵，他知道那個失敗將會變成非常強烈而無法忍受的痛苦。

智者會去看整體，當你去看整體，你就沒有選擇，那麼你就是同時遵循兩種路線。現在早上和晚上是在一起的，現在四加上三是在一起的。現在沒有什麼東西是片斷的，每一件事都變成一個整體。去遵循這個整體就是道；去遵循這個整體就是成為具有宗教性的；去遵循這個整體就是瑜伽。

第6章 勝利的需要

當一個弓箭手在射箭是為了好玩，他擁有他一切的技術。如果他是為了一個黃銅做的帶釦而射，他已經會緊張了；如果他為一個黃金做的獎牌而射，他的眼睛會瞎掉，或是會看到兩個目標，他的心神已經錯亂了。

他的技術並沒有改變，但是那個獎品使他分裂，他會介意，他會把更多的心神放在想要勝利，而比較忽略那個射箭，而且那個想要勝利的需要會耗掉他的力量。

原文：

以瓦注者巧，以鉤注者憚，以黃金注者殙。其巧一也，而有所矜，則重外也。凡外重者內拙。（「注，射也。」〔成玄英疏，見郭慶藩《莊子集釋》〕）

——《莊子》外篇．達生

如果頭腦充滿著夢，你就無法很正確地看；如果心充滿著欲望，你就無法正確地感覺。欲望、夢和希望——未來會打擾你、分裂你。任何是的，都是在現在。欲望引導你進入未來，而生命是此時此地。真實的存在是此時此地，而欲望引導你進入未來，那麼你就不在這裡。你看，但是你並沒有在看；你聽，但你還是錯過；你感覺，但那個感覺是模糊的，它無法進入很深，它無法穿透，真理就是這樣被錯過。

人們一直在問：神性在哪裡？真理在哪裡？問題不在於找尋神性或真理。它一直都在這裡，它從來沒有在其他任何地方，它不可能如此。它就在你所在的地方，但是你不在那裡，你的頭腦在其他某一個地方。你的眼睛充滿著夢，你的心充滿著欲望，你進入未來，而未來只不過是幻象，或者你可以進入過去，而過去已經死了。過去已經不復存在，而未來尚未存在，在這兩者之間是現在這個片刻。這個片刻很短，它就好像原子一般，你無法分割它，它是不可分割的，這個片刻一眨眼就過去了。如果有一個欲望進入，你就錯過了它；如果有一個夢在那裡，你就錯過了它。

整個宗教就是不要引導你到什麼地方，而要把你帶到此時此地，把你帶回整體，帶回你一直都是的，但是頭已經離開了，離得非常遠，這個頭必須被帶回來。所以，神並不是要到某一個地方去找尋的，就是因為你在某一個地方找尋，所以你才錯過祂，祂一直都在這裡等著你。

有一次目拉·那斯魯丁喝醉酒搖搖晃晃地走回家，他敲了他自己家的門很多次，當時已經是午夜十二點半了，他太太來開門，他問她說：「太太，能否請你告訴我，目拉·那斯魯丁住在哪裡？」

他太太說：「這太過分了吧！你就是目拉·那斯魯丁。」

他說：「你說得沒錯，這個我知道，但是這樣並沒有回答我的問題，他住在哪裡？」

這就是你的情況，醉在欲望裡，搖搖晃晃地走著，敲著你自己的門，然後問說你家在哪裡。事實上，你是在問你是誰。這是家，你從來沒有離開過它，不可能離開它，它並不是某種外在於你，而你可以離開的東西，它是你的內在，它就是你的本性。

問說神在哪裡是愚蠢的，因為你不可能失去神，祂就是你的內在、你最內在的本性、你的核心。祂就是你的存在，你在祂裡面呼吸，你生活在祂裡面，不可能是其他狀態。而所發生的情形是你已經爛醉，以至於你認不出你自己的臉。除非你能夠退回來，而變得很清醒，否則你將會繼續找尋又追尋，而繼續錯過。

道、禪、瑜伽、蘇菲、哈希德派，這些都是要把你帶回來的方法，這些都是使你再度變清醒、摧毀你的酒醉的方法。你為什麼會那麼醉？是什麼東西使你變得那麼醉？為什麼你的眼睛是那麼地沉睡？為什麼你不警覺？這一切的根本原因是什麼？那個根本原因就是你的欲望。

試著去了解欲望的本質。

欲望是酒精般的，欲望是最強烈的藥物，大麻菸並不算什麼，迷幻藥並不算什麼，欲望是最強的迷幻藥，是最終的藥物。

欲望的本質是什麼？當你在欲求的時候，有什麼樣的事發生？當你在欲求的時候，你在頭腦裡面創造出一個幻象；當你在欲求，你已經從此處移開，現在你已經不在這裡，你從此處缺席，因為頭腦創造出一個夢，這個不在就是你的酒醉。要在！

就在當下這個片刻，天堂之門是開的，甚至不需要去開門，因為你並不是在天堂的外面，你已經在裡面。只要保持警覺，往四周看，眼睛不要充滿欲望，你將會捧腹大笑，你將會去笑這整個玩笑，笑這整個一直在發生的，它就好像一個人在晚上做夢。

從前有一個人，他非常受打擾，他的夜晚簡直就是漫長的惡夢，他的整個晚上都是一個奮鬥。那個情況非常痛苦，所以他總是害怕去睡覺，而要起床就很高興。他所做的夢是：當他一睡下去，他就開始看到有無數的獅子、龍、老虎和鱷魚，全部都擠在他的床下，所以他會做夢說他睡不著，牠們隨時都會來攻擊。

他的整個夜晚是一個漫長的打擾，是一個折磨，是一個地獄。他接受了醫藥的治療，但是都沒有什麼幫助，每一種嘗試都失敗了，他接受了心理分析學家和心理治療師的分析，但是都沒有效，然後有一天，他笑著走出他的家門。

好幾年以來都沒有人看見他笑過，他的臉已經變成如地獄般的，一直都很悲傷、很害怕。所以鄰居問他說：「到底是怎麼一回事？你為什麼在笑？很久以來我們都不曾看見你笑過，我們已經完全忘記你曾經笑過，你那些惡夢到底怎麼了？」

那個人說：「我將我的情形告訴我姊夫，他治好了我。」

鄰居問說：「你姊夫是某某偉大的心理學家嗎？他是怎麼把你治好的？」

那個人說：「他是一個木匠，他只是把我的床腳鋸掉，現在我的床底下已經沒有空間了，所以我第一次可以睡得很好！」

你創造出一個空間，欲望就是創造出空間的方式，那個欲望越大，就有越多的空間被創造出來。一個欲望或許在一年之內可以被滿足，那麼你就有一年的空間，你可以進入它，那麼你就一定會碰到很多爬蟲類或野獸。這個你藉著欲望所創造出來的空間，你稱之為時間。如果沒有欲望，那麼就不需要時間。

只有一個片刻存在，它甚至不是兩個片刻，因為只有欲望需要第二個片刻，它不被你的存在所需要。在一個片刻裡，存在就完全被滿足，存在就很完整。

如果你認為時間是某種外在於你的東西，記住，你弄錯了，時間並不是某種外在於你的東西。

如果人類從地球上消失，那麼還會有時間嗎？樹木將會生長，河流將會流動，雲將會在空中飄浮，但是我要問，將會有時間嗎？將不會有時間。將會有一些片刻，說得更精確一點，將會有一個片刻——當一個片刻消失，另外一個片刻就會進入存在，然後以此類推，但是沒有像我們所知道的時間，只有極其微小的片刻存在。

樹木並不會欲求任何東西，它們不會欲求開花，花朵將會自然來臨。開花是樹木本性的一部分，但是樹木不會做夢，樹木不會動，它不會思考、不會欲求。

如果人不在的話，將不會有時間，只有永恆的片刻。你藉著欲望來創造出時間，那個欲望越大，就需要越多時間。

但是就物質欲望而言並不需要太多的時間，那就是為什麼在西方，他們說只有一生。在東方，我們欲求莫克夏（最終的解脫），這是最大的欲望，其他沒有任何欲望可以比這個來得更大。你怎麼可能在一世裡面就達到莫克夏？一世是不夠的。你或許可以取得一個皇宮，你或許可以組織一個王國，你或許可以變得非常富有、非常有權力，一個希特勒，或是一個福特，你或許可以變成這個世界上的某種東西，但莫克夏是這麼大的一個欲望，一世是不夠的。

所以在東方，我們相信有很多世，相信輪迴，因為要滿足莫克夏的欲望需要很多時間，需要很多世。唯有如此，那個欲望才有希望可以被滿足。重點不在於是否有很多世，或是只有一世，而是在東方，人們相信很多世，因為他們欲求莫克夏。

如果你只有一世，那麼你怎麼可能達成莫克夏？只有物質的東西能夠在一世裡面達成，心靈的蛻變是不可能的。那個欲望是那麼地巨大無比，所以好幾百萬世是需要的，那就是為什麼在東方，人們生活得很慵懶，不必匆匆忙忙，因為時間並不短缺。你將會一再一再地被生下來，所以為什麼要匆匆忙忙？你有無限的時間。

所以如果東方是懶惰的，而且似乎完全沒有覺知到時間，如果事情進行得非常緩慢，那就是因為有很多世的觀念。如果西方是那麼地有時間意識，那就是因為只有一世，每一件事都必須在它裡面達成。如果你錯過，你就永遠錯過了，不可能有第二次機會！因為這個時間的短缺，所以西方變得非常緊張。有那麼多事要做，而要用來做這些事所剩下來的時間又是那麼地少，時間永遠都不夠，而欲望又是那麼多。

人們總是匆匆忙忙，跑得很快，沒有人慢慢走，每一個人都在跑步，更快的速度是需要的。所以西方繼續發明更快的交通工具，而對於他們所發明出來的東西永遠不會滿足。西方繼續延長人類的壽命，只是為了要給你更多一點時間來滿足你的欲望。

但是為什麼需要時間呢？你難道不能夠就在此時此地而不需要時間嗎？在這個片刻，只是坐在我的附近，沒有過去，也沒有未來，這樣還不夠嗎？這個介於過去和未來之間的片刻，這個極其微小的片刻，它事實上就好像不存在一樣，這個片刻還不夠嗎？這個片刻是那麼地小，你無法抓住它。如果你抓到它，它就已經過去了。如果你去想，它就是在未來，你可以處於它裡面，但是你無法抓住它。當你抓它，它就走掉了；當你去想它，它就不存在了。

當它在那裡，只有一件事可以做，你可以去經驗它，就這樣而已。它是那麼地小，所以你只能生活在它裡面，但是它非常重要，它能夠給你生命。

記住：它就像原子一樣，小到看不見。沒有人曾經看過它，甚至連科學家都不曾看過它，你只能看到結果。他們能夠引爆它，廣島和長崎就是那個結果，我們有看到廣島在燃燒，超過十萬人死掉，這就是結果，但是沒有人看過在原子裡面所發生的爆炸，沒有人用他們自己的眼睛看過原子，目前還沒有儀器可以看到它。

時間是如原子般的，這個片刻也是如原子般的，沒有人能夠看到它，因為你一看到它，它就已經走掉了。在那個要看所需要的時間裡，它就已經走掉了，河流繼續在流，箭繼續在動，沒有人曾經看過時間。你一直在使用時間這個字，但是如果有人堅持要你下定義，你將會不知所措。

有人要求聖奧古斯丁說：「定義神。當你使用神這個字，你是意味著什麼？」聖奧古斯丁說：「它就好像時間，我可以談論它，但是如果你堅持要對它下定義，我就不知道要怎麼辦了。」

你一直在問別人說：「現在是什麼時間？」他們會看他們的手錶，然後回答你，但是如果你真的問：「時間是什麼？」如果你要求定義，那麼手錶並不能夠有所幫助。

你能夠定義時間嗎？從來沒有人看過它，沒有辦法看到它。當你去看，它就消失了；當你去想，它就不在了。當你不想，當你不看，當你只是存在，它就在那裡，你只能去經驗它。聖奧古斯丁說得對：神只能被經驗，而無法被看到。時間也是只能被經驗，而無法被看到。時間並不是一個哲學性的問題，它是存在性的，神也不是哲學性的，祂是存在性的。人們可以經驗到它，但是如果你堅持要他們下定義，他們將會保持沉默，他們無法回答。如果你能夠處於當下這個片刻，所有奧祕的門就被打開了。

所以，拋掉你所有的欲望，從你的眼睛抹去所有的灰塵，要很安詳地停留在內在，不要去渴望什麼東西，甚至不要渴望神。每一種渴望都一樣，不論你是渴望一輛大車，或是一間大房子，或是渴望神，都沒有差別。那個渴望是一樣的。不要渴望，只要存在。甚至不要去看，只要存在！不要想！讓這個片刻存在，而你處於它裡面，突然間你就什麼都有了，因為生命就在那裡。突然間，每一件事都會開始灑落在你身上，然後這個片刻就變成永恆的，那麼就沒有時間，它一直都是現在，它是無始無終的，但是這樣的話你是在它裡面，而不是一個局外人，你已經進入了整體，你已經認出你是誰。

現在試著來了解莊子的經文，這一段是關於勝利的需要。這個勝利的需要是從哪裡產生出來的？每一個人都在追求勝利，都想要贏，但是為什麼會有這個勝利的需要產生？

你並沒有在任何方面覺知到你已經是勝利的，生命已經發生在你身上，你已經是一個勝利者，不可能再有更多，一切所能夠發生的都已經發生在你身上，你已經是一個國王，沒有其他的王國需要被贏得。但是你並沒有認出它，你並不知道已經發生在你身上的生命之美，你並不知道那個已經存在的寧靜、和平和喜樂。

因為你並沒有覺知到你內在的王國，所以你總是覺得還需要更多的東西，還需要某種勝利，來證明你不是一個乞丐。

有一次，亞歷山大大帝來到印度，當然，是為了要來爭取勝利。如果你不需要勝利，你就不會去到任何地方，為什麼要麻煩呢？雅典非常美，並不需要那麼麻煩去長途跋涉。

在途中他聽說河邊住了一個神祕家，戴奧真尼斯（Diogenes）。他聽過關於他的很多故事。在當時，尤其是在雅典，只有兩個名字會被談起，其中一個是亞歷山大大帝，另外一個是戴奧真尼斯，他們是兩個相反的極端。亞歷山大是一個國王，他試圖要創造一個王國，從地球的這一端延伸到另外一端。他想要占有整個世界，他是一個征服者，他是一個追求勝利的人。

戴奧真尼斯剛好跟他相反，他光著身子在生活，他不擁有任何東西。剛開始的時候，他有一個乞丐碗用來喝水，有時候用來乞討食物，然後有一天他看到一隻狗在從河裡喝水，他立刻將他的碗丟掉，他說：「如果狗可以不要用碗，我為什麼不能？狗非常聰明，牠們可以不用碗，我一定很愚蠢，還帶著這個碗，它是一種負擔。」

他視那隻狗為他的師父，並邀請那隻狗來跟他在一起，因為牠非常聰明。那隻狗顯示給他說，他那個碗是一個不必要的負擔，那是他以前所沒有覺知到的。自從那個時候開始，那隻狗就跟他在一起，他們經常睡在一起，一起吃東西，那隻狗是他唯一的伴侶。

有人問戴奧真尼斯：「你為什麼要跟一隻狗在一起？」

他說：「牠比所謂的人還更聰明，在我碰到牠之前，我還沒有那麼聰明，注意看著牠可以使我變得更警覺，牠活在此時此地，不被任何事所打擾，也不擁有任何東西。牠非常快樂，雖然什麼都沒有，牠卻擁有一切。我還沒有那麼滿足，還有一些不安停留在我裡面，當我能夠變成像牠一樣，我就達到目標了。」

亞歷山大聽到戴奧真尼斯，他那狂喜般的喜樂，他那寧靜而像鏡子一般的眼睛，就好像藍色的天空沒有任何雲。這個人光著身子在生活，他甚至不需要衣服。然後有人說：「他就住在附近的河邊，我們會經過，我們離那裡不遠……」亞歷山大想要去看他，所以他就去了。

那是一個冬天的早晨，戴奧真尼斯在作他的日光浴，他光著身子躺在沙灘上享受著早晨的陽光，每一樣東西都是那麼地美，那麼地寧靜，河流在旁邊流著……

亞歷山大看到他之後感到很驚奇，不知道要說什麼。一個像亞歷山大這樣的人只會想到東西和占有物，所以他看著戴奧真尼斯，然後說：「我是亞歷山大大帝，如果你需要什麼，就告訴我，我可以給你很大的幫助，我想幫助你。」

戴奧真尼斯笑著說：「我不需要任何東西，你只要站旁邊一點，你擋住了我的陽光，那就是一切你所能為我做的。記住：不要擋住任何人的陽光，那就是一切你所能夠做的。只要不擋住我的路，其他你不需要做任何事。」

亞歷山大看著這個人，在他的面前，他一定覺得他自己好像是一個乞丐。他什麼都不需要，而我需要整個世界，而且甚至當我擁有整個世界，我還不滿足，甚至連這整個世界都不夠。亞歷山大說：「看到你，我覺得很高興，我從來沒有看過這麼滿足的一個人。」

戴奧真尼斯說：「沒有問題！如果你想要跟我一樣滿足，你可以過來躺在我旁邊作日光浴，忘掉未來，拋掉過去，沒有人在阻止你。」

亞歷山大笑了，當然那是一個表面的笑，他說：「你說得對，但是時機還沒有成熟，有一天我一定會喜歡像你一樣地放鬆。」

戴奧真尼斯回答說：「那麼那一天將永遠不會來到，你還需要其他什麼東西才能夠放鬆呢？如果連我這個乞丐都能夠放鬆了，其他還需要什麼呢？為什麼要有這些努力、這些奮鬥、這些戰爭和這些征服，為什麼要有這個勝利的需要？」

亞歷山大說：「當我獲勝，當我征服了整個世界，我將會來跟你學習，並且跟你一起坐在這個岸邊。」

戴奧真尼斯說：「但是如果我現在就能放鬆地躺在這裡，你為什麼要等到未來？為什麼要跑遍整個世界為你自己和為別人製造痛苦？為什麼要等到你人生的終點才來找我？才能夠在這裡放鬆？我現在就在放鬆了。」

這個勝利的需要是什麼？你必須去證明你自己。你覺得內在很自卑、很空虛，你覺得內在是一個無名小卒，所以才會有那個證明的需要產生，你必須證明你是某號人物，除非你證明了它，否則你怎麼能夠安心？

有兩種方式，試著去了解，這是僅有的兩種方式，其中一種方式就是走出去證明你是某號人物，另外一種方式就是走進內在去了解你什麼人都不是。如果你向外走，你將永遠無法證明你是某號人物，那個需要將會繼續存在，它或許還會增加，你越證明，你越會覺得你是一個乞丐，就好像亞歷山大站在戴奧真尼斯的面前。向別人證明你是某號人物並不能使你變成某號人物，在內在深處，那個無名小卒仍然存在，它會刺痛你的心，在那裡，你知道你是一個無名小卒。

王國並不能有所幫助，因為王國不能夠進入到內在來充滿你裡面的空隙。沒有什麼東西能夠進入到內在，外在的東西仍然會停留在外在，內在的東西仍然會停留在內在，它們沒有會合。你或許可以擁有世界上所有的財富，但是你怎麼能夠將它帶到裡面去充滿那個空虛？不，即使當你擁有一切的財富，你仍然會覺得空虛，或許還會更空虛，因為現在又加上了一個對照，那就是為什麼佛陀離開了他的皇宮：看到了所有的財富，但是仍然感覺到內在的空虛，他覺得這一切都沒有用。

另外一個方式就是走入內在，不要試圖去趕走這個無名小卒的感覺，而是去了解它，這就是莊子所說的：變成一隻空船，只要進入內在去了解你什麼人都不是。當你了解到你什麼人都不是，你就會爆發而進入一個新的層面，因為當一個人了解到他是一個「無人」，他也會同時了解到他是一切。

你並不是某號人物，因為你是一切，「一切」怎麼可能是某一個人物？某一個人物一直都只是一部分，神不可能是某一個人物，因為祂是一切，祂不可能占有任何東西，因為祂就是那個整體。只有乞丐才會去占有，因為占有有一個限度，它們不可能變成無限的。某號人物有一個界線，某號人物不可能沒有界線，它不可能是無限的。「什麼人都不是」是無限的，它就好像是「一切」。

事實上，這兩種方式是一樣的。如果你向外走，你將會把你內在的本質感覺成「無人」或「什麼人都不是」；如果你向內走，你將會把同樣的「無人」感覺成一切。那就是為什麼佛陀說「尚雅」——絕對的空——是梵天。成為什麼人都不是就是了解到你就是一切，比這個更少是不行的。

所以另外一種方式就是走入內在，不要跟這個「無人」抗爭，不要試圖去充滿這個空，而是要去了解它，變成跟它合一。成為空船，那麼所有的海洋都是你的，那麼你就可以進入那個沒有航海圖的海洋，那麼對於這隻船就沒有障礙，沒有人能夠擋住它的路線。不需要地圖，這隻船將會進入那無限的，如此一來，每一個地方都是目標，但是一個人必須走進內在。

勝利的需要是為了要證明你是某號人物，而我們所知道的唯一證明方式就是在別人的眼光中取得證明，因為他們的眼睛可以變成反映。

藉著洞察別人的眼睛，亞歷山大可以看到他是某號人物，但是站在戴奧真尼斯的旁邊，他覺得他什麼人都不是。戴奧真尼斯不會去承認外在的偉大，在他面前，亞歷山大一定覺得自己很愚蠢。據說他告訴戴奧真尼斯說，如果神能夠允許他再出生，他會想要成為戴奧真尼斯，而不要成為亞歷山大——下一次！

頭腦總是走向未來！就在當下這個片刻，他就可以變成戴奧真尼斯，沒有障礙，沒有人阻止他。要變成亞歷山大大帝會有無數的障礙，因為每一個人都會試圖來阻止你。當你想要證明你是某號人物，你會傷到每一個人的自我，他們都會試圖來證明你並沒有什麼。你認為你是誰？你必須證明它，它是一條非常艱難的路、非常暴力、非常具有破壞性。

要成為一個戴奧真尼斯沒有障礙。亞歷山大能夠感覺到這個人的美和優雅，他說：「如果神再給我一次出生的機會，我喜歡成為戴奧真尼斯——但是是下一次。」

戴奧真尼斯笑著說：「如果有人問我，只有一件事可以確定：我一定不想成為亞歷山大大帝！」

在戴奧真尼斯的眼睛裡，亞歷山大看不到任何對他的勝利的承認，他一定突然覺得有一種下沉的感覺，有一種類似死亡的感覺，覺得他是一個無名小卒，他一定想盡快逃離戴奧真尼斯，認為他是一個危險的人。

據說在亞歷山大的有生之年，戴奧真尼斯都縈擾著他，不論他去到哪裡，戴奧真尼斯都好像影子一樣地跟隨著他。在晚上做夢的時候，戴奧真尼斯就在那裡笑。有一個很美的故事敘述說他們兩個人死在同一天。

他們死在同一天，但是戴奧真尼斯一定等了一下子，好讓他能夠跟隨亞歷山大。當他們要跨過陰陽河的時候，亞歷山大再度碰到戴奧真尼斯，這個第二次碰面比以前更危險。亞歷山大走在前面，因為他早死了幾分鐘，戴奧真尼斯一直在等著要跟隨他。亞歷山大聽到後面有人在河裡跟著他的聲音，他回頭一看，看到戴奧真尼斯在笑，他一定頓時變得啞口無言，因為這一次事情完全不同，他也跟戴奧真尼斯一樣光著身子，因為你無法將你的衣服帶到另外一個世界，這一次他是一個全然的無名小卒，沒有皇帝。

但戴奧真尼斯還是一樣，一切死亡所能帶走的，他都已經拋棄了，所以死亡無法從他身上帶走任何東西，他就像在河邊的時候一樣，在此他是在這一條河裡，剛好跟以前一樣。

所以，為了要表現出不在乎的樣子，以便給他自己勇氣和信心，亞歷山大也笑著說：「太好了！最偉大的國王和最偉大的乞丐又再度碰面了。」

戴奧真尼斯回答說：「你說得完全對，只是關於誰是國王誰是乞丐你有點搞混了。這是最偉大的國王和最偉大的乞丐碰面，但是國王在後面，而乞丐在前面，而且我要告訴你，亞歷山大，它跟我們第一次碰面的時候是一樣的，當時你是一個乞丐，但是你以為我是乞丐，現在看看你自己！你藉著贏得整個世界，你有得到什麼嗎？」

勝利的需要是什麼？你想要證明什麼？在你自己的眼裡你知道你是一個非實體，你什麼都不是，這個什麼都不是變成一個內心的痛苦。你受苦，因為你什麼都不是，所以你必須在別人的眼光裡證明你自己，你必須在別人的頭腦裡創造出一個意見說你是某號人物，你並不是一個無名小卒。洞察他們的眼睛，你將會蒐集一些意見，一些公共的意見，透過公共的意見，你會創造出一個形象，這個形象就是自我，它並不是你真實的自己，它是由別人反映出來的光輝，而不是你自己的，它是由別人的眼光裡蒐集起來的。

像亞歷山大這樣的一個人將會永遠都害怕別人，因為他們可以收回任何他們所給予的。一個政客永遠都害怕群眾，因為他們可以收回任何他們所給予的，他的自己只不過是一個借來的自己。如果你害怕別人，那麼你是一個奴隸，而不是一個主人。

一個戴奧真尼斯不會害怕別人，你無法從他身上帶走任何東西，因為他並沒有向別人借來任何東西。他有「自己」，而你只有「自我」。這就是「自己」和「自我」之間的差別：「自我」是借來的「自己」。

自我要依靠別人，要依靠大眾的意見，而自己是你真實的本質，它並不是借來的，它是你自己的，沒有人能夠將它收回去。

看，莊子說得很美：

當一個弓箭手在射箭是為了好玩，他擁有他一切的技術。

當你在玩，你並沒有要試著去證明你是某號人物，你很安然，就好像在家一樣。當你在玩的時候，只是為了樂趣，你不會去擔心別人對你怎麼想。

你是否曾經看過一個父親假裝跟他的小孩在打仗？他會被打敗。他會躺下來，然後小孩會坐在他的胸膛上大笑說：「我贏了！」然後父親就會很高興，它只是好玩。在遊戲當中，你可以被打敗而覺得很高興。遊戲並不是嚴肅的，它跟自我沒有關連。自我總是嚴肅的。

所以要記住，如果你是嚴肅的，你將會一直處於動亂之中——內在的動亂。一個聖人一直都在遊戲，就好像是射著玩的，他對射中某一個特定的目標沒有興趣，他只是在享受他自己。

有一個德國的哲學家叫做歐根·赫里格爾(Eugen Herrigel)，他去到日本學習靜心。在日本，他們使用各種藉口來教靜心，弓箭術就是其中之一。赫里格爾是一個完美的弓箭手，他百分之百地準確，從來沒有錯過目標，所以他去到一個師父那裡透過弓箭術來學習靜心，因為他已經精通它。

經過了三年的學習，赫里格爾開始覺得他是在浪費時間，師父一直堅持說「他」不應該射，他告訴赫里格爾說：「讓那支箭自己離開，當你在瞄準目標的時候，你不應該在那裡，讓那支箭自己瞄準。」

這是荒謬的，尤其是對一個西方人來講，它是絕對地荒謬。你這是什麼意思？讓箭自己射？箭怎麼能夠自己射？我必須有所作為。他繼續射，從來沒有錯過目標。

但是師父說：「那個目標根本就不是目標，『你』才是目標，我不是在看你有沒有射中目標，那是一種機械式的技巧，我在看你，看看你有沒有在那裡。以遊戲的心情來射！享受它，不要試圖去證明說你從來沒有錯過目標，不要試圖去證明自我，它已經存在，你已經存在，不需要去證明它，要很安然，而讓箭自己去射。」

赫里格爾無法了解，他一再一再地嘗試，而且一再一再地說：「如果我的瞄準是百分之百地準確，你為什麼不給我證書？」

西方的頭腦一直都對最終的結果有興趣，而東方一直都對起點，而不是對終點有興趣。對東方的頭腦來講，終點是沒有用的，重要的是在起點，是在那個弓箭手身上，而不是在目標，所以那個師父說：「不行！」

然後在完全失望的情況下，赫里格爾要求師父准許他離開，他說：「那麼我必須離開，三年是很長的時間，而我並沒有得到什麼，你一直都說不行……而我還是一樣。」

他要離開的那一天，他跑去跟師父說再見，當時師父正在教其他的門徒。那一天早上赫里格爾沒有興趣，他要離開了，他已經放棄了整個計畫，所以他只是在那裡等師父忙完就要跟他道別而離開了。

坐在一張長椅上，他首度真正去看師父，三年以來的第一次，他真正去看師父，的確，他什麼事都沒有做，它就好像那支箭自己在射。師父並不嚴肅，他在玩，他在享受那個樂趣，沒有一個人在那裡對射中目標有興趣。

自我總是目標導向的，而樂趣並沒有要達到什麼目標，樂趣在於那個箭剛開始離開弓的時候。如果它射了，那是不經意的，如果它射中了目標，那是無關的，它是否射中或射不中並不是要點，但是當那支箭離開弓的時候，那個弓箭手應該去享受那個樂趣，不嚴肅。當你嚴肅的時候，你是緊張的，當你不嚴肅，你是放鬆的。當你放鬆的時候，「你」存在，但是當你緊張的時候，是「自我」存在，而「你」被遮蔽了。

赫里格爾首度真正地看……因為現在他已經沒有興趣了，現在那已經是不關他的事了，他已經放棄了這整個事情，他要離開了，所以也就沒有嚴肅的問題，他已經接受了他的失敗，所以已經沒有什麼事要被證明，他看著師父，他的眼睛首度沒有執著於目標。

他看著師父，它就好像那支箭自己從弓射出去，師父只是給它能量，他並沒有在射，他什麼事都沒做，整個事情是不努力的。赫里格爾看了，他終於第一次了解。

就好像被迷惑了一樣，他走到師父旁邊，將弓拿在他的手上，並且往後拉，師父說：「你達到了，這就是我三年來一直在告訴你的。」那支箭還沒有離開弓，但是師父說：「好了，目標已經達到了。」現在他在享受那個樂趣，他並不嚴肅，他並沒有指向目標。

這就是差別：樂趣並不是目標導向的，它沒有目標，樂趣本身就是目標，就是本身固有的價值，除了它之外沒有什麼東西存在，你享受它，就是這樣而已，它沒有什麼目的，你用它來玩，就是這樣而已。

當一個弓箭手在射箭是為了好玩，他擁有他一切的技術。

當你是為了好玩而射，你不會有衝突，沒有「二」，沒有緊張，你的頭腦並沒有要到任何地方去，你的頭腦根本就是不動的，所以你是完整的，那麼那個技術就存在。

有一個關於一位禪師的故事，他是一個畫家，他在設計一個寶塔，他習慣於把他的門徒叫在他的身邊，當他畫好了一個設計，他就會看著他的門徒，然後問說：「你認為如何？」

他的門徒會說：「還沒有達到你真正的水準。」然後他就會拋棄它。

這樣的情形發生了九十九次。三個月過去了，國王一直在問說那個設計什麼時候會完成，好讓蓋寶塔的工程可以開始。然後有一天，當師父在畫那個設計的時候，剛好油墨沒有了，師父叫他的門徒出去買。

當那個門徒從外面回來，他看到了師父所畫的圖說：「什麼？你做到了！為什麼在這三個月裡面你都做不到呢？」

師父說：「是因為你，你坐在我旁邊使我分心，你在看著我，使我有一個目標導向，它變成不是一個樂趣，當你不在，我就放鬆下來，我感覺到沒有人在看，所以我變成完整的，這個設計並不是我做的，它是自己呈現出來的。三個月以來，它一直都沒有呈現，因為我是做者。」

當一個弓箭手在射箭是為了好玩，他擁有他一切的技術。

……因為他的整個存在都可以被取用。當整個存在都可以被取用，你就具有一種美、一種優雅、一種完全不同的存在品質。當你是分裂的、嚴肅的、緊張的，你是醜的，你或許會成功，但你的成功將會是醜的。你或許可以證明你是某號人物，但是你並沒有在證明任何事，你只是在創造一個假象，但是當你是全然的、放鬆的、完整的，或許沒有人知道你，但你是真實地存在。

這個完整就是祝福、就是至福、就是天福，這樣的事會發生在一個靜心的頭腦，這樣的事會發生在靜心之中。

靜心意味著完整。

所以，要記住：靜心必須成為樂趣，它不應該像工作一樣，你不應該像宗教人士一樣地來做它，你應該像一個賭徒一樣地來做它。玩它，為樂趣而做它，要像一個在做休閒運動的人，而不要像一個生意人！它應該是有趣的，然後所有的技術都可以被取用，然後它將會自己開花。你是不需要的，也不需要任何努力，只要你的整個存在都可以被取用，你的整個能量都可以被取用，那麼花朵就會自己綻放出來。

如果他是為了一個黃銅做的帶釦而射，他已經會緊張了。

如果他處於競爭之中，為了要贏得黃銅做的帶釦，如果有某種東西要被達成，或是有某一個結果要被達成，他已經有了緊張和害怕。恐懼會介入：「我會不會成功？」他變成分裂的。頭腦的一部分說：「或許你會成功。」而另外一部分說：「或許你會失敗。」如此一來，他的整個技術就沒有辦法全部被用上，如此一來，他變成一半一半。每當你是分裂的，你的整個存在就變成醜陋的和生病的，你變成病態的。

如果他為一個黃金做的獎牌而射，他的眼睛會瞎掉，或是會看到兩個目標，他的心神已經錯亂了。

去到市場，看看那些在追逐黃金的人，他們是瞎了眼的，黃金比其他任何東西都更能夠使人變瞎，黃金會將你的眼睛完全蓋住。當你過分渴望成功，過分渴求結果，或是野心太大，當你過分渴望金牌，那麼你的眼睛會瞎掉，而開始看到兩個目標。你醉得太厲害了，所以你會開始看到重疊的影像。

那斯魯丁在一間酒吧裡跟他的兒子在講話，他說：「永遠都要記住什麼時候該停止喝酒。酒是好的，但是一個人需要知道什麼時候該停止，我是透過我的經驗來告訴你的。你看看在那個角落，當坐在那張桌子旁邊的那四個人開始看起來好像是八個，你就要停止。」

他兒子說：「但是爹，我只看到兩個人坐在那裡。」

當頭腦醉了，影像就變成雙重的。黃金會使你變成無意識的，黃金會使你醉，如此一來，就會有兩個目標，你會匆匆忙忙想要去達到它們，因此你會變得很緊張，裡面在顫抖。

這就是莊子所說的狀態，他說：

……他的心神已經錯亂了。

每一個人都是心神錯亂的，不只是瘋子才心神錯亂，你也是心神錯亂的，差別只是在於程度，而不是在於品質，只要再加多一點點，隨時你都會越過那個界線。它就好像你正處於九十九度，到了一百度你就會沸騰，你就越過了那個界線。那些住在瘋人院裡面和那些在外面的人之間的差別只是在於量，而不在於質。每一個人都是心神錯亂的，因為每一個人都在追求結果、目標和目的。某種東西必須被達成，如此一來，就會有神經質，就會有內在的顫抖，那麼你的內在就無法平靜。當你的內在在顫抖，那個目標就變成二，或甚至四或八，那麼就不可能成為一個弓箭手。

一個完美的弓箭手一直都是那個在享受樂趣的弓箭手。

一個完美的人把生活當成樂趣、當成遊戲。

看克里希那的生活，如果莊子知道他，那一定很美，克里希那的生活是一個樂趣。佛陀、馬哈維亞和耶穌看起來多多少少都有一點嚴肅，就好像有某件事必須被達成——莫克夏、涅槃和無欲等。但克里希那是完全沒有目的的，他是一個笛子手，只是為樂趣而活，跟女孩子一起跳舞和享受，或唱歌。對他來講，沒有什麼地方要去，每一樣東西都在這裡，所以為什麼要擔心結果？每一樣東西在現在就有了，為什麼不去享受它呢？

如果樂趣是一個完美的人的象徵，那麼克里希那是一個完美的人。在印度，我們從來不把克里希那的生活叫做他的德性，我們稱之為他的遊戲，它不是一個德性，它不是有目的的，它是完全沒有目的的。

它就好像是一個小孩，你不能夠問說：「你在做什麼？」你不能夠問說：「它是什麼意義？」只是在那裡追逐蝴蝶，他是在享受他自己。只是在陽光下跳躍，他能夠達成什麼？這個努力能夠引導他到哪裡？哪裡也沒有！他並沒有要到任何地方去。我們稱他為幼稚，我們認為我們自己是成熟的，但是我要告訴你，當你真的很成熟，你會再度變成像小孩一樣，然後你的生活又會再度變成樂趣，你將會享受它，一點一滴都會享受它，你將不會是嚴肅的。一個很深的笑將會遍布你的生命，它將會比較像是跳舞，而比較不像是一個生意；它將會比較像是歌唱，或是在浴室裡面哼歌，而比較不像是在辦公室裡面計算。它將不會是數字，它將只是享受。

他的技術並沒有改變，但是那個獎品使他分裂，他會介意，他會把更多的心神放在想要勝利，而比較忽略那個射箭，而且那個想要勝利的需要會耗掉他的力量。

如果你覺得很無能、很沒有力量、很無助，那是因為「你」，其他沒有人在消耗你的力量。你有無限的力量泉源，耗用不盡的，但是你看起來好像是枯竭的，好像隨時你都會因為沒有能量而倒下來。

你所有的能量都跑到哪裡去了？雖然你的技術是一樣的，但是你在你自己裡面創造出一個衝突。

他的技術並沒有改變，但是那個獎品使他分裂，他會介意。

我聽說有一個故事，在一個村子裡有一個窮男孩，他是一個乞丐的兒子，他非常年輕而且健康。他是那麼地年輕，又是那麼地健壯，所以當國王的大象經過那個村子，他會抓住大象的尾巴，然後牠就動不了！

有時候那件事對國王來講變得很尷尬，因為他就坐在大象的上面，整個市場上的人會聚集起來，然後人們會笑，就因為一個乞丐的兒子！

國王把他的首相叫過來說：「必須想點辦法，這是一種侮辱，我變得害怕走過那個村子，而且那個男孩有時候也會跑到別的村子去！任何地方，任何時間，他都可以抓住大象的尾巴，然後牠就動不了。那個男孩力氣很大，所以要想辦法來耗掉他的能量。」

首相說：「我必須去請教一個智者，因為我不知道要如何耗掉他的能量。他只是一個乞丐，如果他有一家店，那就會耗掉他的能量；如果他在一家辦公室裡面當職員，那就會耗掉他的能量；如果他是一個小學教師，那麼他的能量就可以被耗掉，但是他無事可做，整天都在玩樂，人們喜歡他，都會給他東西吃，所以他從來不缺食物，他日子過得很快樂，吃飽了就睡，所以事情變得很困難，但是我會去辦。」

所以他就跑去請教一個智慧老人。那個智慧老人說：「只要做一件事，你去告訴那個男孩說，如果他幫助做一件小的工作，你就會每天都給他一個金幣，那件工作的確很小，他必須去到那個村子的廟裡去把燈點亮，他只要在天色變暗的時候去把燈點亮，就這樣而已，你就每天給他一個金幣。」

首相說：「但是這個怎麼會有幫助？這或許會使他變得更充滿活力，他會拿了那個金幣之後去吃得更多，他甚至不必麻煩去乞討。」

那個智者說：「不必擔心，只要照著我的話去做。」

這件事就這樣去執行了，隔週，當國王再度經過，那個男孩試著要去停止那隻大象，但是他失敗了，他被那隻大象拖著走。

到底是怎麼一回事？顧慮進入了，焦慮進入了，他必須記住，一天二十四小時他都必須記住他每天傍晚都要到廟裡去點燈，那變成一個焦慮而分裂了他的整個存在，即使在他睡覺的時候，他也會開始做夢說已經傍晚了：你還在這裡幹什麼？趕快去點燈，並且去拿你的一塊錢金幣。然後他開始蒐集那些金幣，他已經有七個了，現在是第八個，然後他開始計算說再多久他就會有一百個，然後又會變成兩百個。算術進入，然後那個樂趣就喪失了。他所必須去做的只是一件很小的事——點燈。只要花一分鐘就可以做好，甚至連一分鐘都不要，只要一下子就好了，但是它變成一個擔心，它耗掉了他所有的能量。

你是枯竭的，難怪你的生命不是樂趣。你有很多廟，有很多燈要點，或是要熄掉，而且在你的生活當中有很多事必須去計算，它不可能是一個樂趣。

弓箭手的技巧並沒有改變，那個技巧是一樣的，但是那個弓箭手，當他是為了樂趣在射，他擁有一切的技術。現在雖然他的技術並沒有改變，但是那個獎品分裂了他，他會有所顧慮，因此焦慮就進入了，神經質就進入了，他會把更多的心神放在追求勝利，而變得比較忽略射箭，現在問題在於如何求得勝利，而不是如何去射。他已經從起點走到終點，如此一來，手段並不重要，目的才重要。每當那個目的是重要的，你的能量就分裂了，因為一切所能夠做的就是在手段上面做，而不是在目的上，目的是你無法掌握的。

克里希那在《吉踏經》裡面告訴阿朱納（Arjuna）說：「不要去顧慮結果，只要做任何在此時此地必須做的，然後把結果留給我，留給神。不要問說將會發生什麼，沒有人知道，要關心手段，而不要去想結果，不要成為結果導向的。」

這個情形很美，值得跟莊子的這一段話連結起來，因為阿朱納是一個弓箭手，是印度歷史上最偉大的弓箭手，是完美的弓箭手。

但是目的進入了他的頭腦。他以前從來不擔心，它以前從來沒有發生過，他的弓箭術是完美的，他的技術很全然，很絕對，但是看到了戰場，看到了兩支軍隊在交戰，他變得擔心起來。他在擔心什麼？他在兩邊都有朋友，那是一個家族衝突，是一場表兄弟之間的戰爭，所以每一個人都跟他有關係，交戰的雙方都是親戚。整個家族都分裂了，那是一場稀有的戰爭，一場家庭戰爭。

克里希那和阿朱納在一邊，而克里希那的軍隊在另外一邊作戰。克里希那說：「你們雙方都愛我，所以你們必須分一半一半，其中一邊可以有我，另外一邊可以有我的軍隊。」另外一邊的領袖是杜里歐達那（Duryodhana），他很傻，他想說：「只有克里希那一個人有什麼用？但是他有一支很強的軍隊……」因此他選擇了克里希那的軍隊。

所以克里希那就跟阿朱納在一起，阿朱納感到很高興，因為一個克里希那比整個世界來得更多。軍隊能夠做什麼呢？盡是一些無意識的、昏睡的人。一個醒悟的人可以抵得過一切。

當阿朱納陷入混亂或是頭腦分裂的時候，克里希那是非常有效的幫助。在《吉踏經》裡面說：看到了雙方的軍隊，他變得很困惑。這些是他告訴克里希那的話：「我的能量枯竭了，我覺得很不安，我感到無能，我的力量已經離開了我。」而他是一個擁有完美技術的人，一個完美的弓箭手。

他的弓被稱為「甘迪瓦」，他說：「甘迪瓦對我來講覺得太重了，我變得很沒有力量，我的身體麻木了，我無法思考，也無法看，每一件事都變得很混亂，因為這些人都是親戚，而我必須去殺他們，那個結果將會是怎麼樣？謀殺，那麼多人被殺死，我能夠從它得到什麼？一個沒有價值的王國嗎？所以我對打仗沒有興趣，那個代價似乎太高了，我想要逃走去成為一個門徒，到樹林裡去靜心，這個戰爭不適合我，我的能量已經枯竭了。」

克里希那告訴他說：「不要去想結果，它是你無法掌握的，不要把你自己想成是一個做者，因為如果你是一個做者，那麼結果是在你的掌握之中。『做者』一直都是『神性』，你只是一個工具，要顧慮到此時此地，以及那個手段，而將結果留給我。我告訴你，阿朱納，這些人已經是死的，他們命中注定要死，你要去將他們殺掉，你只不過是一個工具，用來將他們已經被殺掉這個事實顯露給他們。就我所能夠看到的，我看到他們是死的，他們已經到達了死亡發生的點，你只不過是一個工具。」

梵文裡面有一個很美的字，在英文裡面沒有一個跟它對等的字，它是「尼米塔」（nimitta）。尼米塔意味著你不是做者，你不是事情發生的原因，你甚至不是眾多原因的其中之一，你只是「尼米塔」，它意味著那個原因是在神性的掌握之中，「神性」是「做者」，你只是它的一個工具，你就像是一個郵差，那個郵差就是「尼米塔」，他把信帶來給你，如果那封信是在侮辱你，你不要對他生氣，你不要說：「你為什麼把這封信帶給我？」郵差是無關的，他是「尼米塔」，信並不是他寫的，那件事也不是由他引起的，他根本就是無關的，他只是履行了他的責任，你不要對他生氣，你不要說：「為什麼你把這一封信帶給我？」

克里希那告訴阿朱納：「你就好像是一個郵差，你必須將死亡遞給他們，你並不是謀殺者，那個死亡來自神性，他們已經掙得了它，所以你不必擔心。如果你不殺他們，那麼別人將會去遞那一封信。如果這個郵差不做這件事，那麼別人將會去做。如果你不在，或是休假去了，或是生病，那並不意味著那封信就不會被遞出去，代理的郵差將會來做這件事，不管怎麼說，那封信一定會被遞出去，所以不必煩惱，不必有不必要的擔心，你只是一個『尼米塔』，既不是它的致因，也不是它的做者，只是一個工具。要顧慮到手段，但是不要去想結果，因為一旦你想到結果，你的技術就喪失了。」

「你是分裂的，所以你會覺得能量枯竭，阿朱納，你的能量並沒有跑到任何地方去，它變成了一個內在的衝突，你是分裂的，你在跟你自己抗爭，其中一部分說：去吧！另外一部分說：這樣不好。你的整體性喪失了，每當那個整體性喪失，一個人就會覺得無能。」

像阿朱納這麼強而有力的人居然會說：「我無法攜帶這個甘迪瓦，這個弓對我來講太重了，我變得很不安，我感覺到有一種很深的恐懼和焦慮在我裡面產生，我不能夠打仗。」

那個技術是一樣的，沒有什麼改變，但頭腦是分裂的。每當你是分裂的，你就變得沒有力量；當你沒有分裂，你就是強而有力的。欲望會使你分裂，而靜心會使你不分裂；欲望引導你到未來，而靜心帶領你到現在。

記住這一點，將它作為一個結論：不要進入未來。每當你覺得你的頭腦進入到未來，就要立刻跳回現在。不要試圖去完成它。當你開始思考，當你覺知到說頭腦已經進入未來、進入欲望，就要立刻跳回現在。要在家。

你將會失去現在，你將會一再一再地錯過它，因為它已經變成了一個長久以來的習慣，但是遲早你會越來越能夠在家。那麼生活就是樂趣，它是一個遊戲，那麼你就會非常充滿能量，你會能量洋溢，生命力洋溢，那個洋溢就是喜樂。

無能、枯竭，這樣的話你不可能狂喜。你怎麼能夠歡舞？要歡舞的話，你需要無限的能量。能量枯竭，你怎麼能夠歌唱？歌唱一直都是一種洋溢。像你這麼死氣沉沉的，你怎麼能夠祈禱？唯有當你是全然活生生的，才會有一種感謝由內心升起，一種感激，那個感激就是祈禱。

第7章 三個朋友

有三個朋友在討論人生，其中一個說：「人能夠生活在一起而對它一無所知嗎？或是一起工作，但是不生產什麼嗎？他們能夠在空中飛翔而忘掉存在，直到無窮無盡嗎？」三個朋友互相看著對方，然後噴出笑聲，他們沒有解釋，從此他們成為比以前更好的朋友。

然後有一個朋友過世，孔子派一個門徒去幫助另外兩個人料理喪事。

那個門徒去那裡發現說有一個朋友在編曲，而另外一個朋友在彈琴。

他們唱說：「嘿！桑戶，你去哪裡了？嘿！桑戶，你去哪裡了？你已經去到了你以前真正所在的地方，而我們還在這裡，真該死，我們還在這裡！」

然後那個孔子的門徒突然插嘴說：「請問你們是在哪一本葬禮的規章裡找到這個的——

這個在死人面前很輕浮地歡唱？」

那兩個朋友互相看著對方，然後笑著說：「這個可憐的傢伙，他不知道新的禮拜儀式！」

原文：

子桑戶、孟子反、子琴張三人相與友，曰：「孰能相與於無相與，相為於無相為？孰能登天遊霧，撓挑無極，相忘以生，無所終窮？」三人相視而笑，莫逆於心，遂相與友。莫然有閒而子桑戶死，未葬。孔子聞之，使子貢往待事焉。或編曲，或鼓琴，相和而歌曰：「嗟來桑戶乎！嗟來桑戶乎！而已反其真，而我猶為人猗！」子貢趨而進曰：「敢問臨尸而歌，禮乎？」二人相視而笑曰：「是惡知禮意！」

——《莊子》內篇・大宗師

第一件關於人生的事是：它是無法解釋的。它以十足的光輝存在，但是它無法被解釋。它的存在是一個奧祕，如果你試圖去解釋它，你將會錯過它。它無法被解釋，透過你的解釋，你會變得盲目。

哲學是生命的敵人。發生在人類身上最有害的事情就是執著於解釋。你一認為你有了解釋，生命就已經離開你了，你已經死了。

這似乎是一個似非而是的真理。死亡或許可以被解釋，但是生命無法被解釋，因為死亡是某種結束的東西、完成的東西，而生命一直都是一件正在進行的事。生命一直都在旅途當中，而死亡已經到達了。當某件事已經到達而結束，你可以解釋它，你可以定義它；當某件事還在進行，它意味著那個未知的還必須被經歷。

你可以知道過去，但是你無法知道未來。你可以將過去放進一個理論，但是你怎麼能夠將未來放進一個理論？未來一直都是一個敞開的地方，一個無限敞開的地方，它繼續敞開又敞開，所以當你解釋，那個解釋總是指那個死的。

哲學有解釋，所以它不可能非常活，你找不出有什麼人比哲學家更死氣沉沉的，生命已經從他們的身上流出，他們是萎縮的頭，就好像死的石頭，他們發出很多噪音，但是沒有生命的音樂。他們有很多解釋，但是他們已經完全忘掉他們的手中只有解釋。

解釋就好像是一個握緊的拳頭，而生命就好像是一隻張開的手，它們是全然不同的。當拳頭完全握緊，在它裡面沒有天空、沒有空氣、沒有呼吸的空間。你無法將天空抓在你握緊的拳頭裡。拳頭將會錯過它。天空就在那裡，如果手是張開的，它可以被享用。解釋是一種抓住、關閉、或限定——生命會因此而流出。

甚至連一個笑都比任何哲學來得更偉大。當某人對生命一笑置之，他是了解它的，因此所有那些真正知道的人都會笑，他們的笑聲甚至在好幾個世紀之後都可以被聽到。看到佛陀手上拿著一支花，摩訶迦葉笑了，他的笑聲甚至到現在都還可以被聽到。那些有耳朵可以聽的人，他們可以聽到他的笑聲，就好像一條河流從好幾個世紀以來一直往下流。

在日本的禪寺裡，門徒們還在問師父說：「師父，請你告訴我們，摩訶迦葉為什麼笑？」而那些更警覺的人說：「師父，請你告訴我們，為什麼摩訶迦葉還在笑？」他們使用現在式，而不是過去式。據說唯有當師父感覺到你能夠聽到摩訶迦葉的笑聲，他才會回答。如果你聽不到它，關於它也沒有什麼可以對你說的。

諸佛一直都在笑。你或許並沒有聽到他們在笑，因為你的門是關閉的。當你有機會看到一個佛，你或許會覺得他是嚴肅的，但這個嚴肅是被投射上去的，它是你自己的嚴肅，你使用佛作為一個銀幕，因此基督徒說耶穌從來沒有笑過，這似乎是絕對地愚蠢。耶穌一定笑過，而且他一定笑得很全然，以至於他的整個存在都變成笑聲，但是門徒們聽不到它，那是事實。他們一定都封閉起來，他們將他們自己的嚴肅投射在他身上。

他們能夠看到耶穌被釘在十字架上，因為你們都生活在受苦之中，所以你們只能看到受苦。如果他們有聽到耶穌在笑，他們一定會將它省略掉，它跟他們的生活是那麼地矛盾，所以它不適合。一個在笑的耶穌跟你不搭配，他會變得很奇怪。

但是在東方的情況有所不同，在禪和道裡面，笑達到了它的頂峰，它變成跟哲學相反的那一極。

一個哲學家是嚴肅的，因為他認為生命是一個謎，它的答案可以被找到。他用他的頭腦來研究生命，他變得越來越嚴肅。他越是錯過生命，他就變得越來越嚴肅，越來越死氣沉沉。

道家——老子和莊子——說：如果你能夠笑，如果你能夠感覺到來自你存在最核心的發自肚子的笑，而不只是表面的笑，如果你能夠感覺到來自你存在最深的中心的笑，讓它遍布你的全身，並且洋溢到整個宇宙，那個笑將會讓你首度瞥見到生命是什麼，它是一個奧祕。

在莊子的眼裡，這樣的笑是神聖的祈禱，因為這樣的話，你就接受了生命，你不會去渴望解釋。一個人怎麼能夠找到解釋？我們是它的一部分。部分怎麼能夠為整體找到解釋？部分怎麼能夠去看整體？部分怎麼能夠分割和劃分整體？部分怎麼能夠走在整體的前面？

解釋意味著你必須超越那個你試圖去解釋的，在它存在之前你必須存在，而當它停止存在的時候，你必須在那裡。你必須在它的周圍移動，這樣你才能夠定義它，你必須解剖，這樣你才能夠到達心臟。一個外科醫生能夠找到解釋，不是為生命找到解釋，而是為一個屍體找到解釋。所有對生命的醫學定義都是愚蠢的，因為外科醫生是用解剖的，當他下了一個結論，生命已經不復存在了，它只是一具屍體。所有的解釋都是死後的，生命已經不在那裡。

現在甚至連科學家都覺知到那個現象說，當你去測驗人的血液，那個血液不可能跟它在那個活人的靜脈裡流動時一樣。當它還在流動的時候，它還是活的，它具有一種不同的品質，現在當它在試管裡，它是死的。它已經不是同樣的血液，因為那個基本的品質——生命——已經不在它裡面了。所有的解釋都跟這個情況類似。

一朵樹上的花是不同的，因為有生命在它裡面流動。當你將它從樹上剪下來，把它帶到實驗室去研究它，它已經是不同的一朵花。不要被它的外表所欺騙，現在生命已經不再在它裡面流動了。你或許可以知道那朵花的化學組成，但那並不是解釋。

詩人有不同的方式，不是透過解剖，而是透過愛，不是透過花朵從樹上剪下來，而是透過跟花朵融合，在很深的愛當中跟它在一起，處於一種加入的神祕之中。他加入了它，然後他就知道某些東西，但那並不是一個解釋。詩不可能是一個解釋，但是它對真理有一個瞥見，它比任何科學都來得更真實。

注意看：當你愛上某人，你的心會有不一樣的跳動。你的愛人、你心愛的人會去聽你的心——它有不一樣的跳動。你的愛人會拉住你的手……那個溫暖是不一樣的。血液以不同的舞步在移動，它以不同的方式在脈動。

當醫生將你的手拉在他的手中，那個脈動是不一樣的，他可以聽到心在跳，但那個跳動是不一樣的。當心為了一個愛人在跳動，它有它自己的歌，但是只有愛人能夠知道那個跳動，只有愛人能夠知道那個脈動、那個血液，以及那個生命的溫暖。醫生無法知道。

到底是什麼東西改變了？醫生已經變成了觀察者，而你變成被觀察的，你們並沒有合而為一。醫生以一個客體來對待你，他看你好像在看一樣東西，那會造成差別。一個愛人不會把你看成一個客體，他會跟你合而為一，他會融入你，他會知道你存在最深的核心，但是他沒有解釋。他會去感覺它，但那個感覺是不同的，他不會用想的。

任何可以被思考的東西都不是活的。思考是在處理死亡，它一直都在處理死的東西，那就是為什麼在科學領域裡沒有容納感覺的地方。感覺給予存在一個不同的層面——活的層面。

這個很美的故事有許多可以告訴你的東西。一步一步地進入它，如果你達到一個結論，那麼你必須了解，你已經錯過了它；如果你達到笑，那麼你就了解了。

有三個朋友在討論人生。

莊子的話語非常簡潔，那些知道的人一直都是如此，他們不會多說一句不必要的話，他們只跟那個最主要的生活在一起。

有三個朋友在討論人生。

第一件必須加以了解的事是：只有朋友能夠討論人生。每當一個討論變成有敵意的，每當一個討論變成一個辯論，那個對話就斷掉了。人生無法以那樣的方式來討論，只有朋友能夠討論，因為如此一來，那個討論就不是一個辯論，它是一個對話。

一個辯論和一個對話之間有什麼不同？在辯論當中，你並不準備去聽對方的話，即使你有在聽，你的聽也是虛假的，你並沒有真正在聽，你只是在準備你的論點。當對方在講的時候，你就準備要反駁。當對方在講，你只是在等待你的機會要反駁回去。在你裡面已經有一個偏見，你已經有一個理論，你並沒有在找尋，你並不是無知的，你並不是天真的，你已經充滿了，你的船並不是空的。你攜帶著某些理論，而你試圖去證明它們是對的。

一個真理的追求者不會攜帶著任何理論，他一直都保持敞開，具有接受性，他可以聽。一個基督徒無法聽，一個佛教徒也無法聽。一個基督徒怎麼能夠聽呢？他認為他已經知道真理了，不需要去聽。你會試著使他去聽，但是他無法聽，他的頭腦已經非常充滿，所以再也塞不進任何東西。一個回教徒無法聽，他以為他已經知道真理了，他已經關起他的門而無法接受新的微風，他已經閉起他的眼睛而看不到新的日出，他覺得已經達到了，他已經到達了。

那些覺得他們已經到達的人可以辯論，但是他們無法進入一個對話，他們只會互相碰撞，然後衝突就會產生，他們是互相對立的。在這樣的一種討論裡，你或許能夠證明某些東西，但是並沒有什麼東西真正被證明。你或許可以辯得使對方無話可說，但是對方永遠不會轉變過來相信你。你無法說服對方，因為這是一種戰爭，一種文明的戰爭，你並沒有帶著武器在打仗，你用話語在打仗。

莊子說：有三個朋友在討論人生——那就是為什麼他們能夠笑，否則一定會有一個結論。一個理論可能會打敗其他的理論，一個哲學可能會平息其他的哲學，然後一定會有一個結論，而結論是死的。

生命沒有結論，沒有什麼愚蠢的思想可以來解釋生命，它永無止境地繼續延續下去，它永遠都是一個一直在往前走的事件，你怎麼能夠對它下任何結論？你一下結論，你就已經走出它了。生命一直在繼續，但是你已經離開了它的路線。你或許可以執著於你的結論，但生命是不會等你的。

朋友們可以討論，為什麼？你可以愛一個人，但是你無法愛一個哲學。哲學家不可能成為朋友，你可以成為他們的門徒，或是他們的敵人，但是你不可能成為他們的朋友。要不然就是你被他們所說服，要不然就是你不被他們所說服；要不然就是你跟隨他們，要不然就是你不跟隨他們，但是你不可能成為他們的朋友。唯有在兩條空船之間，友誼才可能，那麼你會對對方敞開，你會邀請對方，你變成一個經常的邀請——來到我這裡、進入我、跟我在一起。

你可以拋掉理論和哲學，但是你無法拋掉友誼。當你處於友誼之中，對話就會變得可能。在對話當中你會去聽，而如果你必須說話，你的對話並不是為了要反駁對方，你的說話只是為了要去找尋或探詢。你的說話並不是帶著已經有結論的口氣，而只是一個探詢，一個正在進行的探詢。你並沒有試圖要去證明什麼，你從你的天真來講話，而不是從哲學來講話。哲學從來不是天真的，它一直都是狡猾的，它是頭腦的一個設計。

有三個朋友在討論人生，因為在朋友與朋友之間，對話是可能的。所以在東方，它已經成為一個傳統，除非你找到友誼、愛、尊敬和信任，否則不可能有探詢。如果你去到一個師父那裡，而你的船充滿著你的概念，那麼就不可能有接觸，不可能有對話。首先你必須成為空的，好讓那個友誼變得可能，好讓你能夠看，而不要有任何概念飄過你的眼睛，好讓你能夠不要有任何結論地看。每當你能夠不要有結論地看，你的視野就會很寬廣，而不會受局限。

一個印度教教徒可以閱讀《聖經》，但是他從來不了解它，事實上，他從來不會去讀它，他不可能去聽它。一個基督徒可以閱讀《吉踏經》，但是他仍然保持是局外人，他從來沒有辦法穿透它最內在的本質，他從來沒有辦法達到內在的領域，他會一直在它的周圍繞來繞去。他已經知道只有基督是真實的，他已經知道只有透過基督才可能有拯救，他已經知道只有基督是神唯一的兒子。他怎麼能夠聽進去克里希那的話？只有基督是真理，克里希那一定是不真實的，最多只不過是一個漂亮的非真理，但不可能是真實的。或者如果他很讓步，他將會說，它是接近真實的。

但是當你說「它是接近真實的」，你是意味著什麼？你是意味著它是不真實的！要不然就是真理在，要不然就是它不在，沒有什麼東西可以是接近真實的。真理是，或者真理不是，它一直都是全部的，你不可能劃分它，你不能夠說它真實到某一個程度。不，真理不知道有程度，要不然就是它是，要不然就是它不是。

所以當頭腦包含了結論說基督是唯一的真理，那麼就不可能去聽克里希那的。即使你無意中在道上碰到他，你也無法聽他講話；即使你碰到佛陀，你也無法跟他有真正的相會。

整個世界都充滿了結論，某人是一個基督徒，某人是一個印度教徒，某人是一個耆那教徒，某人是一個佛教徒，那就是為什麼真理總是被錯過！一個宗教人士不可能是一個基督徒、一個印度教徒、或是一個佛教徒，一個宗教人士只可能是一個真誠的探詢者。他探詢，而且他保持敞開，沒有任何結論，他的船是空的。

有三個朋友在討論人生……只有朋友能夠討論，因為這麼一來，它就變成一個對話，那麼那個關係就是屬於「我」和「你」。當你們在辯論，那個關係是屬於「我」和「它」。對方是一個必須被轉變或是必須被說服的東西，對方並不是一個「你」，對方並不重要，對方只是一個數字。

在友誼當中，對方是重要的，對方有他們本身固有的價值，對方是他本身的目的，你並沒有試圖要改變他。你怎麼能夠改變一個人？那是多麼愚蠢！那個想要改變一個人的努力是愚蠢的。一個人並不是一樣東西。一個人是那麼地大、那麼地廣，沒有任何理論能夠比一個人來得更重要，沒有任何《聖經》能夠比一個人來得更重要，沒有任何《吉踏經》能夠比一個人來得更重要。一個人意味著生命的光輝。你可以愛一個人，但是你永遠無法改變一個人。如果你試圖改變，你是想要控制，那麼那個人就變成一個工具，那麼你是在剝削。

當你的「我」說「你」，當對方是被愛的，當沒有意識形態在它的背後，對話才可能。對方只是被愛的，至於他是一個基督徒或是一個印度教徒，那是不重要的。這就是友誼的意思，而朋友可以談論人生，因為對話是可能的。

其中一個說：「人能夠生活在一起而對它一無所知嗎？或是一起工作，但是不生產什麼嗎？他們能夠在空中飛翔而忘掉存在，直到無窮無盡嗎？」

他並不是在提出一個理論，他只是在問一個問題。記住：你可以以兩種方式來問一個問題。有時候你問問題只是因為你必須提供一個答案，而那個答案已經存在了，你問問題只是為了要回答它，那麼那個問題並不是真實的，它是虛假的，那個答案已經存在了，那個問題只是一個詭計、一個偽裝，它並不是真實的。

當在你裡面沒有答案，當你問問題，但你並不是從一個已知的答案來問問題，當你問問題只是要去看，那個問題才是真實的。那個問題會使你成為空的，只是敞開、邀請和探詢。

其中一個說：「人能夠生活在一起而對它一無所知嗎？」

我們生活在一起，但是我們從來不知道在一起是什麼？你們可以生活在一起很多年，但是不知道在一起是什麼。環觀整個世界，人們都生活在一起，沒有人自己一個人生活——先生跟太太，太太跟先生，小孩跟父母，父母跟朋友，每一個人都跟別人生活在一起。生命存在於在一起，但是你知道在一起是什麼嗎？

跟一個太太生活在一起四十年，你或許一個片刻都沒有跟她生活在一起。甚至連在跟她做愛的時候，你或許也是在想其他的事情，在那個時候你並不在那裡，那個做愛只是機械式的。

我聽說有一次目拉．那斯魯丁跟他太太去看電影，他們已經結婚至少有二十年，那是一部熱情的外國電影！當他們離開電影院的時候，他太太說：「那斯魯丁，你從來沒有像那些演員在影片裡面所做的那樣愛過我，為什麼？」

那斯魯丁說：「你瘋了嗎？你知道他們做這樣的事可以拿多少錢嗎？」

人們繼續住在一起，但是沒有任何愛，因為只有當它有利益的時候，你才會愛。如果當它有利益的時候你才愛，這樣你怎麼能夠愛？這樣的話，愛就變成也是市場上的一件商品，那麼它就不是一個關係，它就不算在一起，它就不是一個慶祝，你跟別人在一起的時候就不是很快樂，最多你只能算是在忍受對方。

目拉．那斯魯丁的太太躺在病床上，醫生說：「那斯魯丁，我必須坦白告訴你，在這種時候最好真實一點，你太太已經救不了了。她的病已經超出我們的能力，你必須有心理準備，不要讓你自己太難過，要接受它，那是你的命運，你太太已經不久人世了。」

那斯魯丁說：「不必擔心，既然我能夠忍受跟她在一起受苦那麼多年，再多忍受幾個小時是沒有問題的！」

最多我們只是在忍受，每當你以忍受來思考，你就是在受苦，你們的在一起是在受苦，那就是為什麼沙特說：「別人是地獄。」因為跟別人在一起，你只是在受苦，別人變成了枷鎖，別人變成了駕馭，別人開始製造麻煩，你的自由就喪失了，你的快樂就喪失了，然後它變成一件例行公事，變成一個忍受，如果你在忍受別人，你怎麼能夠知道在一起的美？事實上，它從來沒有發生過。

結婚幾乎從來沒有發生過，因為結婚意味著慶祝在一起，它不是一張證書。沒有一個戶政事務所能夠給你婚姻，沒有一個教士能夠好像禮物一樣把它送給你，它是你本質一個很大的革命，它是你生活形態一個很大的改變，唯有當你們慶祝在一起，它才能夠發生。當別人已經不再被感覺成別人，當你不再感覺你自己是一個「我」，當兩個人並非真的是兩個人，有一個橋樑發生了，就某種意義而言，他們已經變成了「一」，這才是真正的結婚。就身體上而言，他們保持是「二」，但是就最內在的本質而言，他們已經變成了「一」。他們或許是同一個存在的兩端，但他們並不是「二」，有一個連結的橋樑存在，那個連結的橋樑能夠讓你瞥見到「在一起」。

很少碰到一個真正的結婚。人們生活在一起，因為他們無法單獨生活。記住這一點：因為他們無法單獨生活，所以他們生活在一起。單獨生活是不舒服的，單獨生活是不經濟的，單獨生活是困難的，所以他們生活在一起，那些理由是負面的。

有一個人要結婚，朋友問他說：「你一直都反對結婚，為什麼你突然改變想法？」他說：「冬天即將來臨，人們說天氣將會變得很冷，裝暖氣超出我的負擔能力，娶一個太太比較便宜！」

這就是那個邏輯，你跟別人住在一起，因為它能夠舒服、比較方便、比較經濟、比較便宜。自己一個人住的確很困難，一個太太有很多功能——管家、廚師、僕人和護士等等，很多功能。她是世界上最廉價的勞工，做了那麼多事，卻一點薪水都沒有拿，那是一種剝削。結婚以一個剝削的機構存在，它並不是在一起，那就是為什麼在它裡面沒有快樂的開花，它不可能有，在剝削的基礎上，狂喜怎麼可能誕生？

有一些所謂的聖人，他們一直在說你之所以痛苦是因為你生活在家庭裡，是因為你生活在世界裡，他們說：「離開每一樣東西，拋棄俗世！」他們的邏輯看起來好像是對的，並不是因為它是對的，而是因為你錯過了在一起，否則所有那些聖人一定會看起來完全錯誤。一個知道在一起的人就知道了神性，一個真正結婚的人就知道了神性，因為愛是最大的門。

但是那個在一起並不存在，你們雖然住在一起，但是不知道在一起是什麼，你們以那種方式生活了七、八十年，但是仍然不知道生命是什麼。你在生命中漂浮，沒有任何根。你只是從一個片刻走到另外一個片刻，而從來沒有嘗到生命所給你的。它並不是在出生的時候就給了你，知道生命並不是由上一代遺傳下來的。

生命來自出生，但是智慧、經驗和狂喜必須被學習，因此靜心是有意義的，你必須去掙得它，你必須成長而走向它，你必須達到某一個程度的成熟，唯有如此，你才能夠知道它。

唯有在某一個成熟的片刻，生命才能夠為你敞開，但是人們很幼稚地生活，死的時候也還是很幼稚，他們從來沒有真正成長，他們從來沒有達到成熟。成熟是什麼？只是變得性成熟並不意味著你是成熟的。問心理學家，他們說成人的平均心理年齡大概維持在十三、四歲。你的身體繼續成長，但是你的頭腦停留在大約十三歲左右，難怪你的行為是那麼地愚蠢，而你的人生變成一連串的愚蠢！一個沒有成長的頭腦一定會每一個片刻都做一些錯事。

不成熟的頭腦總是將責任推到別人身上。你覺得不快樂，然後你就認為那是因為其他每一個人都在為你製造地獄。「別人就是地獄。」我說沙特的這個斷言是非常不成熟的。如果你是成熟的，別人也可以變成天堂。別人就是任何你所是的，因為別人只是一面鏡子，他反映出你。

當我說成熟，我是意味著內在的完整，這個內在的完整唯有當你停止叫別人負責，當你停止說別人在製造你的痛苦，當你了解到你就是你痛苦的製造者，才會呈現。這是走向成熟的第一步：我必須負責。不論發生什麼事，那都是我的作為。

你覺得悲傷，這是你的作為嗎？你將會覺得非常受打擾，但是如果你能夠跟這個感覺在一起，遲早你將能夠停止做很多事。「業」(Karma)的理論就是關於所有這些。你必須負責，不要說社會必須負責，不要說父母必須負責，不要說經濟情況必須負責，不要將責任推到任何人身上。你必須負責。

在剛開始的時候，這將會看起來好像是一個重擔，因為現在你已經無法將責任推到其他任何人身上。你要承擔起來……

有人問目拉．那斯魯丁說：「你為什麼看起來那麼悲傷？」他說：「我太太堅持說我必須停止賭博、抽菸、喝酒和打牌，我已經將那些事都停掉了。」

所以那個人說：「現在你太太一定覺得非常高興。」

那斯魯丁說：「那就是問題之所在，現在她找不出任何可以抱怨的事情，所以她變得非常不快樂。她開始講話，但是她找不出任何可以抱怨的事情，現在她不能夠叫我為任何事負責，但是我從來沒有看過她那麼不快樂，我以為當我放棄了所有這些事情，她就會高興起來，但是她卻變得比以前更不快樂。」

如果你繼續將責任推到別人身上，而他們都做到了任何你叫他們做的事，到了最後你將會自殺，到了最後將沒有任何地方可以再讓你推卸責任。

所以，有一些缺點是好的，它可以幫助別人快樂。如果有一個非常完美的先生，太太將會離開他。你怎麼能夠駕馭一個完美的人？所以，即使你不想這麼做，你也要繼續做一些錯誤的事，好讓太太可以來駕馭你而覺得高興！

每當有一個完美的先生，就一定會有離婚。找到一個完美的人，你們就都會反對他，因為你們無法譴責，你們無法挑他的毛病。我們的頭腦喜歡將責任推到別人身上，我們的頭腦想要抱怨，它會使我們覺得比較舒服，因為如此一來，我們都不必負責任，我們都能夠卸下重擔，但是這個卸下重擔必須付出很大的代價，你並不是真的卸下重擔，你的擔子變得越來越重，只是你並沒有覺知到。

人們活了七十年，或是活了很多世，但是仍然不知道生命是什麼，他們並不成熟，他們並不完整，他們並沒有歸於中心，他們只是生活在外圍。

如果你的外圍碰到別人的外圍，就會有衝撞發生，如果你繼續去想說別人是錯的，你將仍然停留在外圍。一旦你了解到：「我必須為我的存在負責，不論發生什麼事，我都是原因，是我做出來的。」突然間，你的意識就會從外圍移到中心，你首度變成你世界的中心。

那麼就有很多可以做的地方……因為任何你不喜歡的，你可以拋棄；任何你喜歡的，你可以採納；任何你覺得真實的，你可以遵循；而任何你覺得不真實的，你就不需要去遵循，因為現在你已經歸於你自己的中心，你已經根入你自己。

有一個朋友問說：

「人能夠生活在一起而對它一無所知嗎？或是一起工作，但是不生產什麼嗎？他們能夠在空中飛翔而忘掉存在，直到無窮無盡嗎？」

三個朋友互相看著對方……

只有朋友會互相看著對方。當有一個人你覺得很討厭，你從來不會去看他，你會避開他的眼睛，即使你必須去看他，你的看也是空的，你不會讓你的眼睛去吸收他，他是陌生的、被拒絕的。

眼睛是門，你只需要看著一個人，你就可以吸收他，讓他融解在你裡面。

三個朋友互相看著對方……

其中一個朋友提出問題，另外兩個人並不急著回答，他們在那裡等著，他們很有耐心。

如果在他們的頭腦裡有任何結論，他們一定會立刻說出來，但是他們互相看著對方。他們感覺到了那個情況、那個問話、那個問話的核心、那個問題的意義，以及那個問題的深度。記住，當你能夠感覺到那個問題的深度，那個答案幾乎就已經被找到了，但是沒有人有那個耐心，沒有人準備去深入一個問題。你問問題，但是你從來沒有真正進入那個探詢，你會立刻要求回答。

三個朋友互相看著對方，然後噴出笑聲。

那個事實、那個問題、那個對問題的穿透、那個深度、那個真相，很清楚地顯示出不需要回答。任何回答都將會是愚蠢的，任何回答都將會是膚淺的。

據說有無數次人們問佛陀問題，他都沒有回答。如果那個問題強力要求一個膚淺的回答，他就不回答。如果有人問說：「有一個神嗎？」他會保持沉默，而人們非常愚蠢，他們會開始去想說他不相信神，否則他一定會說有，或是他們會認為他不知道，否則他一定會說有或沒有！

當你問類似「神存在嗎？」這樣的問題，你並不知道你在問什麼。你認為這是一個可以回答的問題嗎？那麼你是愚蠢的，這麼重大的問題可以被回答嗎？那麼你並不知道它的深度，那麼這是一個好奇，而不是一個探詢。

如果那個問佛陀的人是一個虔誠的求道者，那麼他一定會跟著佛陀一起保持寧靜，因為那個寧靜就是答案。在那個寧靜當中，他就會感覺到那個問題，在那個寧靜當中，那個問題就會很強烈地聲明它自己，面對著那個寧靜的背景，它就會變得更清楚，那麼就有一種清晰會來到他身上。

每當你問一個很深的問題，那麼就不需要回答，一切所需要的就是保持跟那個問題在一起，不要跑來跑去，保持跟那個問題在一起，然後等待，那個問題就會變成答案。那個問題，如果你去深入它，將會引導你到那個源頭，答案也會從那個源頭流出來，它就在你裡面。

佛陀並沒有回答任何真實的問題，對我來講也是一樣，這一點要請你們記住。我繼續回答你們的問題，但我也是無法回答你們真正的問題，然而你們也還沒有問出真正的問題。每當你問了真正的問題，我將不會回答，因為真正的問題無法被回答，它不是一件理智上的事，只有從心到心，那個傳遞才會發生，沒有辦法從頭到頭。

三個朋友互相看著對方……

在那個看當中有什麼事發生？在那個看當中，他們並不是頭，他們變成了心。他們互相看著對方，他們去感覺，他們嘗到了那個問題，而它是那麼地真實，因此對它來講沒有答案。

是的，我們生活，但是不知道生命是什麼；是的，我們生活在一起，但是不知道「在一起」是什麼；是的，我們生活在一起，但是完全忘掉說我們存在。我們在天空飛來飛去，但是不知道我們要飛到哪裡，或者是為了什麼。

那個問題是那麼地真實，如果有任何答案被給予，那個答案將會是愚蠢的，只有傻瓜才會去回答這樣的問題。他們互相看著對方，他們真正洞察了對方，然後噴出笑聲，為什麼要噴出笑聲？因為整個情況是那麼地荒謬。事實上，我們生活，但是不知道生命是什麼，我們存在，但是並沒有覺知到那個存在，我們一直在人生之道上前進又前進，但不知道我們是來自哪裡，或是要去到什麼地方，或是為什麼。

人生是一個奧祕。每當你面對一個奧祕，就會有笑產生，因為你怎麼能夠回答一個奧祕呢？在你裡面最奧祕的事情是什麼？笑是在你裡面最奧祕的事情。沒有一種動物能夠笑，只有人能夠笑，那是人類至高無上的榮耀。沒有動物會笑，沒有樹木會笑，只有人能夠笑，笑是人類最神祕的要素。

亞里斯多德把人類定義成理性的動物，這並不是一個很好的定義，因為理性也存在於其他的動物，那個差別只是在於程度，而那個差別也並不是那麼大。人只能夠被定義成笑和哭的動物，其他的定義是不行的，因為沒有其他動物能夠哭，也沒有其他動物能夠笑。這些屬性只存在於人類，這是在人類裡面最奧祕的部分。

憤怒到處都存在，它並不算什麼；性到處都存在，它並不算什麼，它並不是那麼神祕。如果你想要了解性，你可以去了解動物的性，而一切能夠適用在動物的性的也能夠適用在人類，在那一方面，人類並沒有更高明之處。

憤怒、暴力、侵略性、占有和嫉妒，每一件事都存在，而且它存在於動物裡面比存在於你裡面來得更純粹、更單純。每一件事在你裡面都變得很混亂，那就是為什麼心理學家可以透過研究老鼠來研究人。牠們很單純、很清楚，比較不混亂，任何他們從研究老鼠所得到的結論對你來講也是對的。所有的心理學實驗室都充滿著老鼠，對心理學家來講，它已經變成了最重要的動物，因為牠們在很多方面跟人很像。

老鼠是唯一跟著人類的動物，不論他去到哪裡。它是全球性的。如果你在西伯利亞找到一個人，那麼在附近的某一個地方一定會有一隻老鼠。不論他去到哪裡，老鼠都會跟著去，我在懷疑老鼠也已經去到了月球。沒有其他動物能夠像老鼠一樣到處都存在，而且它的行為跟人像得不得了。了解老鼠的行為，你就了解人類了。

但是老鼠不能夠笑，老鼠也不能夠哭。笑和哭是兩種只存在於人類的屬性。如果你想要了解笑和哭，你必須去研究人類，沒有其他方式可以研究，那就是為什麼我稱之為人類頭腦最明顯的品質。

每當你感覺到奧祕，你就有兩種選擇：或者是你哭，或者是你笑，它依你的人格或你的類型而定。如果那三個朋友是不同類型的人格，他們也有可能會哭。當這樣的奧祕圍繞著你，當你碰到這麼一個不可知的奧祕，又不可能有解釋，你能夠怎麼樣呢？你要怎麼反應呢？

但是笑比哭來得更好，因為當死亡的奧祕圍繞著你的時候，哭會來臨，你會哭，但現在是關於生命的問題，所以它跟笑有關。每當你碰到了死亡的奧祕，你就哭，每當死亡存在的時候，你就會感覺到那個相關性。

那個問題是關於生命，而不是關於死亡，所以他們互相洞察對方、互相洞察在每一個人裡面的生命——那個在脈動的生命，那個到處在舞動而無從解釋，也沒有祕密的書可以顯露出那個鑰匙的生命，那個全然奧祕，而且全然不可知的生命——似乎是切題的。

在這種情況下能夠怎麼樣呢？他們並不是哲學家，他們是很真實的人，他們是神祕家，因此他們笑了，他們沒有解釋。

從此他們成為比以前更好的朋友。

這是很美的！每當有一個解釋，就會有敵意產生，每當你相信某種東西，你就分裂了，信念造成衝突。整個世界就是因為信念而分裂。你是一個印度教教徒，而某人是一個回教徒，你們就變成了敵人。為什麼你們會變成敵人？因為你們的信念。信念創造出衝突；愚蠢的解釋和意識形態創造出衝突和戰爭。

讓我們來看看：如果沒有解釋，那麼誰是印度教教徒？誰是回教徒？你們怎麼會爭鬥？為了什麼？人們一直在為哲學爭鬥、流血和互相殘殺，只是為了一些愚蠢的信念。如果你真正去洞察那些信念，你就會了解那個愚蠢——不是你的信念，而是別人的信念！你的信念是神聖的，但是別人的信念看起來都很愚蠢！

所有的信念都是愚蠢的，你看不到你自己的，因為它是那麼地近。事實上，解釋是愚蠢的、愚笨的。

我聽說有一群鳥往南方飛，要去避冬，有一隻飛在後面的鳥問另外一隻說：「為什麼我們總是跟隨這個白癡的領袖？」

另外一隻說：「首先，所有的領袖都是白癡……」否則誰會想要去領導？只有愚蠢的人會一直想要去領導，聰明的人會遲疑。生命是那麼地神祕，它並不是一條既定的路線，你怎麼能夠領導？聰明的人會遲疑，而白癡永遠都準備要領導。

「……第二，他有地圖，所以我們每年都必須跟隨著他。」

人生沒有地圖，不可能做出一個地圖，它是一條無路之路。如果沒有解釋，你怎麼會分裂？如果沒有解釋，世界將會成為「一」，但是現在的情形是有無數的解釋、無數的片斷。

莊子真的說出了一句非常有洞見的話：

他們沒有解釋，從此他們成為比以前更好的朋友。

不需要成為敵人，沒有什麼好爭鬥的。他們笑，然後那個笑聲使他們合而為一；他們笑，然後那個笑聲引導他們進入一種「在一起」。解釋，那麼你就分裂了；變成哲學的，那麼你就跟別人分開了；變成一個基督徒、一個回教徒、或是一個佛教徒，那麼其他所有的人都變成了敵人。

看著奧祕，然後笑，整個人類是一體的，然後就不需要說基督徒和佛教徒是兄弟，佛教徒和回教徒是兄弟。首先使他們分裂，使他們都帶著信念而生病，然後再提供給他們這個醫藥：你們都是兄弟。你看過兄弟嗎？他們爭鬥得比敵人來得更厲害！所以使他們成為兄弟有什麼用？

人會為他的解釋而爭鬥。所有的爭鬥都是愚蠢的。人會為他的旗子而爭鬥，你看看那些旗子！存在於世界上的是哪一種愚蠢？哪一種瘋狂？為了旗子、為了象徵符號、為了信念、為了意識形態？

莊子說：他們沒有解釋……他們笑了。在那個神祕的片刻，他們變成一體，變成比以前更好的朋友。

如果你們真的想要成為朋友，不要有解釋，也不要有結論，不要相信任何東西，那麼你就不是分裂的，那麼人類是一體的，那麼就沒有障礙。

愛不是透過頭腦而存在，它透過感覺而存在。

他們笑了。笑來自心，笑來自肚子，笑來自整個存在。當三個人笑，他們就變成了朋友；當三個人哭，他們就變成了朋友；當三個人辯論，他們就變成了敵人。

然後有一個朋友過世，孔子派一個門徒去幫助另外兩個人料理喪事。

孔子是一個禮節非常周到的人，沒有人能夠超越他，所以他一直都是莊子和老子嘲笑的對象，他們將孔子帶進他們的故事裡只是要取笑他的愚蠢。

他的愚蠢是什麼？他用一個系統來生活，他用一套公式來生活，他用理論和信念來生活。他是一個很完美的文明人，是整個人類歷史上最完美的紳士，他按照規則來行動；他按照規則來看；他按照規則來笑。他的行動從來不超出界線，他一直生活在一個他自己所做出來的枷鎖裡，所以他是他們的笑柄。莊子和老子很喜歡將他帶進他們的故事裡。

然後有一個朋友過世，孔子派一個門徒去幫助另外兩個人料理喪事。

對孔子來講，生命和死亡都不是一個奧祕，它只是一個系統之下的一件事，某種儀式必須被遵循，所以他派他的門徒去看說那個死人有沒有按照規則被料理，有沒有用正確的祈禱和正確的唱頌來對待，就好像禮節的書上所寫的一樣。死人應該受到尊敬。這就是差別：一個透過禮節來生活的人一直都會想到尊敬，而從來不會想到愛，尊敬和愛比較起來是怎麼樣呢？愛是活的，而尊敬是完全死的。

那個門徒去到那裡發現說有一個朋友在編曲，而另外一個朋友在彈琴。

這簡直難以相信！這樣做對一個死人是不尊敬的！屍體躺在那裡，而其中一個朋友在編曲。他們愛另外一個人，當你愛一個人，你會想要透過你的愛來跟他作最後的道別，而不是透過書，也不是透過已經有很多人唱過的歌，因為那些都已經被用爛了。他們編出他們自己新鮮而有活力的歌，當然，它是自製的，而不是在工廠裡面大量製造出來的。只是自製的，當然它並不很精美，因為他們不是詩人，他們是朋友，他們不知道詩歌是如何被創造出來的，那個節拍或許是不對的，那個文法或許並不正確，但是愛不會去管文法，愛不會去管節拍，愛不會去管韻律，因為愛具有它本身很有活力的韻律，它不需要去管其他的東西。當沒有愛，每一件事都必須被照顧得好好的，因為你必須用照顧來代替愛。

其中一個在彈琴，我知道他也不是一個琴師，但是你要怎麼跟一個朋友道別呢？它必須來自你的心，它必須是自發性的，它不可能是已經做好的，那是要點之所在。

他們唱說：「嘿！桑戶，你去哪裡了？」

奧祕！他們沒有說：「你會上天堂。」他們不知道，否則當有人過世，你會說：「他已經上了天堂。」那麼誰會下地獄？似乎沒有人會下地獄。

在印度，他們稱死人為「史瓦吉亞」(swargiya)，它意味著一個去到天堂的人。那麼誰要去地獄？他們不知道，所以，說假話有什麼意思？誰知道桑戶這個人去到哪裡了？去到地獄或天堂？誰知道地獄和天堂是否存在？沒有人知道，它是一個奧祕，一個人不應該褻瀆一個奧祕，一個人不應該使它成為世俗的，一個人不應該講假話，它是這麼神聖的一件事，一個人不應該說任何他沒有直接知道的東西。

「嘿！桑戶，你去哪裡了？」

那是一個問號。

「嘿！桑戶，你去哪裡了？你已經去到你以前真正所在的地方，而我們還在這裡，真該死，我們還在這裡！」

他們說：「你已經去到了你從那裡來的地方。」這是一個祕密的法則：那最終的只能夠是起點。那個圓圈繞了一圈而變完整，它到達了它的起點。終點不可能是其他的，它只不過是起點；死亡不可能是其他的，它只不過是出生。那個最終的應該是源頭，應該是那個原始的。一個人由空無生出來，然後死掉而再度進入空無。當你生下來的時候，那隻船是空的；當你死的時候，那隻船又再度成為空的。只是一道閃光，有幾個片刻，你在身體裡，然後你消失，沒有人知道你來自哪裡，去到哪裡。

他們不說他們知道，他們只是說：「我們這樣感覺：桑戶，你已經去到了你從那裡來的地方，真該死，我們還在這裡！」所以他們並不是為桑戶難過，他們是為他們自己難過，他們還懸在中間，而他的圓圈已經完整了。

每當有人過世，你有沒有感覺到？你是在為那個死去的人難過，或是在為你自己難過？事實上，當有人過世，你是在為他或她傷心，或是在為你自己傷心？每一個人都在為他自己難過，因為每一個死亡都會帶來消息說你也會死，但是一個能夠去笑人生的奧祕的人知道它是什麼，因為只有真正的知道和真正的智慧能夠笑。

你去到了你以前真正所在的地方……

「而我們還在這裡，真該死，我們還在這裡！」

我們還在中間，我們的旅程是不完整的，但是你的圓圈已經完整了，所以他們是在為他們自己難過。如果他們哭泣，他們是在為他們自己哭泣。對一個離別的朋友，他們除了歌曲之外沒有其他的東西，除了內心的慶祝之外沒有其他的東西。如果他們難過，他們是在為他們自己難過。

這是一件必須加以深入了解的事。如果你能夠了解生命，如果你能夠笑它，那麼死亡是完成，而不是終點。記住：死亡並不是生命的終點，它是完成，它是一個頂點、一個高潮、一個高峰，從那裡，生命的波浪回到了它原始的源頭。

他們是在為他們自己難過，他們生命的波浪懸在中間，他們還沒有到達頂點，還沒有到達高峰，而他們的朋友已經到達了他以前所在的地方。他已經到家了。只有那些了解生命的人能夠了解死亡，因為生命和死亡並不是二。死亡是高峰、是最終的、是最後的開花、是生命的芬芳。

死亡對你而言看起來很醜，因為你從來不知道生命。死亡在你裡面創造出恐懼，因為你害怕生命。記住：不論你面對生命的態度是怎麼樣，你面對死亡的態度也會是一樣的。如果你害怕死亡，你也會害怕生命；如果你喜愛生命，你也會喜愛死亡，因為死亡只不過是最高的頂峰，它是完成，就好像一首歌到達了它的終點，就好像河流流進了大海。一開始的時候，河流來自海洋，現在那個圓圈完成了，河流再度回到了整體。

然後那個孔子的門徒突然插嘴說：「請問你們是在哪一本葬禮的規章裡找到這個的——這個在死人面前很輕浮地歡唱？」

孔子的門徒無法了解他們，對他來講，他們看起來是輕浮的、不尊敬的。這算是哪門子的歌？你們從哪裡得到它？它並沒有被授權，它並不是來自《吠陀經》。請問你們是在哪裡找到這個的……？

每一件事都必須按照書本來做、按照《聖經》來做、或是按照《吠陀經》來做，但是生命無法按照書本來做，生命永遠都超越書本，它一直都是超越的，生命總是將書本擺在一旁，向前走。

你是在哪裡找到這個的，這個在死人面前很輕浮地歡唱？你應該很尊敬。有人離別了，有人死了，而你們在幹什麼？這是大不敬！

那兩個朋友互相看著對方，然後笑著說：「這個可憐的傢伙，他不知道新的禮拜儀式！」

他不知道新的經典，他不知道新的宗教，那就是每天都在這裡發生的——新的禮拜儀式！

幾天之前，有一個人在這裡，他是一個歷史教授，他問我說：「你屬於哪一個傳統？」我說：「我不屬於任何一個傳統。」

他從美國來到這裡要製作關於靜心技巧、靜心營、我的演講、以及這裡各種活動的影片，當他聽到說我不屬於任何傳統，他的人就不見了，那麼，很明顯地，我也不屬於歷史。可憐的傢伙，他不知道新的禮拜儀式！

第8章 那個沒有用的

惠子告訴莊子說：「你所有的教導都集中在那個沒有用的。」

莊子回答說：「如果你不知道那個沒有用的，你就無法開始談論那個有用的。比方說，大地是那麼地寬廣，但是在這麼寬廣的大地上，人也只不過是使用其中的一小部分來站著而已。」

「現在，假定你突然拿走所有那些他實際上並沒有使用的地方，使得除了立足之地以外都變成了深淵，這樣他還能夠使用他所使用的地方多久？」

惠子說：「那麼那些本來有用的也就變得沒有用了。」

莊子下結論說：「這表示那些沒有用的是絕對需要的。」

原文：

惠子謂莊子曰：「子言無用。」莊子曰：「知無用而始可與言用矣。天地非不廣且大也，人之所用容足耳。然則廁足而墊之，致黃泉，人尚有用乎？」惠子曰：「無用。」莊子曰：「然則無用之為用也亦明矣。」

——《莊子》雜篇．外物

生命是正反兩極交互運作行進的，那就是為什麼它不是邏輯的。邏輯意味著相反的那一極就真的是相反的那一極，而生命本身一直都隱含著相反的那一極。在生命裡面，相反的那一極並非真的就是相反的那一極，它是互補的，如果沒有它，一切都會變得不可能。

比方說，生命存在是因為有死亡，如果沒有死亡，就不可能有任何生命。死亡並不是終點，死亡也不是敵人，相反地，因為有死亡，所以生命才變得可能。所以死亡並不是在終點的某一個地方，它涉入在此時此地。每一個片刻都有它的生和它的死，否則存在是不可能的。

有光，也有黑暗，對邏輯來講，它們是相反的東西，邏輯會說：如果它是光，那麼就不可能有任何黑暗；如果它是黑暗，那麼就不可能有任何光，但是生命的說法跟這個完全相反，生命說：如果有黑暗，那是因為光；如果有光，那是因為黑暗。當它就隱藏在周圍的角落，我們或許看不到另外一個。

因為有聲音，所以有安靜，如果根本就沒有聲音，你可以是安靜的嗎？你怎麼可能是安靜的？需要相反的東西來作為背景。那些遵循邏輯的人總是會走錯，因為他們的生命變成偏頗的。當他們想到光，他們就會開始拒絕黑暗；當他們想到生命，他們就會開始跟死亡抗爭。

那就是為什麼在世界上沒有一個傳統說神既是黑暗，也是光。有一個傳統說神是光，祂不是黑暗。在神裡面沒有黑暗，因為那些相信神的人是光；有另外一個傳統說神是黑暗，對他們來講沒有光。但這兩者都是錯的，因為這兩者都是邏輯的，他們拒絕相反的那一極。生命是非常寬廣的，它本身就攜帶著相反的那一極，相反的那一極並沒有被拒絕，它被包含了。

惠特曼（Walt Whitman）是歷史上最偉大的詩人之一。有一次，一個人問他說：「惠特曼，你講的話一直在矛盾。有時候你說了一件事，然後在其他時候，你又說了跟它相反的事。」

惠特曼笑了，他說：「我是非常寬廣的，我包含了所有的矛盾。」

只有渺小的頭腦是前後一致的，頭腦越狹窄，它就越前後一致。當頭腦非常寬廣，每一樣東西都被包括進去了：光存在，黑暗也存在；神存在，魔鬼也存在——以他全然的光輝存在。

如果你了解這個生命的奧祕過程——它透過相反的兩極來前進，它是相反的兩極交互運作行進的，在那裡，相反的那一極會有所幫助，會給予平衡、給予色彩、給予背景，唯有如此，你才能夠了解莊子，因為整個道家的洞見就是基於相反兩極的互補。

他們使用兩個字：陰和陽。它們是相反的兩極——男性和女性。只要想一想，如果整個世界完全都是男性，或者整個世界完全都是女性，它將會是死的，它一生下來就會是死的，在它裡面不可能有任何生命。如果它是一個女性的世界——女人、女人、再加上女人，而沒有男人，女人將會自殺。相反的那一極是需要的，因為相反的那一極具有吸引力。相反的那一極會變成磁鐵，它會拉你，相反的那一極把你從你自己帶出來，相反的那一極會打破你的監禁，相反的那一極會使你變得更寬廣。每當相反的那一極被拒絕，就會有麻煩，那就是我們一直在做的，因此世界上有那麼多的麻煩。

男人試圖去創造一個基本上只有男人的社會，那就是為什麼有那麼多的麻煩——女人被拒絕了，她被丟出去了。在過去的世紀裡，女人從來沒有在任何地方被看過，她被隱藏在房子的後室，她甚至不被允許來到客廳，你無法在街上碰到她，你無法在店裡碰到她，她不是生活的一部分。世界變得很醜，因為你怎麼能夠拒絕相反的那一極？世界變得偏頗了，所有的平衡都喪失了，世界發瘋了。

女人仍然不被允許進入生活，她還不是真正的一部分，她還不是生活重要的部分。男人在男人導向的團體裡活動，比方說男人專屬的俱樂部、市場、政治和科學團體。在每一個地方，它都是偏頗的。男人控制著整個世界，因此才會有那麼多的痛苦。當兩極當中的一極在支配著全局，就會有痛苦，因為另外一極會覺得受傷而採取報復。

所以每一個女人都會在她的家裡報復，當然，她無法出去到外面世界去對整個人類報復，她會對她先生報復，因此經常會有衝突。

我聽說目拉．那斯魯丁在告訴他兒子說：「不要問我這樣的事情，這不干你的事，你是何許人，怎麼可以問我說我怎麼樣認識你母親？但是我要告訴你一件事：她的確治好了我吹口哨的毛病。」

然後他又說：「這個故事所得到的教訓是：如果你不想要像我一樣地不快樂，千萬不要對女孩子吹口哨。」

為什麼太太總是會跟你衝突？問題並不在於那個人，它並不是一件私人的事，它是女人的報復，是女性的報復，是被拒絕的那一極的報復。家裡的這個男人、這個先生是她所抗爭的整個男人世界或男性導向世界的代表。

家庭生活非常糟糕，因為我們沒有聽莊子所說的話。有很多戰爭，因為我們沒有去聽：相反的那一極必須被融合。透過拒絕它，你是在引來麻煩，在每一條途徑上，在每一個層面上，事情都一樣。

莊子說：如果你拒絕那個沒有用的，那麼世界上就不會有有用的。如果你拒絕那個沒有用的——遊戲或樂趣，就不可能有任何工作或任何責任。這個非常困難，因為我們的整個強調都是在那個有用的。

如果有人問你說一個房子是由什麼所組成的，你將會說是牆壁。而莊子一定會說，就好像他的師父老子也會說：一個房子並不是由牆壁所組成的，而是由門和窗子所組成的，他們的著重點在於另外的部分。他們說牆壁是有用的，但是它們的用處要依靠背後那個沒有用的空間。

一個房間是一個空間，而不是牆壁，當然，空間是免費的，但是牆壁必須購買。當你購買一個房子，你買到了什麼？牆壁、材料、那個看得見的，但是你能夠生活在材料裡面嗎？你能夠生活在牆裡面嗎？你必須生活在房間裡，生活在空的空間裡。你買了一條船，但是你必須住在那個空裡面。

所以，事實上，什麼是房子？房子是那個被牆壁所包圍的空，而什麼是門？什麼都沒有。門意味著什麼都沒有，沒有牆，只是空，但是如果沒有門，你就無法進入到屋子裡；如果沒有窗子，陽光就不會進來，風就不會流動，你將會死掉，你的家將會變成一個墳墓。

莊子說，記住：房子是由兩樣東西所組成的——牆壁、材料——那個可以在市場上交易的、那個具有實際價值的——以及被牆壁所包圍的空，它是沒有實際價值的，它無法被購買，無法被出售，它不具經濟價值。

你怎麼能夠出售空？但是你必須住在空裡面。如果人只能住在牆壁裡面，他將會發瘋，不可能這樣做，但是我們卻試著在做那個不可能的。在生活當中，我們選擇了那個具有實際價值的。

比方說，如果一個小孩在玩，你會說：「停！你在幹什麼？這是沒有用的，做一些有用的事。學習、閱讀，至少要做你的家庭作業，做一些有用的事，不要閒逛，不要成為一個流浪漢。」如果你繼續對一個小孩這樣堅持，漸漸地，你將會扼殺掉那個沒有用的，那麼小孩將會變成只是有用的。當一個人只是有用的，他是死的。你可以使用他，現在他是一個機械化的東西、一個工具，而不是他本身的目的。

當你在做一些沒有用的事，你是真正的你自己，比方說畫畫，不是要去賣的，只是在享受；園藝，只是純粹的享受；躺在沙灘上，什麼事都不做，只是享受，沒有用的，只是樂趣，或是靜靜地坐在一個朋友旁邊。

在那些片刻裡有很多事可以做，你可以去到店裡，或是去到市場，或是賺取某些東西，你可以把時間變成金錢。你可以得到更多的銀行存款，因為這些片刻將不會再回來，而且愚蠢的人說時間就是金錢，他們只知道時間的一個使用方式，那就是如何將它轉變成更多的金錢，更多的金錢，又更多的金錢，到了最後你死的時候，你會有很多銀行存款，但內在是完全的貧窮，因為內在的富有唯有當你能夠享受那個沒有用的才能夠產生。

靜心是什麼？人們來到我這裡說：「它有什麼用？我們能夠從它得到什麼？它有什麼利益？」

關於靜心……你在問說它有什麼利益？你無法了解，因為靜心是沒有用的，我一說它沒有用，你就覺得不舒服，因為整個頭腦都已經變得很功利、很商品導向，所以你會要求一個結果，你無法容許說某種東西只是一種享受。

沒有用意味著你享受它，但是你無法從它得到什麼利益，你深深地融入它，然後它就給你喜樂，但是當你深入它，你無法累積那個喜樂，你無法從它得到什麼財富。

世界上有兩種類型的人存在：實用的——他們變成科學家、工程師、醫生；還有另外一支，是互補的——詩人、流浪漢、和門徒，他們是不實用的，

他們不做任何有用的東西，但是他們能夠給予平衡，他們將優雅給予世界。想像一個充滿科學家的世界，連一個詩人都沒有，它將會十分醜陋，不值得住在它裡面。想像一個世

界，每一個人都在店裡、都在辦公室裡，連一個流浪漢都沒有，它將會是地獄，流浪漢能夠給予一種美。

有一次，兩個流浪漢被抓去了……法庭推事和警察是實用事物的監護人。他們保護，因為這個沒有用的部分是危險的，它可能會散布開來！所以流浪漢和沒有用的人在任何地方都不被允許。如果你只是站在街上，有人問你說你在做什麼，而你回答說：「什麼都沒有。」警察就會立刻把你帶到法院去，因為什麼事都不做是不被允許的！你必須做些什麼。你為什麼站在那裡？如果你只是說：「我站著是在享受它。」那麼你是一個危險人物，是一個嬉皮，你會被抓起來。

所以那兩個流浪漢就被抓起來，那個法庭推事問第一個人說：「你住在哪裡？」

那個人說：「整個世界是我的家，天空是我的庇護所，我到處都去，沒有障礙，我是一個自由人。」

然後他問另外一個人：「你住在哪裡？」

他說：「我就住在他的隔壁。」

這些人給予世界一種美，他們是香水。佛陀是一個流浪漢，馬哈維亞是一個流浪漢。這個人、這個流浪漢回答說：天空是他唯一的庇護所，那就是「迪坎伯」(digamber)這個字的意思，耆那教的最後一位大師馬哈維亞就是被認為是一個「迪坎伯」。「迪坎伯」意味著裸體的，只有天空是衣服，其他沒有，天空是庇護所、是家。

每當世界變得過分功利，你就會去創造很多東西，你就會去占有很多東西，你變成執著於很多東西，但是那個內在已經喪失了，因為當沒有外在的緊張，內在才能夠開花；當你並沒有要去到任何地方，只是休息，那麼內在才開花。

宗教是完全沒有用的，寺廟有什麼用？寺院有什麼用？教堂有什麼用？在蘇聯，他們把所有的寺廟、寺院和教堂都改成醫院和學校，都改成有用的東西。為什麼寺廟可以存在而沒有任何用途？共產主義的人是實用主義者，所以他們反對宗教，他們必須如此，因為宗教讓那個沒有用的存在，那些東西無法以任何方式被剝削，那些東西無法成為其他任何東西的工具。你可以享有它，你可以在它裡面變得很喜樂，你可以感覺到最高可能的狂喜，但是你無法操縱它，它是一個發生。當你什麼事都不做的時候，它就發生了。那個最偉大的一直都是在你什麼事都不做的時候發生，而當你在做些什麼的時候，只有一些微不足道的事會發生。

丹麥哲學家齊克果寫了一些非常深入的東西，他說：「當我開始祈禱，我就會到教會去跟神講話……」這就是全世界的基督徒在做的，他們很大聲地跟神講話，就好像神是死的，就好像神只是一個愚蠢的實體，他們可以叫祂做什麼，或不要做什麼。或者，就好像神只是一個愚蠢的帝王，他們可以說服祂或賄賂祂去滿足他們內在的欲望。

但是齊克果說：「我開始談話，然後突然間我了解到這是沒有用的，你怎麼能夠在神面前談話？一個人必須保持沉默，有什麼好說的呢？我能夠說什麼去幫助神知道得更多呢？祂是全知全能的，祂知道一切，所以我告訴祂是什麼目的呢？」

齊克果還說：「我對祂講話已經有很多年了，然後突然間我了解到這是愚蠢的，所以我就停止講話，我變得很沉默，然後在經過很多年之後，我了解到甚至連沉默都不行，然後我採取了第三步，那就是傾聽。一開始我是講話，然後我變得不講話，然後我開始傾聽。」

傾聽跟只是保持沉默是不一樣的，因為只有保持沉默還算是負向的，而傾聽是正向的。只有保持沉默是被動的，而傾聽是一種警覺的被動，是在等待某些東西，但是是什麼話都不說，而用整個人的存在來等待。它具有一種強度，然後齊克果說：「當這個傾聽發生，祈禱就發生了，這是它第一次發生。」

但是傾聽似乎是完全沒有用的，尤其是去聽那個未知的，你不知道祂在哪裡。沉默是沒有用的，而談話似乎是有用的。透過談話能夠做些什麼，你可以用它在世界上做很多事，所以你認為如果你想要變成具有宗教性的，你也要做些什麼。

但是莊子說：唯有當你了解所有作為的沒有用，宗教才開始，然後你會走到另外一極——無為、不活動、變成被動的、變成沒有用的。

現在讓我們來進入經文，「那個沒有用的」：

惠子告訴莊子說：「你所有的教導都集中在那個沒有用的。」

這個教導似乎並沒有什麼太大的價值，但是莊子和他的師父一直都在談論那個沒有用的，他們甚至讚美那些沒有用的人。

莊子談到一個人，一個駝背的人，鎮上所有的年輕人都被強迫入伍，因為他們是有用的，只有一個人，那個駝背的人，因為他是沒有用的，所以他被留下來。莊子說：要像這個駝背的人一樣，變得很沒有用，你才不會在戰爭中被殺死。

他們一直讚美那個沒有用的，因為他們說那個有用的將永遠都會陷入困難，世界將會使用你，每一個人都準備要使用你、要駕馭你、要控制你。如果你是沒有用的，沒有人會看你，人們將會忘掉你，他們將會讓你很平靜，他們不會去煩你，他們不會覺知到你的存在。

這種事也曾經發生在我身上，我是一個沒有用的人。在我的孩提時代，我會坐在我母親的旁邊，然後她會看著四周說：「我想要找一個人幫我到菜市場去拿蔬菜，但是我看不到有什麼人可以去。」而我就坐在她旁邊。她會說：「我看不到有任何人在這裡！」我會暗自竊笑——她沒有辦法叫我到菜市場去，我是那麼地沒有用，所以她並沒有覺知到我在那裡。

有一次我阿姨來住我家，她並沒有覺知到我的沒有用。我媽媽在說：「沒有人在家可以到菜市場去，所有的小孩都出去了，而傭人又在生病，要怎麼辦？一定要找一個人去。」所以我阿姨說：「為什麼不叫拉賈(奧修的乳名)去？他就坐在那裡，沒有在做什麼。」所以我就去了，我告訴菜市場那個賣菜的說：「給我最好的蔬菜、最好的香蕉和最好的芒果。」他看到我，以及看到我講話的方式，他一定是認為我是一個傻瓜，因為從來沒有人說要最好的，所以他就算我兩倍價錢，然後給我一些爛貨，我很高興地回家。

我媽媽將那些東西都丟掉說：「你看！那就是為什麼我說沒有人在。」

莊子非常堅持：要很警覺，不要變得非常有用，否則人們將會剝削你。然後他們會開始駕馭你，那麼你就會有麻煩。如果你能夠生產東西，他們將會強迫你一生都生產。如果你能夠做某些事情，如果你技術很好，那麼你的才能不可以被浪費。

他說：「沒有用」具有它本身固有的用處。如果你能夠成為對別人來講是有用的，那麼你就必須為別人生活，除非沒有人看你，除非沒有人注意你，沒有人被你的存在所牽動，你被單獨留下來。你生活在市井之間，但是你就好像生活在喜馬拉雅山上一樣，在那種孤獨的狀態下，你會成長，你的整個能量會走向內在。

惠子告訴莊子說：「你所有的教導都集中在那個沒有用的。」

莊子回答說：「如果你不知道那個沒有用的，你就無法開始談論那個有用的。」

他說：那個沒有用的在另外一方面是有用的。只是因為有那個沒有用的，所以你才能夠談論那個有用的，它是一個重要的部分。如果你完全拋棄它，那麼就沒有什麼東西是有用的。就是因為有一些沒有用的東西，所以才有一些東西是有用的。

但是這樣的事經常在世界上發生：我們削掉所有遊戲的活動，以為這樣的話，我們所有的能量都能夠用在工作上，但是這樣的話，工作會變得很無聊，一個人必須走到相反的那一極，唯有如此，一個人才會再度被賦予活力。

整天你都保持清醒，晚上的時候你睡覺，睡覺有什麼用？它是浪費時間，而且睡覺的時間又不是很短。如果你活到九十歲，其中有三十年的時間你都在睡覺，有三分之一的時間，每天八個小時，你都在睡覺，這有什麼用？

蘇聯的科學家一直在想說這是人工和能量的浪費，這是非常不經濟的，所以必須想點辦法：需要一些化學改變，或是賀爾蒙的改變，或者，即使細胞裡面的基因必須被改變，這樣的事情也要做。我們必須做出一個一天二十四小時都很覺知、很警覺、很清醒的人。

只要想想，如果他們成功了，他們將會把那個人殺掉！然後他們將會使你成為一個自動化的機械裝置，可以一直繼續不斷地工作，沒有白天，沒有晚上，沒有休息和工作之分，你無法走到相反的那一極，然後把這一極忘掉！

他們已經開始做很多事情，他們已經開始教小孩子睡覺，現在蘇聯有千千萬萬個小孩在睡覺的時候要用錄音機塞在他們的耳朵裡，當他們在睡覺的時候，那個錄音機可以教他們，整個晚上，那個錄音機都一直在重複一些東西，他們繼續去聽它，使它成為他們記憶的一部分——利用睡眠的時候教導，睡眠中教學。他們說：遲早所有我們在學校裡面所教的都能夠在小孩睡覺的時候來做，然後白天可以用來做其他的事。

甚至連睡眠都必須被剝削。甚至在你睡覺的時候，你也無法被允許成為你自己，你甚至不被允許有自由去做夢，那麼你算什麼？那麼你就變成齒輪的一個輪齒，那麼你只不過是整個機械裝置的齒輪一個有效率的部分。如果你很有效率，那就沒有問題，否則你會被丟棄，被丟進垃圾堆裡，然後一個更有效率的人就會來取代你。

在整天的工作之後你會怎麼樣？你會進入睡眠，這是怎麼一回事？你從那個有用的進入到那個沒有用的，那就是為什麼到了早上你會覺得很新鮮、很活生生、很沒有負擔，你的腳有一種跳舞的品質，你的頭腦可以唱歌，你的心可以再度去感覺，所有因為工作而累積的灰塵都可以被丟掉，鏡子再度變得很明亮。在早上的時候，你有一種清晰，它是怎麼來的？它來自那個沒有用的。

那就是為什麼靜心能夠給你最偉大的瞥見，因為它是世界上最沒有用的事，你只是什麼事都不做，你只是進入寧靜。它比睡覺來得更偉大，因為在睡覺當中，你是無意識的，不論發生什麼事，都是在無意識之中發生。你或許是在樂園裡，但是你並不知道。

在靜心當中，你是有意識地在進行，那麼你就可以覺知到那個路線：如何從外在有用的世界走到內在無用的世界。一旦你知道了那個路線，隨時你都可以向內走。坐在公車上，你不需要做任何事，你就只是坐著；坐在汽車、火車或飛機上旅行，你並沒有在做什麼，每一件事都由別人來做，你可以閉起眼睛，然後進入那個沒有用的，進入內在，突然間每一樣東西都會變得很寧靜，突然間每一樣東西都會安靜下來，突然間你就處於所有生命的源頭。

但是它在市場上沒有價值，你無法到市場上去出售它，你不能夠說：「我有偉大的靜心，有沒有人要買它？」沒有人會要買它，它並不是一件商品，它是沒有用的。

莊子說：「如果你不知道那個沒有用的，你就無法開始談論那個有用的。比方說，大地是那麼地寬廣，但是在這麼寬廣的大地上，人也只不過是使用其中的一小部分來站著而已。」

「現在，假定你突然拿走所有那些他實際上並沒有使用的地方，使得除了立足之地以外都變成了深淵，這樣他還能夠使用他所使用的地方多久？」

這是一個很美的比喻，他抓到了那個要點。你坐在這裡，你只是使用一小塊地方，二英尺見方，你並沒有使用整個地球，整個地球是沒有用的；你只使用一小部分，二英尺見方。莊子說：假定整個地球都被帶走，只有二英尺見方的土地留給你，你站著，每一隻腳只使用一小塊地方。假定只有那一小塊地方被留下來，其他整個地球都被帶走了，你還能夠使用你現在正在使用的這一小塊地方多久？

一個海灣，一個無盡的深淵，在你的周圍突然斷裂下來，你將會立刻暈眩，你會掉進深淵裡。沒有用的土地支持著那個有用的，而那個沒有用的是非常寬廣的，那個有用的只有很小的一塊，這在所有存在的層面都是對的：那個沒有用的非常寬廣，而那個有用的非常小。如果你試圖留下那個有用的，而忘掉那個沒有用的，遲早你將會暈眩，這種事已經發生了，你已經暈眩而掉進深淵裡面去了。

全世界用思想的人都有一個難題：人生沒有意義，生命似乎是沒有意義的。問沙特、馬歇爾（Marcel）、雅斯培（Jaspers）、海德格（Heidegger），他們會說生命是沒有意義的。為什麼生命變得那麼沒有意義？它以前從來不會如此，佛陀從來沒有這樣說過，克里希那能夠唱歌、跳舞、享受自己，穆罕默德能夠祈禱和感謝神——為了祂以生命灑落在他身上的祝福。莊子活得非常快樂，一個人能夠怎麼快樂，他就怎麼快樂，他們從來不說生命是沒有意義的。現代人的頭腦到底怎麼了？為什麼生命似乎是那麼地沒有意義？

整個大地都被帶走了，而你被留在只有你站著或坐著的那一小塊地方，你覺得暈眩。在你的四周，你都看到了深淵和危險，現在你已經無法使用那塊你站在上面的土地，因為唯有當那些沒有用的也加進來，你才能夠使用它。那個沒有用的必須存在，它意味著什麼？你的人生變成只是工作而沒有遊戲，遊戲是沒有用的，是廣大的，而工作是有用的，是渺小的、微不足道的。你使你的人生完全充滿著工作，每當你開始做些什麼事，第一件你所想到的事就是：它有什麼用？如果有一些用處，你就會去做它。

沙特說了一個再來的二十一世紀的故事。有一個非常富有的人說：「愛不是我要去做的事，只有窮人才做這樣的事，對我來講，我的僕人可以去做它。」

當然，一個福特為什麼要浪費時間去愛一個女人？一個廉價的僕人就可以去做它，福特的時間比較寶貴，他必須將它使用在更有價值的事情上面。

那是可能的！按照人現在的頭腦來看它，很可能在未來只有僕人會做愛，當你可以指派一個僕人，為什麼要麻煩你自己？當每一件事都以經濟的觀點來思考，當一個福特或是一個洛克斐勒能夠更有效地利用他們的時間，他們為什麼要將他們的時間浪費在一個女人身上？他們可以派一個僕人去，這樣比較省事。

這樣的事聽起來很荒謬，但是它已經發生在我們生活的很多層面上。你從來不去玩，你叫你的僕人去做，你從來不是任何樂趣的主動參與者，都是別人為你做的。你去看一場足球賽，那是別人在做，而你只是在看，你是一個被動的旁觀者，你並沒有涉入。你去電影院看一場電影，別人在做愛、在戰爭、在做出暴力的動作——每一件事，你只是一個旁觀者。它是那麼地沒有用，你不需要麻煩去做它，其他任何人都可以來做它，你可以只是看。工作由你來做，但是有趣的事由別人替你做，既然如此，那麼愛為什麼不能夠也是這樣？使用同樣的邏輯，愛也可以由別人來做。

人生似乎是沒有意義的，因為那個意義繫於有用和無用之間的平衡。你已經完全拒絕了那個沒有用的，你已經把門完全關起來，現在就只有那個有用的在，而你已經被它壓得透不過氣。

如果你在四十歲的時候得到胃潰瘍，那表示你做得很成功，那是一個成功的象徵。如果你已經過了四十歲，而現在已經五十歲，但是胃潰瘍還沒有出現，那麼你是一個失敗者。你一生都在做些什麼？你一定是在浪費時間。

到了五十歲，你真的應該要有第一次的心臟病。現在科學家已經計算出：到了四十歲，一個成功的人必須有胃潰瘍；到了五十歲，第一次心臟病；到了六十歲，他就走了，他從來沒有活過，沒有時間去生活。他有那麼多重要的事要做，所以沒有時間去生活。

注意看你周遭所有的人，注意看那些成功的人——政客、有錢人、或是大企業家——有什麼事發生在他們身上？不要看他們所擁有的東西，直接看他們，因為如果你去看東西，你將會被騙。東西不會有胃潰瘍，車子不會有心臟病，房子不會入院。不要去看東西，否則你將會被騙。注意看那個人，當他沒有任何占有物的時候，直接看他，然後你就會感覺到那個貧乏，那麼甚至連一個乞丐或許都是一個富有的人，那麼，就生命而言，甚至連一個貧窮的人或許也是比較富有的。

成功失敗，沒有什麼東西像成功那麼失敗，因為一個成功的人喪失了他對生命的掌握——對每一樣東西的掌握。一個成功的人真的是將自己廉價賣出，他為了那個不真實的而拋棄真實的；為了岸邊一些彩色的石頭而拋棄了內在的鑽石；為了蒐集一些小石頭而喪失了鑽石。

一個富有的人是一個失敗者，一個成功的人是一個失敗者，但是因為你用野心的眼光來看事情，所以你會看到那些占有物。你從來不會去看政客本人，你會去看他的職位，看他的權力。你從來不會去看他本人——毫無權力地坐在那裡，錯過了每一件事，甚至從來沒有瞥見過喜樂是什麼。他買到了權力，但是在購買它的同時，他喪失了他自己，在這一切當中，他把自己廉價地賣了出去。

我聽說有一次，在一個大規模的造勢大會之後，一個政治領袖對他的經理大吼，那個經理不了解，那個領袖說：「我被騙了！」

經理說：「我不了解，我認為造勢大會進行得非常成功，有好幾千人來，看看他們獻給你的花圈，他們簡直用花把你給蓋住了，你數數看。」

那個領袖說：「我數過了，只有十一個花圈，但是我付了十二個花圈的錢。」

到了最後，每一位成功的人都會覺得他被騙了，那是一定會發生的，那是不可避免的，因為你給出了什麼？而你又得到了什麼？為了一些沒有用的占有物，你內在的自己喪失了。你可以欺騙別人，但是你怎麼騙得了你自己？到了最後，你會環顧你的人生，然後你將會了解，你為了那些所謂有用的東西而錯過了你的人生。

那些沒有用的必須存在。那個有用的就好像是一個花園，很整潔、很乾淨，而那個沒有用的就好像是一座廣大的森林，很自然，但是不可能那麼整潔、那麼乾淨。自然有它本身的美，而當每一樣東西都很整潔、很乾淨，它就已經是死的。一個花園不可能非常活生生，因為你會一直去修剪它、安排它。而一座廣大的森林具有一種活力，它有一個非常強而有力的靈魂。進入一座森林，你就會感覺到那個衝擊；迷失在一座森林裡，你就會看到它的力量。在花園裡，你無法感覺到那個力量，它不在那裡，它是人造的，你可以去看它，它很美，但它是刻意培養出來的，它是經過安排的，它是人為操縱的。

的確，花園是一個虛假的東西，真正的東西是森林。那個沒有用的就好像是一座廣大的森林，而那個有用的就好像是你在你家周圍所開闢出來的一個花園。不要繼續侵蝕森林。沒有問題，你的花園沒有問題，但是讓它成為廣大森林的一部分，那個廣大的森林不是你的花園，而是神的花園。

你可以想出有任何東西比神更沒有用的嗎？你可以以任何方式來使用祂嗎？那是一個困難，因此我們無法在神裡面找到任何意義。那些非常意義導向的人會變成無神論者，他們說沒有神，不可能有。當神似乎是那麼地沒有用，那麼怎麼可能會有一個神？

最好是將祂排除在外，然後整個世界就可以讓我們來安排、來控制。那麼我們就可以使整個世界變成一個市場，我們可以將寺廟變成醫院，或是變成小學。然而神的無用性是一切正在進行的有用的事情的基礎。如果你能夠遊戲，你的工作將會變成樂趣。如果你能夠享受簡單的樂趣，如果你能夠變成小孩子一樣在遊戲，你的工作對你來講將不會成為一個重擔，但那是困難的，因為你的頭腦一直以金錢來思考。

我聽說有一次目拉・那斯魯丁回到家發現他太太跟他最好的朋友在床上。那個朋友覺得很尷尬，而且很害怕，他說：「聽著，我沒有辦法，我愛上你太太，你太太也愛上我。你是一個有理性的人，我們應該來找出一個合理的安排，為這件事爭吵是沒有用的。」

所以那斯魯丁說：「你建議什麼樣的安排？」

他的朋友說：「我們來玩牌，然後將你太太作為賭注。如果我贏，你就離開；如果你贏，我將永遠不再見你太太。」

那斯魯丁說：「好，就這麼決定。」但是他又說：「讓我們也下一點現金的賭注，一分一百塊，否則這整個事情是沒有用的。只是為了一個太太，這整個事情是沒有用的，不要浪費我的時間，讓我們也下一些現金賭注。」

那麼，那個事情才變得有用。金錢似乎是唯一有用的東西。所有那些功利主義的人都瘋狂地追逐金錢，因為金錢能夠購買，金錢是所有功利的要素，所以，如果佛陀或是像佛陀一樣的人棄俗，那並不是因為他們反對金錢，而是因為他們反對功利，反對那個有用的，所以他們說：把你的錢全部拿去，我要到森林裡面去，這個花園已經不再適合我，我要進入那個寬廣的、那個沒有地圖的、那個會迷路的地方。這個既整潔又乾淨的碎石小路，每一件事都是已知的，都有地圖可循的地方，已經不適合我。

當你進入那個沒有用的寬廣，你的靈魂就會變得寬廣。當你進入沒有地圖的大海，你就變成好像大海一樣，然後那個未知的挑戰會創造你的靈魂。

當你是安全的，沒有難題，當每一件事都是經過數學計算而安排得好好的、都被定下來，你的靈魂就會萎縮。它沒有被挑戰，那個沒有用的會給予挑戰。

「現在，假定你突然拿走所有那些他實際上並沒有使用的地方，使得除了立足之地以外都變成了深淵，這樣他還能夠使用他所使用的地方多久？」

如果沒有神，世界就無法再繼續。尼采在一百年前就宣布上帝已死。他並不知道，但是當他宣布的同時，我們也無法再生活了。他從來沒有想到那樣，他所想的剛好相反。他說：上帝已死，現在人已經可以自由去生活。但是我要告訴你：如果上帝死了，人也死了。那個消息或許都還沒有傳到他身上，他就死了，因為神是那廣大的「無用」。

人的世界是有用的世界，如果沒有那個無用的，那個有用的就無法存在。神是遊戲，而人是工作，如果沒有神，工作將會變得沒有意義，變成一個必須以某種方式來攜帶的重擔。神是樂趣，而人是嚴肅的，如果沒有樂趣，那個嚴肅將會變得太過分，它將會好像是一個疾病。

不要摧毀寺廟，不要摧毀寺院，不要將它們改建成醫院，你可以蓋另外的醫院，你可以蓋另外的建築物來當作學校，但是要讓那個沒有用的繼續存在在你生活的中心，那就是為什麼寺廟被放在市井之間，被放在城市的中間，它只是在顯示說那個沒有用的必須停留在中心，否則所有那些有用的都會失去。相反之物必須被納入考慮，那個相反之物是比較偉大的。

人生的目的是什麼？人們一直來問我這個。沒有目的，不可能有任何目的，它是沒有目的的，只是樂趣，你必須享受它，你只能享受它，你無法對它做任何其他的事，它是不能拿到市場上去賣的。如果你錯過了一個片刻，你就永遠錯過了，你無法退回來。

宗教只是一個象徵。有一個人告訴我說：「在印度有五十萬個宗教門徒，這是非常不經濟的，這些人在做什麼呢？他們依靠別人的生產來生活，他們不應該被允許存在。」

在蘇聯，他們是不被允許存在的，一個宗教門徒都沒有，整個地方都變成好像是一個監獄，你不被允許成為沒有用的。在中國，他們殺掉佛教的和尚和比丘，有成千上萬這樣的人被殺死，他們摧毀了所有僧院，他們將整個國家都變成一個工廠，就好像人只有胃，就好像人可以只靠麵包過活。

但是人具有一個心，人有一個本性，它完全不是目的導向的，人想要毫無理由、毫無原因地享受；人想要成為喜樂的，不為什麼。

那個人問說：「你什麼時候要廢除這些印度的宗教門徒？」他非常反對我，他說：「你在增加門徒的數目，停止它，這些門徒有什麼用？」

他所提出來的問題似乎是切題的。如果他去到別的地方，如果他問其他的宗教領袖，他們一定會回答他說那些門徒是有用的，但是當我說他們根本就沒有用，他覺得心理很不平衡。

但生命本身是沒有用的。它的目的是什麼？你要走到哪裡去？那個結果是什麼？沒有目的，沒有結果，沒有目標。生命是一個經常的狂喜，一個片刻接著一個片刻，你都可以享受它，但是如果你開始想到結果，你就錯過了對它的享受，你的根就被拔起來了，你就不再在它裡面，你已經變成一個局外人，然後你就會要求意義和目的。

你是否曾經觀察過，當你很快樂的時候，你從來不問：「快樂的目的是什麼？」當你在愛的時候，你是否曾經問過：「這一切的目的是什麼？」當早上你看到太陽在升起，有一群小鳥像箭一般地飛過天空，你會問說「它的目的是什麼」嗎？一朵花在夜晚單獨開花，用它的芬芳充滿了整個夜晚，你會問說「它的目的是什麼」嗎？

沒有目的。目的是頭腦的一部分，而生命的存在是不用頭腦的，因此而有對於那個「沒有用的」的堅持。如果你過分去追尋那個有用的，你就無法拋棄頭腦。如果你在找尋用途和結果，你怎麼能夠拋棄頭腦？唯有當你了解到沒有目的，而且頭腦是不需要的，你才能夠拋棄頭腦。你可以將它擺在一旁，它是一件不需要的東西。當然，當你去到市場，你可以帶著它去；當你坐在店裡，你可以使用它，它是一個機械的設計，就好像電腦一樣。

現在科學家說：遲早我們將可以提供給每一個小孩一個他可以放在口袋裡的電腦，他不需要攜帶太多的算術在他的頭腦裡，他只要按一些按鈕，電腦就可以幫他做。你的頭腦是一個自然的電腦，為什麼要經常被它壓得透不過氣？當它不需要的時候，將它擺在一旁。但是你認為它是需要的，因為你必須做一些有用的事。是誰告訴你說什麼是有用的，什麼是沒有用的？頭腦經常在分類：這是有用的，做它；那是沒有用的，不要做它。頭腦是你的經理，頭腦代表有用的，靜心代表沒有用的。

從有用的移到沒有用的，使這個移動變成自發性的，變成自然的，而沒有奮鬥、沒有衝突。使它變得跟你進出你的房子一樣地自然。當需要頭腦的時候，以一個機械設計來使用它；當不必使用的時候，將它擺在一旁，忘掉它。然後成為沒有用的，做一些沒有用的事，你的生命將會被充實，你的生命將會在有用和沒有用之間取得一個很好的平衡，那個平衡超越了兩者，那是超越的——既不是有用的，也不是沒有用的。

莊子下結論說：「這表示那些沒有用的是絕對需要的。」

惠子說：「那麼那些本來有用的也就變得沒有用了。」

「他還能夠使用他所使用的地方多久？」

如果沒有那個沒有用的，甚至連那個有用的都無法存在。那個沒有用的是基礎。我要告訴你，你的頭腦不能沒有靜心而存在，如果你試圖去做那個不可能的，你將會發瘋，那就是發生在很多人身上的情況，他們都發瘋了。發瘋是什麼？發瘋就是努力拋掉靜心，只用頭腦去生活，沒有任何靜心。靜心是基礎，甚至連頭腦都不能沒有它而存在。如果你試著不要靜心，那麼頭腦將會發瘋，這太過分了，它是無法忍受的。一個瘋子是一個十足功利的人，他去嘗試那個不可能的，他試著不要靜心而生活，所以他會發瘋。

心理學家說，如果你三個星期不睡覺，你將會發瘋。為什麼呢？睡覺是沒有用的，為什麼如果你三個星期不睡覺，你就會發瘋？一個人三個月不吃東西還可以活，但是三個星期不睡覺就活不了了。三個星期是最極限，它不是對你而言，對你而言可能三天不睡覺你就會發瘋。如果那個沒有用的被拋棄，你就會發瘋。

瘋狂每天都在增加，因為靜心被認為是沒有價值的。你認為可以被定出價格的才是有價值的嗎？只有那個可以被買賣的才有價值嗎？只有可以在市場上出售的才有價值嗎？那麼你就錯了。那個沒有價格的才是最有價值的，那個不能夠被買賣的遠比所有那些能夠被買賣的都來得更有價值。

愛是性的基礎。如果你完全剝奪了人們的愛，性將會變得異常。靜心是頭腦的基礎，如果你拒絕靜心，頭腦將會發瘋。樂趣和遊戲是工作的基礎，如果你拒絕樂趣和遊戲，工作將會變成一個重擔，一個死的重量。

看那個沒有用的天空，你的房子或許是有用的，但是它存在於這個沒有用的廣大天空裡。如果你能夠感覺到這兩者，如果你能夠毫無困難地由一個走到另外一個，那麼完美的人就在你裡面首度誕生。

完美的人不知道什麼是內在，什麼是外在，兩者都是他的；完美的人不會去管說什麼是有用的，什麼是沒有用的，兩者都是他的翅膀；完美的人用他的兩隻翅膀在天上飛──頭腦和靜心兩隻翅膀，物質和意識，這個世界和彼岸，神和沒有神兩者。他是相反兩極一個更高的和諧。

莊子非常強調「無用」，因為你過分強調「有用」，否則那個強調是不需要的，它只是給你平衡。你太過於偏到左邊去了，你必須被拉回到右邊。

但是要記住：由於這個過分強調，你可能會再度走到另外一個極端，這種事發生在很多莊子的追隨者身上，他們變成沉溺在那個沒有用的，他們變成瘋狂追求那個沒有用的。他們太過於走向那個沒有用的，那並不是要點之所在，他們錯過了它。

莊子之所以強調這個只是因為你過分沉溺在那個有用的，所以他才強調那個沒有用的，但是我必須提醒你──因為頭腦可能會移到另外一個極端而保持一樣──真正的事是要超越。你必須達到一個點，在那個點上，你可以使用那個有用的，也可以使用那個沒有用的，你可以使用那個有目的的，也可以使用那個沒有目的的，那麼你就超越了兩者，它們兩者都能夠為你服務。

有一些人無法去除他們的頭腦，有一些人無法去除他們的靜心。記住，那是同樣的毛病：你無法去除某種東西。首先你無法去除頭腦，然後你總算可以駕馭它，現在你變得無法去除靜心，你再度從一個監獄跳進另外一個監獄。

一個真實而完美的人，一個道中之人，沒有執著，沒有沉溺，他可以很容易地由一極走到另外一極，因為他停留在中間，他使用兩隻翅膀。

莊子不應該被誤解，所以我才會說出這一點。他可能會被誤解，像莊子這樣的人是危險的，因為你可能會誤解他們。誤解的可能性比了解的可能性來得高。頭腦會說：「好，我受夠了這家店，也受夠了這個家庭，現在我要成為一個流浪漢。」這是誤解，你將會攜帶著同樣的頭腦，你將會沉溺在你的流浪，那麼你就無法再回到店裡來，回到市場來，或是回到家庭裡，那麼你將會害怕它。

同樣地，如果你沉溺於某種醫藥，它可能會變成一種新的疾病。所以醫生必須留意將你的病去除，但是不要讓你沉溺於那個醫藥，否則他就不是一個好醫生。首先你必須將病去除，然後你必須立刻將醫藥撇開，否則那個醫藥將會取代那個疾病，而你將永遠都會執著於它。

目拉·那斯魯丁在教他的小兒子，他今年七歲，看看要如何去接近一個女孩子，要如何邀她跳舞，要說什麼，不要說什麼，要如何說服她。

那個男孩走開，然後半個小時之後回來說：「現在教我如何甩掉她！」

那個也必須被學習，那是困難的部分。要邀請很容易，但是要甩掉很困難。你從你自己的經驗知道得很清楚：要邀請一個女孩是很容易的，要說服一個女孩是很容易的，但是要如何甩掉她？它變成一個難題。然後你變得什麼地方都不敢去，你完全忘掉吹口哨。

記住：那個沒有用的有它本身的吸引力。如果你被那個有用的煩透了，你或許會過分走到另外一個極端，你或許會失去你的平衡。

對我來講，門徒是一個很深的平衡，站在中間，免於所有的極端。他可以使用那個有用的，他也可以使用那個沒有用的，他可以使用那個有目的的，他也可以使用那個沒有目的的，而且仍然保持超越兩者，他不為它們所使用，他變成了主人。

第9章 手段與目的

漁網的目的就是要捕魚，當魚被捕到，漁網就被忘掉了。話語的目的是要傳達概念，當那個概念被抓到，話語就被忘掉了。我在哪裡可以找到一個忘掉話語的人？他就是我想要跟他講話的人。

原文：

荃者所以在魚，得魚而忘荃；蹄者所以在兔，得兔而忘蹄；言者所以在意，得意而忘言。吾安得夫忘言之人而與之言哉！

——《莊子》雜篇．外物

要忘掉話語很困難，它們黏住頭腦。很難把漁網丟掉，因為不僅有魚被網在裡面，那個捕魚的人也被網住了。這是最大的難題之一。用文字工作是在玩火，因為文字會變得很重要，以至於真正的意義反而喪失了。那個象徵符號變得很重要，以至於那個內容物完全喪失了；那個表面催眠了你，所以你就忘掉了中心。

這種事全世界都在發生。基督是內容物，基督教教義只是文字；佛陀是內容物，《法句經》只是文字；克里希那是內容物，《吉踏經》只不過是一個陷阱。但是《吉踏經》被記住，而克里希那卻被遺忘了，或者如果你記得克里希那，你之所以記得他只是因為《吉踏經》。如果你談論基督，那是因為教會、神學、《聖經》——因為那些文字。人們攜帶著網好幾世，而沒有了解到它只是一個網、一個陷阱。

佛陀以前常常提到一個故事：

有一些人跨過了一條河，那條河很危險，河水都溢出河岸，它一定是雨季，那隻船救了他們的生命。他們一定是非常非常聰明，因為他們想：「這隻船拯救了我們，現在我們怎麼可以將它留下來？這是我們的救命恩人，將它留下來太不懂得感激了！」所以他們就扛著那隻船入城。

有人問他們說：「你們在幹什麼？我們從來沒有看過任何人扛著一隻船。」

他們說：「現在我們畢生都必須扛著這隻船，因為這隻船拯救了我們，我們不能不感激它。」

那些看起來很聰明的人一定很笨。感謝那隻船，但是要將它留在那裡，不要扛著它。你一直都扛著各種類型的船在你的頭裡面——或許不是在你的頭上，而是在你的頭裡面。向內看，梯子、船、途徑、文字——這些就是你頭裡面的內容物，或是你頭腦裡面的內容物。

容器變得太重要了，工具變得太重要了，身體變得太重要了，然後你就變成一個瞎子。工具只是在給你訊息，接受那個訊息而忘掉那個工具；那個傳訊者只是在給你訊息，接受那個訊息而忘掉那個傳訊者。感謝他，但是不要將它攜帶在你的頭腦裡。

在穆罕默德的有生之年，他幾乎每天都一再一再地堅持：「我只是一個傳訊者，不要崇拜我，我只是從神性那邊帶來一個訊息，不要看我，只要看那個送訊息給你的神性。」但是回教徒忘掉了那個源頭，穆罕默德這個工具對他們來講變成重要的。

莊子說：

我在哪裡可以找到一個忘掉話語的人？他就是我想要跟他講話的人。

一個忘掉話語的人，值得跟他講話，因為在他裡面有最內在的本性，有存在的中心，他有來自彼岸的訊息，他的寧靜是有蘊涵的。你的談話是無能的。當你在談話的時候，你是在做什麼？你並沒有特別說出任何事情，你沒有訊息，沒有什麼東西被傳遞。你的話語是空的，它們並不包含任何東西，它們並不攜帶任何東西，它們只是象徵符號。當你在談話，你只是在將你的垃圾丟出去，它對你來講或許是一個很好的發洩，但是它對別人來講可能很危險。你怎麼能夠跟一個充滿話語的人講話？不可能。話語不會留給你空間，話語不會給你一個門或一個開口處，話語太多了，你無法穿透。

跟一個充滿話語的人講話幾乎不可能，他無法傾聽，因為要傾聽的話，一個人必須是寧靜的，要傾聽的話，一個人必須是具有接受性的。話語不允許那樣，話語是積極而帶有侵略性的，它們從來不是具有接受性的。你可以談話，但是你無法傾聽，如果你無法傾聽，你的談話是一個瘋子的談話，你一直談話，但是不知道為什麼而談，也不知道談的是什麼。你一直講，因為它能夠給你一種釋放。

在一次過癮的聊天之後你覺得很好，因為你的壓力得到了解除，你的談話是你緊張的一部分。它並不是來自你，它只是一個打擾，它只是一首歌，它沒有它本身的美。那就是為什麼每當你談話，你只是在煩別人，但是他為什麼要聽呢？他並沒有在聽，他只是在等著要來煩你，他只是在等待他可以主宰的片刻。

有一次一個大政客、一個領袖在演講，他一直講、一直講，時間已經快要到午夜了，所有的聽眾都漸漸離去，直到大廳裡只剩下一個人。那個領袖感謝他，然後說：「你似乎是唯一喜愛真理的人，是唯一真實的追隨者，我覺得很感激，當其他每一個人都離開了，你還在這裡。」

那個人說：「不要被騙了，我是下一個演講者。」

當你在聽，你之所以在聽是因為你是下一個演講者。你可以忍受那個人，這是一種交易。如果你想要煩別人，你必須也讓他們來煩你。事實上，當你說某一個人是一個令人厭煩的人，你的意思是說那個人不給你任何機會去成為下一個演講者。他一直不停地講，你無法找到空隙插嘴去煩對方，那個人看起來好像是一個令你厭煩的人，但是每一個充滿話語的人都是一個令人厭煩的人。

你什麼時候才會了解到這個？為什麼一個人會是一個令人厭煩的人？因為只有話語，沒有魚在裡面，只有漁網……沒有用的、沒有意義的、沒有內容。它就好像某種東西在沙沙作響，是一個噪音，不帶任何意義。每當有意義，那麼它是很美的；每當有意義，那麼你可以透過它而成長；每當有意義，當你碰到一個有意義的人，它能夠給你一個新的能量提升。它不是一個浪費，它是一個學習，它是一種經驗，要找到一個沉默的人很困難，那是很少有的。

如果你能夠找到一個沉默的人，然後說服他跟你講話，你將會得到很多，因為當頭腦不被話語所充滿，心會對心講話。當每一樣東西都是來自寧靜，當一句話是由寧靜所產生出來的，那是很美的，那是很活的，它能夠跟你分享一些東西；當一句話只是來自一大堆話，它是瘋的，它會使你發瘋。

有一個老師問一個五歲的小男孩說：「你妹妹已經開始學講話了嗎？」

那個男孩說：「是的，她已經開始學講話了，現在我們在教她如何保持安靜。」

這是一個痛苦，你必須教導話語，它是生活的一部分，然後你必須學習如何保持寧靜，如何成為無言的。大學、父母和老師，他們教你話語，然後你必須找到一個能夠教你如何保持沉默的師父。

有一個德國的學者去找拉瑪那・馬哈希(Raman Maharshi)說：「我來自很遠的地方要來跟你學習一些東西。」

拉瑪納笑了，他說：「那麼你來錯地方了。去到某一個大學，或是去找一個學者，或是偉大的博學家，在那些地方你可以學習。但是當你來到我這裡，你要知道，學習是不可能的，我們只教導脫掉學習。我可以教你如何脫掉學習，如何拋開話語，而在你裡面創造出一個空間，那個空間是神聖的，那個空間就是神。」

你在哪裡找尋？在文學裡嗎？在經典裡嗎？那麼總有一天你將會變成一個無神論者。一個博學家或是一個學者無法長期保持是一個有神論者，記住，關於《聖經》、《吉踏經》和《可蘭經》，不論他用什麼方法去知道，不論他知道什麼，一個學者總有一天會變成一個無神論者，因為那是蒐集文字的邏輯結論。遲早他將會問說：神在哪裡？沒有一本《聖經》能夠回答，沒有一本《吉踏經》能夠提供答案，相反地，當你的頭腦裡塞滿了太多的《聖經》、《吉踏經》和《可蘭經》，它將會使你錯過神性，因為你頭腦的整個空間都被填滿了……有太多的傢俱在你裡面，神無法移動。如果頭腦裡有太多的語言，神就無法跟你有任何接觸。那麼你就不可能去聽，而如果你無法聽，你怎麼能夠祈禱？不可能等待，話語太沒有耐性了，它們會從內在敲門，吵著要出來。

我聽說：

有一次在半夜三點鐘的時候，目拉．那斯魯丁打電話給酒保說：「酒吧什麼時候開門？」那個酒保說：「這並不是問這種事的時間，你是一個常客，那斯魯丁，你知道我們在早上九點鐘以前是不開門的。回去睡覺，等到九點。」

但是十分鐘之後，他又再度打電話說：「這事很緊急，告訴我酒吧什麼時候開門。」

酒保覺得很煩，他說：「你到底在搞什麼？我告訴過你不可能在九點之前，不要一直打電話給我。」

但是十分鐘之後，他又再度打電話，那個酒保說：「你瘋了嗎？你必須等到九點。」

那斯魯丁說：「你不了解，我被鎖在酒吧裡，我想要出來！」

如果你的頭腦背負了太多的文字、理論和經典，它們將會繼續敲門：讓開，我們想要出來！當頭腦想要出來，神就無法進入你。當頭腦想要出來，它就不為任何要進來的東西打開，它是封閉的，它是一個單向的交通，雙向交通是不可能的。

當你透過語言的外放而成為積極的，那麼就沒有什麼東西能夠穿透進入你裡面，愛沒有辦法進入你裡面，靜心沒有辦法進入你裡面，神也沒有辦法進入你裡面。一切美的事物都是透過向內走的過程而發生的。當你是寧靜的，沒有語言在你裡面敲門說要出來，當你在等待——在那個等待的片刻，美發生了、愛發生了、祈禱發生了、神發生了。但是如果一個人過分沉溺於文字，他將會錯過它的全部，到了最後，他將會蒐集很多文字、理論、邏輯和每一樣東西，但是沒有一樣東西是有價值的，因為那個內容物喪失了。

你有一個漁網，但是沒有魚在裡面，如果你真的抓到了魚，你就會立刻把漁網丟掉，為什麼要再麻煩？如果你真的使用過了那個梯子，你就會忘掉它。誰會再去想它呢？你已經超越了它，它已經被使用過了。

所以每當一個人真的知道，知識就被遺忘了，那就是我們所說的智慧。一個有智慧的人是一個能夠脫掉知識的人，他會拋棄所有那些非主要的。

莊子說：

我在哪裡可以找到一個忘掉話語的人？他就是我想要跟他講話的人。

他值得你跟他講話。說服他講話或許並不是那麼容易，但是只要接近他，只要坐在他的旁邊，就是一個融合，就是一個深層的溝通，兩個心將會互相融入對方。

為什麼要沉溺於文字呢？因為那個象徵符號似乎是真實的。如果它一再一再地被重複，透過重複，你會自動被催眠。繼續重複任何事情，你將會漸漸忘掉說你是不知道的，那個重複將會給你一種感覺說你知道。

如果你第一次去到寺廟，你去的時候是處於一種無知的狀態。這座寺廟是否真的包含什麼，或是神是否在那裡，它對你來講是假設性的，但是如果你每天都去，一再一再地，繼續重複那個儀式和那個祈禱，以及任何教士所說的，繼續做它，一天又一天地，一年又一年地，你將會忘掉一開始所存在的那個假設狀態的頭腦。隨著持續的重複，事情將會進入頭腦，你會開始覺得這是寺廟，神就住在這裡，這是神所住的地方，如此一來，你已經進入了表象的世界。

那就是為什麼每一種宗教都堅持說在很小的時候就要開始教他，因為一旦你錯過了孩提時代，就很難改變一個人，使他去信仰愚蠢的事情，非常困難。心理學家說：每一個人在七歲之前就應該被抓住。小孩子可以被制約成一個印度教教徒、一個回教徒、一個基督徒，或是任何東西，一個共產主義者、一個有神論者、或是一個無神論者，它都沒有任何差別——就是要在七歲之前抓住他。直到七歲為止，小孩子幾乎學習了他一生所學習的一切的百分之五十。

這百分之五十是非常有意義的，因為它變成了基礎。他將會學習很多事情，他將會創造出一個很大的知識架構，但是那個架構的一切將會是以他小時候所接受到的知識為基礎。在這個時候，在他七歲之前，小孩子沒有邏輯，沒有爭論的能力。他是信任的、探詢的，他是相信的，他無法不相信，因為他不知道什麼是相信，什麼是不相信。

當一個小孩被生下來，他沒有頭腦可以爭論，他不知道爭論是什麼。任何你所說的對他來講都好像是真實的，如果你重複說它，小孩子就被催眠了，所有的宗教就是這樣在剝削人類。小孩子必須被強迫去遵循一個模式，一旦那個模式已經深深地根入，那麼就沒有辦法了，即使到了後來那個小孩改變了他的宗教，也沒有很多東西會改變，相反地，他的基督教將會變成好像印度教，因為基礎的關係。

從前有一個食人族的部落在靠近亞馬遜河的地方，漸漸地，他們已經殺掉了他們同族裡面大多數的人，直到只剩下大約兩百人。他們互相殺死對方來吃，有一個傳教士到那裡去工作，那個部落的酋長說一口流利的英語，那個傳教士感到很驚訝，他說：「什麼！你的英文講得那麼好，而且還帶著完美的牛津腔，但你還是一個食人族？」

那個人說：「是的，我去過牛津大學，我在那裡學了很多，是的，我們還是食人族，但是現在我們已經開始使用刀叉，這是我從牛津那裡學來的。」

就這麼多的改變發生，不多。使一個印度教教徒改信基督教，他的基督教將會好像是印度教。改變一個基督徒去信奉印度教，他的內在深處將會保持是一個基督徒，因為你無法改變那個基礎。你無法使他再度成為一個小孩，你無法使他成為天真的，那個時機已經過去了。

如果這個地球要成為真正具有宗教性的，那麼我們就不要教導基督教、印度教、回教、或佛教，那是曾經被犯下的最大的罪惡之一。我們要教導祈禱，我們要教導靜心，但是沒有宗派。我們將不教導文字和信念，我們將教導生活方式，我們將教導快樂，我們將教導狂喜。我們將教導如何看樹木，如何跟樹木一起跳舞，如何變得更敏感，如何變得更活生生，以及如何享受神所給予的祝福，但不是文字、不是信念、不是哲學、也不是神學。不，我們將不會引導他們到教堂、到寺廟、或是到寺院去，因為這些地方是腐化的源頭，它們腐化了頭腦，我們將會讓小孩子去接近大自然，那才是真正的寺廟，那才是真正的教堂。

我們將會教小孩去看天上的浮雲，去看日出，以及去看晚上的月亮，我們將教他們如何去愛，我們將教他們不要製造障礙去反對愛、反對靜心和反對祈禱，我們將教導他們成為敞開的、成為具有接受性的，我們將不會關閉他們的頭腦。當然，我們將教導文字，但是同時我們將教導寧靜，因為一旦文字進入了基礎，寧靜就變得很困難。

你來到我這裡，你的難題是：在基礎的部分有文字，現在你試圖去靜心而成為寧靜的，但是那個基礎一直都存在。每當你是寧靜的，那個基礎就開始產生作用，所以當你去靜心的時候，你就會覺知到有太多的思想，甚至比你平常所感覺到的來得更多，為什麼呢？到底是怎麼一回事？當你很寧靜，你就向內走，你變得對內在那些一直在進行的荒謬的事更敏感。當你不處於靜心之中，你是外向的，你涉入了世界，你無法傾聽內在在進行的噪音。你的心神並不在那裡。

那個噪音一直都存在，但是你聽不到它，你被占據了。然而每當你閉起你的眼睛向內看，那個瘋人院就打開了，你可以看到，你可以聽到，你可以感覺到，然後你會變得害怕和恐懼，到底是怎麼一回事？你認為透過靜心你會變得更寧靜！但所發生的情形卻是相反！

在剛開始的時候，它一定會這樣發生，因為你被灌輸一個錯誤的基礎。整個社會、你的父母、你的老師、你的大學和你的文化給了你一個錯誤的基礎。你已經被腐化了，你的源頭被毒化了。那就是困難之所在——要如何使你解毒。它需要時間，最困難的事情之一就是去除所有你所知道的——解除你所學到的。

莊子說：

我在哪裡可以找到一個忘掉話語的人？他就是我想要跟他講話的人。

只有一個聖人才值得你跟他講話，只有一個聖人才值得你去聽他講話，只有一個聖人才值得你去跟他生活在一起。

一個聖人是什麼樣的一個人？一隻空船——裡面沒有話語，是沒有雲的空盪盪的天空。沒有聲音、沒有噪音、沒有一個發了瘋的人、在裡面沒有混亂、一個持續的和諧、平衡。他就好像他不存在一樣地在生活，他就好像他不在一樣。他行動，但是在他裡面沒有什麼東西在動。他談話，但內在是寧靜的，它從來沒有受打擾，他使用話語，但那些話語只是工具，透過那些話語，他是在傳達給你某種超出話語的東西，如果你抓住了那些話語，你將會錯過。

當你去聽一個聖人，不要聽他的話語，它們是次要的，它們是表面的，它們只是在外圍。要聽他，而不要聽他的話語。當那些話語傳到了你的耳朵，只要將它們擺在一旁，就好像橫越海洋的旅行者所做的，他會將船留在那裡而繼續走。你也要將船留在那裡而繼續走。如果你攜帶著那隻船，你是瘋的，這樣的話，你的整個生命都將會變成一個重擔，你會被那隻船壓得透不過氣。船並不是要被扛在頭上的。對它覺得感激，那是沒有問題的。但是將船扛在你的頭上，那就太過分了。

你扛了多少隻船在你的頭上？你的整個生命都因為那個重量而變得停滯了。你不能夠飛，你不能夠飄浮，因為你攜帶著一個死的重擔，不僅是從這一世而來的，而且還有很多世以來的重擔，你繼續蒐集所有那些沒有用的。為什麼會有這樣的事發生？一定有一個很深的原因，否則不會每一個人都這樣做。

它為什麼會這樣發生？首先，你認為文字是真相，你認為神這個字就是神，愛這個字就是愛，你認為文字是真實的。其實文字並不是真實的，你必須加以區別，一個很清楚的區別——文字並不是真實的。文字只是象徵、指示，它並不是那個真實的。一旦你掉進了那個陷阱而相信說文字是真實的，那麼當有人說「我愛你」，你將會有挫折。因為他說他愛你，你就相信說他愛你——對你來講，文字是真實的。

如果你無法看到那個無言的真相，你將會在你所有生命的路線上都有挫折，到處你都會有挫折，因為你會將文字視為真相。

有很多人來到我這裡說：「這個女孩愛我，這是她自己說的。」「這個男人以前愛我，而現在那個愛已經消失了。」他們兩者都是被文字所騙。

戴爾·卡內基建議說，即使你已經結婚二十年，你也不要忘記繼續使用那些你在向太太求婚時所使用的同樣語言。每天早上都重複你在求婚時同樣的語言，不要拋棄那些話語。每天都說：「沒有人像你一樣地存在，你是世界上最美的人，如果沒有你，我將會死掉。」戴爾·卡內基說，即使你並沒有感覺到它，你也要繼續說它，因為語言就是真相。太太將會被騙，先生將會被騙，因為我們只依靠語言在生活。

你不知道任何其他的東西，你不知道任何真實的東西，你怎麼能夠跟真相有接觸？當有人說：「我愛你。」——就這樣！當有人說：「我恨你。」——就這樣！將話語擺在一旁，然後看那個人。當有人說：「我愛你。」不要跟那個話語糾纏在一起，將它們擺在一旁，注意看那個人，注意看他或她的全部，那麼就沒有人能夠欺騙你。愛是如此的一團火，你將能夠看到它，你將能夠碰觸到它，你將能夠知道它是否存在。

愛不可能是隱藏的，如果它存在，事實上，語言是不需要的。當某人真的愛你，他將不會說：「我愛你。」那是不需要的。愛本身就足夠了，它不需要外交辭令，它不需要任何人來說服，它本身就足夠了，它是一團火，沒有什麼東西比愛更火辣辣的，它是一團火。當有一團火在黑暗中，你根本不需要對它說什麼？它就在那裡，不需要廣告，不需要宣傳。

試著將話語和真相分開。在你的日常生活當中，當有人說「我恨你」，不要相信那個話，它或許只是短暫的，它或許只是一個階段。不要相信話語，否則你將會成為生命的敵人。就好像你會因為話語而交朋友，你也會因為話語而製造敵人。不要相信話語，要洞察那個人，詳察他的眼睛，感覺他的整體，它或許只是一個短暫的反應。一百次裡面有九十九次，它只是短暫的。他覺得被什麼東西傷害了，他就反應說：「我恨你。」等一等，不要決定，不要說：「這是一個敵人。」如果你那樣說，你不僅是被別人的話語所欺騙，你也是被你自己的話語所欺騙。如果你說：「這是一個敵人。」現在這句話將會固定下來。即使他明天改變，你也沒有準備好，或是那麼願意去改變，你會將它攜帶在你裡面，然後透過你的堅持，你將會創造出一個敵人。你的敵人是假的，你的朋友也是假的，因為話語並不是真相。

話語只能夠做一件事：如果你繼續重複它們，它們將會給你真相的外表。希特勒在他的自傳裡面說：我知道真理和謊言之間只有一個差別，那就是：一個謊言被重複很多次之後就變成真理。這個現象是他透過經驗而得知的，他說他做過——他繼續重述謊言，一再一再地重述它們。

在剛開始的時候，它們看起來好像很愚蠢。他開始說，是因為猶太人的關係，所以德國人才會在第一次世界大戰被打敗，那是全然地荒謬。

有一次他在一個聚會裡面演講，他問說：「德國被打敗應該由誰來負責？」

有一個人站起來說：「騎自行車的人。」

希特勒感到很驚訝，他說：「什麼？為什麼？」

那個人說：「那麼為什麼是猶太人？」他是一個猶太人。為什麼是猶太人？

甚至當希特勒快要死的時候，德國再度被打敗，而且完全被摧毀，他也不相信那是因為史達林、邱吉爾和羅斯福。他不相信說他之所以被打敗是因為他的敵人比較優越，他的敵人比他更強而有力。他最後的認定仍然是一樣的：那是因為猶太人的陰謀，是因為有猶太人在背後操作，所以德國人才會被打敗。整個德國都相信他……德國人是世界上最聰明的民族之一，而他們居然都相信他！

但是聰明的人有可能是很愚蠢的，因為聰明的人一直都相信話語，那就是問題之所在。德國人、高度聰明的人、高度學者型的人，他們產生出最偉大的教授和哲學家，整個國家都很聰明。一個像希特勒這麼愚蠢的人怎麼能夠說服他們說他的論點是合乎邏輯的？

但是這種事能夠發生在那裡，因為一個有很多教授和很多知識分子的地方總是會沉溺於話語。如果你一而再，再而三地繼續重複一句話，繼續一再地灌輸，那些一再聽到的人會開始覺得那是真的。如果你繼續重複它們的話，真理可以由謊言製造出來。重複就是將謊言轉變成真理的方法，但是你能夠將謊言轉變成真理嗎？你只能夠改變它的表面。試試看，繼續重複某種東西，你就會開始相信它。真實的情況或許是你並沒有像你看起來那麼痛苦，但是因為你一直在重複說「我很痛苦、我很痛苦、我很痛苦」，所以當你重複那麼多次，你就會看起來很痛苦。

只要洞察你的痛苦，你是真的痛苦嗎？你真的是像你臉上所表現出來的那麼糟糕嗎？再想一下，你就會立刻覺得沒有那麼痛苦，因為沒有人能夠像你看起來那麼痛苦，那是不可能的，神不允許那樣！它是一種重複，它是一種自我催眠。

有一個法國的心理學家叫做愛彌爾・庫埃（Émile Coué），他常常在治療別人，他的方法就只是重複、建議和自我催眠。你可以去到他那裡說：「我有頭痛，一個經常性的頭痛，沒有一種醫藥能夠有所幫助，我已經嘗試了各種療法，甚至包括自然療法，但是沒有一樣能夠有所幫助。」

他一定會說，不需要治療，因為根本就沒有頭痛，你只是這樣去相信它。當你去找這個醫生又找那個醫生，所有這些都會幫助你去相信說：是的，頭痛是存在的，因為如果他們不相信你的頭痛，他們就沒有辦法生活了。醫生們不能夠說你沒有頭痛。當你去找醫生，即使你並沒有什麼不對勁，他也會找出一些毛病，醫生就是靠這個在生活的。

跟愛彌爾・庫埃談話會立刻對你有幫助，只是藉著跟他談話，幾乎有百分之五十的頭痛就會消失，不必使用任何醫藥。他會感覺到來到你臉上的放鬆表情，然後他就會知道那個詭計應驗了。然後他就會給你一個「處方」，你必須日夜重複地唸，每當你想起來，你就說：沒有頭痛。每天早上當你醒來的時候，你就必須重複說：「我每天都變得越來越好。」在兩、三個星期之內，頭痛就會消失。

然而真正的頭痛無法以那樣的方式消失。首先，那個頭痛是由話語所創造出來的；首先，你催眠你自己說你有一個頭痛，然後你解除掉你對你自己的催眠。真正的疾病無法消失，但是你的疾病有百分之九十是不真實的，你是透過話語將它們創造出來的。只是藉著創造出你沒有生病的感覺，愛彌爾・庫埃幫助了千千萬萬的人，梅斯梅爾(Mesmer)幫助了千千萬萬的人。它並不表示自我催眠能夠治療疾病，它只是表示你已經是一個很大的自我催眠者，你會創造疾病！你相信那些被你創造出來的病是真的。

醫生不能夠說你的疾病是心理的。如果有人說你的疾病是心理的，你會覺得不舒服，你會覺得很不好，然後立刻換醫生。每當醫生告訴你說你患了很大的病、很嚴重的病，你就覺得很好，因為像你這樣的一個人，那麼偉大，是一個顯赫的人物，一定會有大病！小病是為小人物的，一般的病是為一般人的。當你得了癌症、肺癆或是某種危險的病，你就覺得比較優越，你是某號人物，至少就疾病而言，你是不平凡的。

有一個醫生剛從學校畢業，回到了他的家鄉，他父親也是一個醫生，他因為一直工作又工作而覺得非常疲倦，所以他想去度個假，他說：「我至少需要三個星期的休息，我要到山上去，所以你可以接我的工作。」

當那個父親三個星期之後回來，他兒子說：「有一件事我要讓你驚喜一下，你一直幫她治療了很多年而治不好的那個小姐，我在三天之內就把她給治好了。」

那個父親打了他的頭說：「你這個傻瓜，那個小姐是你學費的來源，我希望說我所有的小孩都可以透過她來完成大學的學業。她的頭痛是不真實的，當我在山上的時候，我就在擔心，因為我忘記告訴你說不要去碰她。她非常有錢，她需要一個胃痛，而我一直在幫助她。好幾年以來，她一直都是我收入的來源。」

所有的疾病裡面有百分之九十是心理的，它們可以藉著咒語來治癒，它們可以藉著建議來治癒，它們可以被沙提亞賽巴巴（Satya Sai Baba）所治癒，因為一開始你就已經完成了一個真正的奇蹟將它們創造出來，現在任何人都可以治癒它們。

繼續重複一句話會創造出真相，但這個真相是幻象的。它是一個幻象，除非所有的話語都從你的頭腦消失，否則你無法達到真相。即使只有一句話也可能創造出幻象。話語是很大的力量，即使只有一句話在你的頭腦裡，你的頭腦也不是空的。任何你所看到的或感覺到的都是透過話語，而那個話語會改變真相。

你必須成為完全無語的、無思想的，你必須成為只是意識。

當你只是意識，那麼那隻船是空的，所以真相就會顯露給你，因為你並沒有在重複任何東西，或者你並沒有在想像任何東西，你並沒有在自我催眠你自己，唯有如此，那個真實的才會出現，才會顯露出來。

莊子說得對，他說：

> 我在哪裡可以找到一個忘掉話語的人？他就是我想要跟他講話的人。
>
> 漁網的目的就是要捕魚……

你已經完全忘掉了那個目的。你蒐集了很多漁網，而且經常在擔心它們——或許有人會偷了它們，或許它們會破掉或爛掉——以至於你完全忘掉了那個魚！

漁網的目的就是要捕魚，當魚被捕到，魚網就被忘掉了。

如果你無法忘掉漁網，它意味著魚還沒有被抓到。記住，如果你的心神經常執著於漁網，那表示魚還沒有被抓到，你已經完全忘掉了牠們，而變得跟那些漁網糾纏在一起，以至於你已經愛上了它們！

從前我有一個鄰居，他是一個教授，一個使用話語的人。他買了一部車子，他每天早上都在整理那部車子，因此它一直都保持好像擺在櫥窗裡面的狀態，他從來沒有把車子開到路上，我一直看著他這樣有好幾年，每天早上他都費了很多力氣在清潔它，並且打蠟。

有一次，我們剛好坐在同一個火車的車廂旅行，所以我問他說：「你的車子有什麼毛病嗎？你從來都沒有開出去過，它一直都停在你的私用車道上。」

他說：「不，我已經愛上它了，我非常愛它，所以我一直都在害怕說，如果我將它開出去，或許會出什麼差錯——一個意外或是一個刮傷，任何事都可能出錯，甚至只是去想它都覺得不能忍受。」

一部車子、一句話、或是一個漁網，它們是工具，而不是目的，你可能會愛上它們，然後你就永遠不使用它們。

我曾經待在一個人的家裡，那戶人家的小姐有三百條印度的大圍巾，但是她一直都只使用其中的兩條，剩下的她保存起來，要等到特別的場合才拿出來。那個特別的場合要什麼時候才會到來？就我所知道，我已經認識她有十五年了，那個特別的場合還沒有到來。它將不會到來，因為她每天都在變老，遲早她將會死掉，而那三百條大圍巾還會繼續活下去。

這到底是怎麼一回事？愛上了那些大圍巾嗎？你可能會愛上東西，但是卻很難愛上人。愛上東西非常容易，因為東西是死的，你可以操縱它們。大圍巾永遠都不會說：「戴上我們！我們想要出去到處看看。」車子永遠都不會說：「趕快把我開一開，我已經覺得很無聊了。」

對人來講就比較困難，他們會要求，他們會想要出去，他們有他們自己的欲望要被滿足。當你愛上一個人，總是會有衝突，所以那些「聰明」的人永遠不會去愛人，他們永遠都會去愛東西：一間房子、一部車子或是一件衣服。它們總是很容易，可以操縱，你一直都保持是主人，而對方永遠不會製造麻煩。或者，如果你愛上一個人，你會立刻試著去將它轉變成一樣東西、一樣死的東西。一個太太是一樣死的東西，一個先生是一樣死的東西，他們互相折磨對方。他們為什麼要互相折磨對方？這樣有什麼意義？透過折磨，他們使對方成為死的，因此對方就變成一樣東西，可以被操縱，那麼他們就不擔心。

有兩位女士在看著一個書店的櫥窗，其中一個告訴另外一個說：「看，那裡有一本書叫做《如何折磨你先生》。」

但是另外一個並沒有興趣，她甚至不看那本書一眼，她說：「我不需要它，我有我自己的一套系統。」

每一個人都有他自己一套折磨別人的系統，因為唯有透過折磨和破壞，一個人才能夠被改變成一樣東西。

有一次，目拉・那斯魯丁走進一家咖啡店，他看起來很生氣、很有侵略性、很危險的樣子，他說：「我聽說有人稱我太太為醜老太婆，那個傢伙是誰？」

有一個人站起來，一個非常高大強壯的巨人，他說：「是我說的，你要怎麼樣？」

看著那個人，那斯魯丁立刻鎮定下來，那個人很危險。他走到他面前說：「謝謝你，我也是這樣覺得，但是我無法湊足勇氣來這樣說，你幫我說了，你真勇敢。」

在一個關係裡面到底是怎麼樣？為什麼它總是會變得很醜陋？為什麼那麼不可能去愛？為什麼每一件事都被毒化了？因為頭腦總是很喜歡去操縱東西，因為東西從來不會反叛：它們總是很順從，它們從來不會不順從。一個人是活的，你無法預測他將會做什麼，而且你無法操縱……別人的自由會成為難題。

愛是那麼地困難，因為你無法允許別人自由存在。記住：如果你真正地愛，真正的愛只有當你允許別人全然的自由去成為他自己或她自己才可能。但是這樣的話，你就不能夠占有，這樣的話，你就不能夠預測，這樣的話，你就無法安全，那麼每一件事都必須一個片刻接著一個片刻去移動。然而頭腦想要計畫，想要成為安全而有保障的。

頭腦想要生命沿著一個軌道走，因為頭腦是你裡面最死的東西。它就好像你是一條河，而那條河的一部分是一座冰山。你的頭腦就好像那座冰山，它是你的凍結部分，它想要使你變得完全凍結，好讓你不會有恐懼。每當有新的東西，就會有恐懼，對舊有的東西就不會有恐懼。頭腦總是喜歡跟舊有的東西在一起。

那就是為什麼頭腦總是傳統的，它從來不會是革新的，從來沒有一個頭腦可以被稱為革新的，頭腦不可能是革新的。佛陀是革新的，莊子是革新的，因為他們沒有頭腦。列寧並不是革新的，史達林也絕對不是革新的，他們不可能是如此。用頭腦的話，你怎麼可能是革新的？頭腦總是傳統的，頭腦總是在遵循，因為頭腦是你裡面死的部分，這一點必須被了解。

在你裡面有很多死的部分必須被身體丟出。你的頭髮是死的，那就是為什麼你很容易就可以將它剪掉而沒有疼痛，也不會受傷。身體繼續將它們丟出，意識也必須將很多東西丟出，否則它們將會累積。頭腦就好像頭髮一樣，是死的部分。這是象徵性的，佛陀叫他的弟子剃頭，那是一個象徵，就好像你必須完全把頭髮剃掉，你也必須將內在的意識刮乾淨，你將頭腦完全由內在的意識剃掉。

頭髮和頭腦兩者都是死的，不要攜帶著它們，那是很美的！不要讓死的部分累積。頭腦是什麼？你過去的經驗、你的學習、一切以前曾經存在的。頭腦從來都不是現在，它怎麼可能是現在？頭腦無法存在於此時此地。

如果你只是看著我，頭腦在哪裡？如果你只是坐在這裡聽我講話，頭腦在哪裡？當你開始爭論，頭腦就介入了；當你開始判斷，頭腦就介入了。但是你要怎麼判斷？你將過去帶到現在，過去變成現在的判斷。你要怎麼爭論。你將過去帶出來作為一個爭論。當你將過去帶出來，頭腦就介入了。

頭腦是你死的部分，它是排泄物，就好像有便祕的人，他們非常受苦，同樣地，也有頭腦的便祕——累積排泄物，你從來不將它丟出去。在你的頭腦裡，東西只是被納入，而從來不被丟出。

靜心就是將頭腦丟出去，卸下你自己的擔子。排泄物不應該留在自己身上，否則你將會變得越來越遲鈍。那就是為什麼小孩子有一個新鮮的頭腦，因為它沒有累積。所以有時候小孩子能夠說出一些你們的哲學家所無法說出來的事。有時候他們能夠穿透真相，而你們那些有知識的人卻錯過了。小孩子非常非常具有穿透力，他們有一種清晰，他們的眼光很新鮮，他們的眼睛尚未塞滿雜質。一個聖人再度是一個小孩，他已經空掉了他的船，他的船上已經沒有任何貨物，排泄物已經被丟出，他是沒有便祕的，他的意識是一個流，它沒有凍結的部分。

漁網的目的就是要捕魚，當魚被捕到，漁網就被忘掉了。
話語的目的是要傳達概念，當那個概念被抓到，話語就被忘掉了。

如果你真的了解我，你將無法記住我所說的。你會抓住那個魚，而將漁網丟掉。你將會成為我所說的，但是你將不會記住我所說的。你將會透過它而被蛻變，但是你將不會透過它而成為一個更有學問的人。你將會透過它而變得更空、更不充滿，你將會在離開我的時候變得更新鮮，沒有任何負擔。

不要試著去蒐集我所說的話，因為任何你所蒐集的都將會是錯的。蒐集就是錯的，不要累積，不要用我的話語來填滿你的珠寶箱。話語是排泄物，它們是一文不值的，將它們全部都丟出去。然後那個意義就會出現，意義不需要被記住，它從來不會變成記憶的一部分，它會變成你整體的一部分。唯有當一件事是你記憶的一部分，只是屬於理智，你才必須去記住它。你從來不需要去記住發生在你身上的真實事件。如果它發生在你身上，它就在那裡——有記住的需要嗎？不要重複，因為重複會給你一個虛假的概念。

聽，但不是聽話語，就在話語的旁邊，有一些無言的東西在傳達給你。不要過分集中在話語上面，只要也往旁邊看一下，因為那個真實的事情就在那裡被傳遞出來。不要聽我所說的，要聽我！不僅我的話語在這裡，我也在這裡，一旦你聽我，那麼所有話語都將會被忘掉。

佛陀過世，他的弟子們都覺得很困擾，因為當他還活著的時候，他的話語都沒有被蒐集起來。他們完全忘了要去記錄他的話語，同時也沒有想到他會死得這麼快、這麼突然，弟子們從來沒有想到師父會這麼快就突然消失。

突然有一天，佛陀說：「我要走了。」已經沒有時間了，而他一直講了四十年。當他死後，他的話語要怎麼樣才能夠被蒐集起來？寶物一定會喪失，但是要怎麼辦呢？

摩訶迦葉沒有辦法重述佛陀的話語，那是很美的，他說：「我聽到他，但是我記不住他所說的，我非常融入他，所以它從來沒有變成我記憶的一部分，我不知道。」而他最後成道了！

舍利子和目犍連，所有那些成道的人都聳聳肩說：「很困難，他說了很多，但是我們記不住。」這些就是已經成就了的弟子。

然後他們去找阿南達（阿難），當佛陀在世的時候，他還沒有成道，佛陀過世之後，他才成道，他能夠記住每一件事。他一個字一個字地口授他在四十年裡面跟佛陀在一起時的說話內容。他一個字一個字地口授——他是一個沒有成道的人！它看起來好像很矛盾，那些已經成就了的人應該記住，而不是這個尚未到達彼岸的人應該記住，但是當彼岸被達到，此岸就被忘掉了。當一個人本身變成一個佛，誰會去管說要去記住佛陀說什麼？

漁網的目的就是要捕魚，當魚被捕到，漁網就被忘掉了。

佛陀的話語是漁網，摩訶迦葉抓到了魚，現在誰會去管那個漁網？船跑到哪裡去，誰管它？他已經跨過了那一條河。摩訶迦葉說：「我不知道這傢伙說了什麼，你不能依靠我，因為對我而言，很難去分辨說什麼是他說的，什麼是我說的。」

當然，它將會是如此，當摩訶迦葉本身也變成一個佛，那些話怎麼能夠被分辨？他們兩個人所說的話並不是「二」。但是阿南達說：「我將敘述他的話。」他很忠實地將佛陀的話講出來。人類受惠於阿南達這傢伙很多，而他還是無知的，他還沒有抓到魚，所以他記得漁網，他仍然想要抓魚，所以他必須帶著漁網。

話語的目的是要傳達概念，當那個概念被抓到，話語就被忘掉了。

記住這一點，將它當成生命的基本法則——那個沒有用的、那個沒有意義的、那個外圍的看起來很重要，因為你並沒有覺知到中心。這個世界看起來很重要，因為你並沒有覺知到神。當神被知道，世界就被忘掉了，它從來不可能是其他的情形。

人們試圖忘掉世界，好讓他們能夠知道神，它從來沒有發生，它也將永遠都不會發生。你可以繼續試著去忘掉世界，但是你做不到，你想要忘掉的每一個努力都將會變成一個持續的記住。唯有當神被知道，世界才會被忘掉。你可以繼續努力拋棄思想，但是除非意識被達成，否則你無法拋棄思想。思想是一個代替品。當魚還沒有被抓到，你怎麼能夠拋棄漁網？頭腦會說：「別傻了，魚在哪裡？」

當你還沒有了解到那個意義，你怎麼能夠拋棄話語？不要跟話語抗爭，要試著去抓到那個意義。不要試著去跟思想抗爭，那就是為什麼我一再一再地堅持，如果思想困擾你，不要跟它們抗爭，不要跟它們拼鬥。如果它們來臨，就讓它們來臨；如果它們走掉，就讓它們走掉，什麼事都不要做，只要成為漠不關心的，只要成為一個觀照者、一個旁觀者，不要顧慮，這就是目前你所能做的一切：不要顧慮。

不要說：「不要來。」不要邀請、不要拒絕、不要譴責、也不要賞識，只是保持漠不關心。看著它們，它們的來臨就好像雲在空中飄浮，然後它們會走掉，就好像雲消失一樣。讓它們來了又去，不要阻擋它們，不要去注意它們。如果你反對它們，那麼你就會開始去注意它們，然後你就會立刻受到打擾：「我的靜心喪失了。」並沒有什麼東西喪失，靜心是你固有的本性。並沒有什麼東西喪失。當雲來臨的時候，天空會喪失嗎？沒有什麼東西會喪失。

成為漠不關心的，不要被思想所困擾，這樣或那樣。遲早你將會感覺到，而且你將會了解到，它們的來和去都變得慢下來。遲早你將會看到，現在它們來了，但是並沒有那麼多，有時候那個交通會停止，路是空的。一個思想過去了，另外一個還沒有來，有一個空隙。在那個空隙當中，你將能夠知道你內在的天空，它以它全然的光輝存在著。如果有一個思想進入，就讓它進入，不要受打擾。

這就是你所能夠做的，也只有能夠做到這樣，其他不可能。要成為不專注的、漠不關心的、不顧慮的，只要保持是一個觀照，不要干涉，頭腦將會走掉，因為如果你是漠不關心的，那麼就沒有什麼東西可以被保存在裡面。

漠不關心是切斷那個根。不要覺得對它有敵意，因為那也是在支持它的存在。如果你必須記住朋友，那麼你更必須記住敵人。你可以忘掉朋友，但是你怎麼能夠忘掉敵人？你必須經常記住他們，因為你會害怕。

一般人士會受思想所打擾，宗教人士更受打擾，因為他們經常在抗爭。但是透過抗爭你會去注意，那個注意是一種滋養。如果你給予注意，每一樣東西都會成長，成長得很快，變得更有生命力，所以你只要成為漠不關心的。

佛陀使用「烏佩克夏」(upeksha)這個字，它意味著絕對的漠不關心，既不是這個，也不是那個，只是在中間。既不是友善，也不是敵意；既不是贊成，也不是反對，只是在中間。看起來好像你並不關心，好像那些思想不屬於你，好像它們是大世界的一部分。讓它們存在，然後有一天，突然地，當那個漠不關心變得很全然，意識就從外圍轉移到中心。

但它是無法預測的，同時也無法計畫，一個人必須繼續下功夫，然後等待。每當它發生，你就可以笑。那些思想之所以在那裡是因為你想要它們在那裡，那些思想之所以在那裡是因為你繼續餵養它們。那些思想仍然存在，因為那個魚還沒有被抓到，你怎麼能夠丟掉漁網？你必須攜帶著它。

在目拉·那斯魯丁的國家，國王在找尋一個智者。他那個年老的智者過世的時候說：「當你要代替我，找一個國內最謙虛的人，因為自我是反智慧的。謙虛才是智慧，所以，找到最謙虛的人。」

國王派出祕密的線民到全國各地去暗中找尋最謙虛的人，最後他們來到了那斯魯丁的村子。他已經聽到了那個智者過世的消息，所以他很努力去思考說一個智者必須具備什麼樣的條件。他讀過一些書，他知道在古代的傳說中說，最謙虛的人是最有智慧的人，所以他用邏輯推論並下結論說，那個老年人一定是叫他們去找最謙虛的人。

然後那個替國王找尋的人來。目拉．那斯魯丁非常富有，但是當他們看到他這個城裡最富有的人，他正帶著一個漁網從河邊回來。抓魚是城裡最謙卑的工作，所以他們想：「這個人似乎非常謙虛。」他們問目拉．那斯魯丁：「為什麼你帶著這個漁網？你已經那麼富有，根本不需要去捕魚。」

那斯魯丁說：「我是透過捕魚才變得這麼富有，我以一個漁夫作為我人生的開始，現在我變富有了，但是為了要對原來給了我那麼多的職業表示尊敬，我總是將這個漁網帶在我的肩膀上。」

一個真正謙虛的人。通常當一個窮人變富有，他會開始將他的整個過去都抹得一乾二淨，好讓沒有人知道他曾經是一個窮人。他會切斷顯示出他曾經是一個窮人的所有連繫，他會完全把過去拋掉，他會創造出一個新的過去，好像他是一個天生的貴族。但是這個人很謙虛，所以那個傳訊者通知國王說目拉．那斯魯丁是他們所看過最謙虛的人，因此他就被指派為智者。

就在他被指派的那一天，他把漁網丟掉了。那個推薦他的人問說：「那斯魯丁，你的漁網呢？」

他說：「當魚被捕到，漁網就被丟掉了。」

但是你不能夠在它之前拋掉，那是不可能的，你必須攜帶著它，但是要漠不關心地攜帶著它，不要執著，不要愛上它，因為有一天它必須被丟掉。如果你愛上它，那麼你或許永遠無法抓到那個魚，你將只會害怕說如果你抓到了魚，你就必須將漁網丟掉。

不要愛上頭腦。它必須被使用，它之所以存在是因為你還不知道「沒有頭腦」(no mind)，你還不知道你存在最內在的核心。那個外圍存在，你必須攜帶著它，但是要漠不關心地攜帶著它，不要變成它的犧牲品。

再一個故事：

從前有一個人，他在每年生日的時候都會到賽馬場去，他一整年所省下來的錢就是為了要在他生日的時候一次下注。好幾年以來，他每年都輸，但是生日一到，他又再度燃起希望！他每次回來都決定說永遠不要再去了，但一年是那麼長的時間！有幾天的時間他會記住，但是之後那個希望就又恢復了。他想：「誰知道，今年我或許就會發了，為什麼不再試一次？」

在他生日到來的時候，他又再度準備好要去賽馬場，那是他的五十歲生日，所以他想：

「我必須全心全力去嘗試。」

所以他就賣掉他所有的家當，聚集了一筆小財富，那是他一生所賺來的錢，那是他所擁有的一切，他說：「現在我必須決定看是要這樣還是要那樣，要不然就是我變成一個乞丐，要不然就是我變成一個國王，不要再停留在中間，我已經受夠了！」

他去到了賽馬場的窗口，看著那些馬的名字，他看到其中一匹馬的名字叫做希特勒，他想：「牠一定會跑得很好，如此的一個偉人，如此的一個勝利者，他威脅到整個世界，這匹馬一定很勇猛、很強壯。」所以他就將身上的錢全部賭下去，但是他輸了，就像所有那些押希特勒的人都輸掉一樣。現在他已經走投無路了，甚至連他的家都輸掉了，所以現在只剩下自殺一途。

他去到了一個懸崖，想要跳下去來結束一切，當他要跳的時候，他突然聽到有一個聲音，他分不出那個聲音到底是來自外在還是來自內在，那個聲音說：「停！下一次我將給你那個勝利者的名字，你再試一次，不要自殺！」

希望再度復甦，他回來。他那一年很認真工作，因為那將會是他畢生一直在等待的勝利。那個夢必須被滿足，他日夜勤奮地工作，賺了很多錢，然後帶著一顆顫抖的心，他去到了賽馬場的窗口等著。那個聲音說：「好，選擇邱吉爾這一匹馬。」沒有任何爭論，毫不考慮，完全沒有頭腦的介入，他將全部的錢都押下去，然後贏了，邱吉爾跑第一。

他再度回到窗口去等著，那個聲音說：「現在回到史達林。」他又全部押下去，史達林跑第一，現在他已經有了一大筆財富。

第三次他又去那邊等，那個聲音說：「沒有了。」

但是他說：「不要說話，我的手氣正好，我的福星高掛，現在沒有人能夠打敗我。」所以他就選了尼克森，而尼克森跑最後一名。

他所有的錢都輸得精光，他再度成為一個乞丐，站在那裡，他喃喃自語：「現在我要怎麼辦？」

那個內在的聲音說：「現在你可以去到那個懸崖，然後跳下去！」

當你要死的那幾個片刻裡，頭腦會停止，因為已經沒有什麼東西可以讓它來運作。頭腦是生命的一部分，它不是死亡的一部分，當前面已經沒有生命，頭腦就停止了，已經沒有工作可做，它立刻失業。當頭腦停止，內在的聲音就進來了，它一直都在那裡，但是因為頭腦創造出很多噪音，所以那個內在細小的聲音無法被聽到。

那個聲音並不是來自彼岸，並沒有一個人在彼岸，每一樣東西都是在內在。神並不是在天空，它是在你裡面。他即將要去死，那是頭腦所作的最後決定，但是當頭腦退休下來，因為現在已經不再有工作，突然間他聽到了聲音，這個聲音來自他最內在的核心，來自最內在核心的聲音總是對的。

然後有什麼樣的事發生？那個聲音應驗了兩次，但是之後頭腦再度進入，頭腦說：「不要聽那些胡說八道，福星正高掛在那裡，我們手氣正好。」

記住：每當你贏，你之所以贏是因為內在的聲音，但是頭腦總是會進來掌管。每當你覺得快樂，它總是來自內在，然後頭腦會立刻跳進來控制說：「它是因為我。」當你處於愛之中，愛變成好像死亡一樣，你覺得很喜樂，然後頭腦會立刻進來說：「好，這是我，這是因為我。」

每當你靜心，然後有一些瞥見，頭腦就會進來說：「要高興！看，我做到了。」然後那個連繫就立刻喪失。

記住：用頭腦的話，你將永遠都是失敗者，即使你是勝利的，你的勝利也只是失敗。用頭腦的話就沒有勝利；用「沒有頭腦」的話，就沒有失敗。

你必須將你的整個意識從頭腦轉變到沒有頭腦。一旦「沒有頭腦」存在，每一件事都是勝利的；一旦「沒有頭腦」存在，沒有一件事會走錯，沒有一件事能夠走錯。當沒有頭腦的時候，每一件事都完全按照它所應該是的那樣，一個人是滿足的，沒有一絲的不滿足存在，一個人完全自在。你之所以成為一個局外人是因為頭腦。

唯有當你變得漠不關心，這個轉變才可能，否則這個轉變永遠都不可能。即使你有了一些瞥見，那些瞥見也會喪失。你以前也曾經有過瞥見，不只是在祈禱和靜心當中，那些瞥見才發生，那些瞥見也發生在平常的生活裡。當你跟一個女人做愛的時候，頭腦停止了，那就是為什麼性有那麼大的吸引力，它是一種自然的狂喜。有一個片刻，突然間頭腦不存在了，你覺得很喜樂、很滿足，但只是一下子，頭腦會立刻介入而開始看看要如何得到更多，如何停留得更久一些。計畫、控制和操縱介入了，然後你就錯過了。

有時候莫名其妙地，你走在街上，在一棵樹下，突然間一道陽光射在你身上，一陣微風吻著你的臉，突然間，好像整個世界都改變了，然後有一下子，你變得很狂喜，到底發生了什麼？你在走路，沒有煩惱，沒有要到什麼地方去，只是在散步，一個晨間或晚間的散步，在那個放鬆的片刻，突然間，在你不知道的情況下，意識會從頭腦轉變到沒有頭腦，然後就會立刻有一個祝福，但是頭腦會介入說：「我必須得到更多像這樣的片刻。」然後你可以站在那裡好幾年、好幾世，但是它將永遠不會發生，因為頭腦的緣故，所以它永遠不會再發生。

在日常生活裡，不只是在廟裡，在店裡或辦公室裡也是一樣，那些片刻會出現——意識會從外圍跳到中心，但是頭腦會立刻再度控制，頭腦是一個大控制者。你或許是主人，但他是經理，而那個經理已經吸收了那麼多的控制和權力，所以他認為他就是主人，而真正的主人卻完全被忘記了。

要對頭腦漠不關心，每當有一些無言或寧靜的片刻來臨，如果頭腦介入，不要去幫助，也不要跟它合作，只要看，讓它說出任何它所說的，不要太注意它，它將會退回去。

在靜心當中，那樣的片刻每天都會發生在你身上，有很多人來到我這裡說：「它發生在第一天，但是自從那一次以後就沒有再發生了。」

為什麼它會發生在第一天？現在你更有準備，而在第一天，你並沒有那麼有準備。為什麼它會發生在第一天？它之所以發生在第一天是因為那個經理並沒有覺知到將會有什麼事發生，他無法計畫，隔天那個經理已經很清楚地知道要做什麼：快速呼吸，然後哭和尖叫，然後喊：「護！護！護！」現在那個經理已經知道，經理會去做它，然後那個片刻就不會發生，因為經理已經接管了。

記住：每當有一個喜樂的片刻發生，不要再要求它。不要要求它再重複，因為所有的重複都屬於頭腦，不要再要求它的出現，如果你要求，頭腦就會說：「我知道那個詭計，我將為你做它。」

當它發生，你要覺得高興和感激，然後忘掉它。魚已經被抓到了，將漁網忘掉。意義已經被抓到了，將話語忘掉。

最後一件事：每當靜心很完整，你將會忘掉靜心。唯有當你忘掉靜心，它才會達到滿足，那個頂點才會被達到。如此一來，你就是一天二十四小時都處於靜心之中，沒有什麼事要去做，它就在那裡，它是你，它是你的本性。

如果你能夠這樣做，那麼靜心會變成一個持續的流，而不是你必須去做的一種努力，因為所有的努力都屬於頭腦。

如果靜心變成你自然的生活、你自發性的生活、或是你的道，那麼我告訴你，某一天莊子將會抓住你，因為他問說：

我在哪裡可以找到一個忘掉話語的人？他就是我想要跟他講話的人。

他在找尋，我有看到他在這裡很多次，在你的周圍徘徊，只是在等待、又等待。如果你忘掉話語，他將會跟你講話。不只是莊子，克里希那、基督、老子和佛陀，他們都在找你，所有成道的人都在找尋沒有知識的人。但是他們不能講話，因為他們知道一種屬於寧靜的語言，而你知道一種屬於瘋狂的語言，它們無法引導你到任何地方去。他們在找尋，曾經存在過的諸佛都在找尋。每當你是寧靜的，你將會感覺到他們一直都在你的周圍。

據說每當門徒準備好，師父就會出現。每當你準備好，真理就會被傳遞給你，甚至連一個片刻的空隙都沒有。每當你準備好，它就會立刻發生，沒有時間差。

記住莊子，他隨時都可能會開始跟你講話，但是在他開始講話之前，你的講話必須先停止。

第10章 完整

真實的道中之人如何穿過牆壁而不會受到阻礙？如何站在火裡而不會被燒到？

並不是因為狡猾或勇敢，並不是因為他學習很多，而是因為他脫掉所學習的。

他的本性沉入到它在「一」裡面的根，他的活力和他的力量隱藏在奧祕的「道」裡面。

當他的全部是「一」，在他裡面就沒有裂縫可以讓一個楔子塞進去。

所以一個喝醉了酒的人從車上滾下來時會有瘀傷，但是不會骨折，他的骨頭跟別人的骨頭是一樣的，但他滾下來的方式是不一樣的。他的心神是全然的，他並沒有覺知到說他坐上了一輛馬車，連滾下來的時候也不知道。對他來講，生和死並不算什麼，他不知道警訊，他碰到障礙的時候沒有思想，也沒有顧慮，他去面對它們的時候也不知道它們的存在。

如果在酒裡面有這樣的安全，那麼在「道」裡面有比這個更多多少的安全？智者隱藏在「道」裡面，沒有什麼東西能夠碰觸到他。

原文：

子列子問關尹曰：「至人潛行不窒，蹈火不熱，行乎萬物之上而不慄。請問何以至於此？」關尹曰：「是純氣之守也，非知巧果敢之列。居！吾語女！凡有貌象聲色者，皆物也，物與物何以相遠？夫奚足以至乎先？是色而已。則物之造乎不形而止乎無所化，夫得是而窮之者，物焉得而止焉！彼將處乎不淫之度，而藏乎無端之紀，游乎萬物之所終始，壹其性，養其氣，合其德，以通乎物之所造。夫若是者，其天守全，其神無郤，物奚自入焉！夫醉者之墜車，雖疾不死。骨節與人同而犯害與人異，其神全也，乘亦不知也，墜亦不知也，死生驚懼不入乎其胸中，是故遻物而不慴。彼得全於酒而猶若是，而況得全於天乎！聖人藏於天，故莫之能傷也。」

——《莊子》外篇．達生

莊子說：

真實的道中之人如何穿過牆壁而不會受到阻礙？如何站在火裡而不會被燒到？

這是最基本和最奧祕的教導之一，平常我們透過狡猾、「聰明」和策略而生活，我們不像小孩子一樣天真地過活。我們計畫、我們保護，我們盡可能做出所有的安全防護措施，但是結果呢？到了最後是怎麼樣呢？所有的安全防護都被打破了，所有的狡猾都被證明是愚蠢的，到了最後，死亡會將我們帶走。

「道」說：你的狡猾無法幫助你，因為那是什麼呢？只不過是在跟整體抗爭。你是在對誰狡猾？對自然、對道、或是對神？你認為你在欺騙誰？你在欺騙那個你從那裡生出來的源頭，以及你到了最後將會去到那裡的源頭嗎？波浪試圖要欺騙海洋嗎？樹葉試圖要欺騙樹木嗎？雲試圖要欺騙天空嗎？你認為你想要騙誰？你在跟誰玩？

一旦它被了解了，一個人就會變成天真的，拋棄了他的狡猾和所有的策略，而只是接受。除了按照自然本來的樣子來接受它並且跟著它流動之外，沒有其他的方法，那麼就沒有抗拒，那麼他就好像一個小孩在深深的信任當中跟著他的父親走。

有一次，目拉·那斯魯丁的兒子回家，他說他信任一個朋友，而把他的玩具給他玩，但是現在那個朋友玩具不還給他。「我要怎麼辦？」他問。

目拉·那斯魯丁看著他，然後說：「爬到這個梯子上。」那個男孩照著他的話做，他信任他父親。當他爬到十英尺高時，那斯魯丁說：「現在跳進我的懷裡。」

那個男孩猶豫了一下，說：「如果我掉下去，我會受傷。」

那斯魯丁說：「有我在這裡，你不必擔心，儘管跳。」那個男孩就跳了下去，那斯魯丁站在旁邊，那個男孩跌倒在地上，開始哭。

然後那斯魯丁說：「現在你知道了，永遠不要相信任何人，甚至不要相信你父親所說的話，甚至不要相信你父親。」

不要相信任何人，否則你的一生都會被騙，這就是每一位父親、每一位母親、每一個學校，以及每一位老師所教你的。這是你所學習到的，不要相信任何人、不要信任，否則你將會被騙。你變得很狡猾，在「聰明」的名義之下，你變得很狡猾、不信任，一旦一個人變得不信任，他就喪失了跟源頭的連繫。

信任是唯一的橋樑，否則你的整個生命就都浪費掉了，你在打一個不可能的仗，在那個仗裡面，挫敗一定會發生，那是絕對確定的。最好是現在就了解它，因為在死亡的時候，每一個人都了解說它是一個挫敗，但是到了那個時候已經沒有辦法再做什麼了。

真正的聰明才智並不是狡猾，它是完全不同的，真正的聰明才智是洞察事情……每當你深入去洞察事情，你將會知道你只是一個波浪，這個整體是海洋，不需要去擔心。整體產生出你，它將會照顧你。你來自整體，它不是你的敵人，你不需要擔心，你不需要計畫。當你不擔心、不計畫，生命才首度開始，你首度感覺到免於煩惱，然後生命就發生在你身上。

這個聰明才智就是宗教，這個聰明才智給你更多的信任，到了最後是全然的信任。這個聰明才智引導你到最終的本性——接受，這也就是佛陀所說的「塔沙塔」(tathata)。佛陀說：不論發生什麼，它就發生了，其他沒有什麼事能夠發生，其他沒有什麼事是可能的，不要要求它要成為另外的情況，要處於放開來的狀態，讓整體來運作。當你讓整體來運作，你不是一個障礙，你不是一個抗拒，那麼你就無法被打敗。

在日本，透過佛陀、老子和莊子，有一種特別的藝術被發展出來，叫做「禪道」(Zendo)，禪道意味著劍術的禪，是武士的藝術，沒有人像他們那麼知道它，他們所發展出來的方式是至高無上的，它需要花上好幾年的時間，甚至一生的時間，來學習禪道，因為那個學習繫於接受。在日常生活當中你無法接受，那麼當一個戰士站在你的面前等著要殺你，你怎麼能夠接受？當那支劍被舉起來反對你，每一個片刻死亡都隨時可能發生，你怎麼能夠接受？

「禪道」的藝術說，如果你能夠接受那支劍和那個敵人——那個想要殺你的人，在你裡面沒有不信任，如果甚至連敵人都是一個朋友，你並不害怕、也不顫抖，那麼你就變成一個能量柱，是攻不破的。那支劍會在你身上被摧毀，但是你不可能被摧毀。你甚至沒有任何可能性可以被摧毀。

從前有一個偉大的禪道師父，他已經八十歲了，在傳統上，那個可以打敗他的門徒就可以繼承他的位子，因此所有的門徒都希望有一天他可以接受他們的挑戰，因為現在他已經變老了。

有一個門徒非常「聰明」，是最好的策略家，很有力量，但不是一個禪道的師父，只是技術很好。雖然他是一個很好的武士，他知道武士道的種種事情，但他還不是一個能量柱，當他在跟別人比武的時候，他還是會害怕，「塔沙塔」尚未發生在他身上。

他一再一再地去到師父那裡說：「現在時機已經到了，你已經變老了，不久你將會變得太老而根本無法接受挑戰，我現在就挑戰你，請接受我的挑戰，師父，給我一個機會表現我從你那裡所學來的。」師父笑一笑就避開他。

那個門徒開始認為師父已經變老了，而且很虛弱，因此他害怕，想要逃避那個挑戰，所以有一天晚上他一再地堅持，而且生氣地說：「除非你接受我的挑戰，否則我不離開，明天早上你必須接受。你已經變老了，不久就沒有機會讓我表現從你那裡所學來的東西，而這一直都是一個傳統。」

師父說：「如果你堅持，你那個堅持就表示你還沒有準備好，在你裡面還有太多的興奮，你的自我想要挑戰，你還沒有變成有能力的，但是如果你堅持，那也可以。你去做一件事，去到附近的僧院，在那裡有一個和尚，他是我十年前的門徒，他已經非常熟悉禪道，所以他已經把他的劍丟掉而成為一個門徒。他是我當然的繼承人，他從來沒有來挑戰我，他是唯一能夠挑戰我，甚至能夠打敗我的人，所以你先去挑戰那個和尚，如果你能夠打敗他，那麼才來找我；如果你無法打敗他，那麼你就放棄那個想法。」

那個門徒立刻出發到那個僧院去，隔天早上他就到了。他挑戰了那個和尚，他簡直無法相信這個和尚會是一個禪道的師父，他又瘦又單薄，一直在靜心，每天只吃一餐，那個和尚聽到他的話之後笑了，他說：「你來向我挑戰嗎？甚至連你的師父都不敢向我挑戰，甚至連他都怕我。」

聽到了這些話，那個門徒簡直瘋掉了！他說：「馬上給我站起來！這裡有一把劍，是我帶來給你的，因為我知道你是一個和尚，可能沒有劍。我們到花園去！你的話太侮辱了，我不想聽。」

那個和尚看起來完全不受打擾，他說：「你只是一個小孩，你不是一個武士，你將會立刻被殺掉，你為什麼要不必要地來尋死？」

這些話使他變得更生氣，所以他們兩個人都到外面去，那個和尚說：「我不需要劍，因為一個真正的師父從來不需要它，我不要攻擊你，我只是給你一個機會來攻擊我，好讓你的劍斷掉。你不是我的對手，你是一個小孩，如果我用劍來對付你，別人會笑我。」

這簡直太過分了！那個年輕人跳了起來，然後他看到那個和尚也站了起來。到現在為止，那個和尚一直都坐著，現在他站了起來，閉起他的眼睛，開始擺動，突然間那個年輕人看到那個和尚消失了，只有一個能量柱，沒有臉，只是一個堅實的能量柱，在擺動。他變得害怕而開始撤退，那個能量柱開始移向他，仍然在擺動著，他丟下了他的劍，高聲尖叫說：「救命啊！」

那個和尚再度坐下來開始笑，他的臉回來了，那個能量消失了，他說：「我告訴過你，甚至連你的師父都不是我的對手，去告訴他。」

流著汗、顫抖、緊張，那個門徒回到他師父那裡說：「我非常感激你對我的慈悲，我不是你的對手，甚至連那個和尚都可以把我完全摧毀，但是有一件事我無法忍受，那就是為什麼我會那麼生氣，他竟然說：『甚至連你的師父都不是我的對手。』」

師父開始笑，他說：「所以那傢伙也在你身上耍了那個詭計，而你生氣了，是嗎？然後他就可以看穿你，因為憤怒是你存在的一個洞。那已經變成了他的基本詭計。每當我派一個人去到他那裡，他就開始講一些話來反對我，當然我的門徒會變得生氣，當他們生氣，他就會找出他們的漏洞，當你有漏洞，你就無法戰鬥。」

每當你生氣，你的存在就有漏洞；每當你開始欲求，你的存在就有漏洞。每當你嫉妒、充滿了恨和性，你就不是一個能量柱，因此諸佛都教導我們要成為沒有欲望的，因為每當你是沒有欲望的，能量就不會向外流，能量就會向內走，它變成一個內在的圓圈，它變成一個電場，一個生物電場。當那個場存在，沒有任何漏出，你就是一根柱子，你無法被打敗。但是你並沒有在想勝利，這一點要記住，因為如果你想要勝利，你就無法成為一個能量柱，那個欲望會變成一個漏出。

你是虛弱的，並不是因為別人很強壯，你之所以虛弱是因為你充滿了很多欲望。你被打敗，並不是因為別人比較狡猾或比較聰明，你之所以被打敗是因為你有很多能量的漏出。

「塔沙塔」——接受、全然的接受——意味著沒有欲望。欲望的產生是由於不接受。你無法接受某種情況，所以才會有欲望產生。你住在茅屋裡，但是你不能接受它，這對自我來講太過分了，你想要一個皇宮，那麼你就是一個窮人，但那並不是因為你住在茅屋裡，不是這樣。有很多國王住在茅屋裡。佛陀住在一棵樹下，但他不是一個窮人，你無法在任何地方找到一個比他更富有的人。

不，你的茅屋並不會使你貧窮。當你欲求皇宮，你就是一個窮人。你並不會因為別人住在皇宮而貧窮，你的貧窮是因為那個想住在皇宮的欲望創造出一個跟茅屋的比較，你變成嫉妒的，因此你是貧窮的。

每當有不滿足，就有貧窮，當沒有不滿足，你就是富有的。你擁有很多財富，那是小偷無法偷走的；你擁有很多財富，那是政府課不到稅的；你擁有很多財富，那是別人無法以任何方式從你身上帶走的，你有一個本性的堡壘，那是攻不破、穿不透的。

一旦有一個欲望在移動，你的能量就開始下降，你就會因為欲望而變得很虛弱，你因為渴望而變得虛弱。每當你不渴望，你是滿足的，每當沒有什麼東西在移動，當你的整個存在都是靜止的，那麼，莊子說，你就是一個穿不透的堡壘，火燒不到你，死亡是不可能的。那就是「火燒不到你，死亡是不可能的，你不可能死」的意思，你已經得到了永恆生命的祕密鑰匙。

有時候這樣的事也會發生在平常的情況。一個房子失火了，每一個人都死掉，只有一個小孩還活著；有一個意外事件，老年人都死了，只有小孩活著，人們說這是一項奇蹟，這是神的恩典。不，事情並不是那樣，那是因為小孩也接受了那個情況。那些狡猾的人會開始跑，試圖要拯救他們自己，他們使他們自己陷入麻煩。那個小孩在那裡安息，他甚至沒有覺知到有什麼事發生，而他將會死。小孩因為他的天真而被拯救。

這種事每天都在發生。晚上到酒吧附近去看看，醉漢倒在街上，躺在排水溝裡，人還挺高興的，到了早上，他會醒來，他們或許會有一些瘀傷，但是卻沒有傷及身體，他們的骨頭還是好好的，沒有骨折。

如果你學醉漢的方式倒在地上，你會立刻骨折，而他每天都在跌倒，每個晚上都在跌倒，跌了很多次也沒怎樣。這到底是怎麼一回事？那個祕密是什麼？當他喝醉酒的時候，他是沒有欲望的，他非常放鬆，完全在此時此地。當他喝醉酒的時候，他並不害怕，沒有恐懼，當沒有恐懼，就沒有狡猾。

狡猾來自恐懼。所以一個人越恐懼，他就越狡猾。一個勇敢的人並不狡猾，他可以依靠他的勇敢，但是一個恐懼的人或是一個懦夫只能依靠他的狡猾。一個人越自卑，他就越狡猾；一個人越優越，他就越天真，狡猾是一種代替品。當一個人喝醉酒，完全醉了，那麼對他而言，未來消失了，過去也消失了。

有一次，目拉・那斯魯丁跟他的太太走在一起，他喝得爛醉，她發現他躺在街上，她正要把他帶回家裡去，當然，跟平常一樣，她會爭辯，所有的爭辯她都會贏，因為就只有她一個人，目拉・那斯魯丁的心神並不在那裡，他只是跟她在一起。

然後他突然看到一隻發了瘋的公牛在向他們靠近，已經沒有時間警告那斯魯丁，所以她就跳進一個樹叢，那隻公牛跑過來，將目拉．那斯魯丁向空中舉起幾乎有五十英尺高，他掉進了一個排水溝，當他爬出排水溝，他看著她太太說：「如果你再這樣對我，我真的會發脾氣，這太過分了！」

當一個人喝醉酒的時候，一般的酒就能夠給予那麼多的力量，那麼那個絕對喝醉的「道」是怎麼樣？最偉大的醉漢——克里希那或佛陀——他們是那麼地醉在神性裡，甚至連一絲的自我都沒有留下來，他們怎麼樣呢？你無法傷害他們，因為他們並不在那裡，你無法侮辱他們，因為沒有一個人會在那裡抗拒那個侮辱而產生一個創傷。你的侮辱將會通過他們，就好像在通過一個空的房子，他們的船是空的，一陣微風進來，毫無阻礙地通過。當微風走掉，那個房子甚至沒有覺知到微風曾經到過那裡。

酒的吸引力其實是因為你非常自我主義，它把你壓得透不過氣，所以有時候你想要忘掉它，所以世界必須遵循酒精或道，這是兩種選擇，只有一個宗教人士，一個真正具有宗教性的人，才能夠超越酒精、大麻、迷幻藥，以及各種藥物。只有宗教人士能夠超越它們，否則你怎麼能夠超越它們？自我非常受不了，那個擔子太沉重了，它經常壓在你的頭上，因此你必須試著去忘掉你自己。

但是如果酒就已經有這麼好的功用，你無法想像神性的酒的功用能有多少。酒能夠做什麼？在一段時間內，透過頭腦裡或身體裡的化學改變，你可以忘掉你自己，但這是短暫的。在內在深處，你仍然在那裡，幾個小時之後，當那個化學效應消失，你的身體已經將酒精丟出，自我就會再度主張它自己。

但是有一種酒，我要告訴你——神就是那種酒，你也可以稱之為「道」，或者你要怎麼樣稱呼它都可以。一旦你嘗到了它，自我就永遠消失了，從來不曾有人從那種酒醉回來。

那就是為什麼蘇菲宗派的人總是談到酒和女人。他們的女人並不是你所知道的女人，他們的女人是指神。他們的酒也不是你所知道的酒，他們的酒是指神。奧瑪．開儼（Omar Khayyám）一直被誤解，大大地被誤解，因為費茲古拉德（Fitzgerald）的關係，所以他在全世界都被誤解了。奧瑪．開儼所寫的《魯拜集》（*The Rubaiyat*）似乎是在寫一些讚美酒和女人的事，但它根本不是如此。奧瑪．開儼是一個蘇菲宗派的神祕家，他是在談論那個透過「道」而來的酒，他是在談論那個你永遠永遠都可以消失在它裡面的酒，這個酒精飲料，這個神聖的酒精飲料並不是短暫的，它是非短暫的，它不是瞬間的，它是永恆的。

蘇菲宗派的人將神講成女人，那個擁抱是永恆的，它是最終的，那麼就沒有分開。如果你能夠了解這個，那麼你是聰明的，但並不是透過你的策略、狡猾、算術和你的邏輯。

如果你能夠的話，深入去洞察存在，你來自哪裡？你要去到哪裡？你在跟誰抗爭，為什麼？這些你在抗爭當中所喪失的同樣片刻可以變成狂喜的。現在讓我們來看這段經文：完整。

你把你自己想成個人，你是錯的，只有整體存在。這個「我認為我存在」的表象是虛假的，這是世界上最虛假的東西。因為有了這個「我存在」，所以就會有抗爭產生。如果我存在，那麼這個整體似乎是敵意的，那麼每一樣東西似乎都在反對我。

並沒有任何東西在反對你，它不可能如此！這些樹木幫助了你，這個天空幫助了你，這個水幫助了你，這個地球創造出你，那麼自然就是你的母親，母親怎麼可能反對你？你來自她，但是你認為我是一個人，然後那個抗爭就產生了，它是單向的。你開始抗爭，然後自然就繼續笑，神就繼續享受。甚至連在一個小孩裡面，他一開始感覺到我，那個抗爭就產生了。

在一個超級市場裡，一個小孩堅持要一個玩具，母親很堅決地說：「不，我不要買，你已經有太多玩具了。」

那個小孩很生氣地說：「媽，我從來沒有看過一個比你更卑鄙的女人，你是最卑鄙的。」

母親看著那個小孩的臉，以及他臉上的憤怒，她說：「只要等一下，你就會碰到一個真正卑鄙的女人，只要等一下！」

在一個人家，母親堅持說小孩必須作他的家庭作業。他並沒有在聽，而繼續玩他的玩具，所以她說：「你到底有沒有在聽我的話？」

那個小孩抬起頭說：「你認為我是誰？是爸爸嗎？」

還只是一個小孩，那個抗爭就開始了——自我已經產生了。他知道爸爸可以被管得死死的，但是他可不行。當小孩子感覺到他是分開的，那個自然的一體就被打破了，然後他的整個人生就變成一個奮鬥和抗爭。

西方的心理學堅持說自我必須被增強，那就是東方的態度和西方的態度之間的不同。西方的心理學堅持說自我必須被增強，小孩必須有一個很強的自我，他必須奮鬥、抗爭，唯有如此，他才會成熟。

小孩子在母親的子宮裡，他跟母親成為一體，他甚至沒有覺知到他的存在——他存在，但是沒有任何意識。在一個很深的意義上，所有的意識都是疾病。他並不是無意識的，他是有覺知的。他的本性存在，但是沒有任何自我意識。「存在」就在那裡，但是那個「我」還沒有誕生。那個小孩會感覺、會活著，他是完全活生生的，但是從來沒有感覺到他是分開的。母親跟小孩是一體的。

然後小孩被生下來，第一個分開發生了，同時他也第一次哭。現在他開始會動，那個波浪從海洋移開。西方的心理學家說：我們將訓練小孩成為獨立的，成為個人。容格的心理學被認為是個人化的方式。他必須變成一個個人，完全分開。他必須抗爭，那就是為什麼西方的年輕一代有那麼多的叛逆。這個叛逆並不是由年輕的一代所創造出來的，這個叛逆是被佛洛依德、容格、阿德勒、以及他們那些人所創造出來的，他們給了那個基礎。

抗爭將會給你一個較強的自我，它將會使你成形，所以要跟母親抗爭，跟父親抗爭，跟老師抗爭，跟社會抗爭，生命是一個奮鬥。當達爾文說適者生存時，他就開始了那個趨勢，生命意味著適者生存，所以你的自我越強，你就有越多的機會可以生存。

西方透過政治來生活，東方有一個完全不同的態度……「道」是他們的核心，那是東方意識最主要的部分。它說：沒有個體性、沒有自我、沒有抗爭，跟母親成為一體，沒有敵人，問題不在於征服。

甚至連一個像羅素這麼博學多聞、這麼具有穿透力、這麼邏輯的人也以征服來思考——征服自然。科學似乎是一種跟自然的奮鬥和抗爭：如何打破那個鎖，如何打破那個奧祕，如何從自然抓取奧祕。

東方的意識是完全不同的，東方的意識說：自我是問題之所在，不要使它變得更強，不要製造出任何抗爭，並不是適者生存，而是最謙虛的人可以生存。

那就是為什麼我一再一再地堅持說耶穌來自東方，那就是為什麼他在西方無法被了解。

西方誤解了他，但是東方可以了解他，因為東方知道老子、莊子和佛陀，而耶穌屬於他們。他說：那些最後的人在我神的王國裡將會是第一的。那個最謙虛的、最溫順的將會占有神的王國。心靈的貧窮是目標。心靈的貧窮是什麼？就是空船，就是那個他根本就不存在的——不宣稱任何事情，不占有任何東西，沒有自我，他以一個「不在」生活著。

「自然」會給出她的奧祕，不需要去抓，不需要去殺，不需要去打破那個鎖。愛自然，自然就會給你她的奧祕。愛就是那個鑰匙，征服是荒謬的。

所以，發生在西方的情形是怎麼樣？這個征服已經摧毀了整個自然，所以現在開始叫喊著要重視環保，要如何恢復那個平衡。我們已經完全摧毀了自然，因為我們已經打破了所有的鎖，我們已經摧毀了整個平衡，現在透過那個不平衡，人類遲早將會死掉。

現在莊子可以被了解，因為他說：不要跟自然抗爭。要處於很深的愛之中，變成跟自然合一，透過愛，從心到心，那個奧祕就會顯露給你，而那個奧祕就是：你並不是個人，你是整體，為什麼要滿足於只是一個部分？為什麼不成為整體？為什麼不擁有整個宇宙？為什麼要占有小東西？

拉瑪替爾沙(Ramateertha)曾經說過：「當我閉起我的眼睛，我看到星星在我裡面移動，太陽在我裡面升起，月亮在我裡面升起，我看到了海洋和天空，我就是那個廣大的，我就是整個宇宙。」

當他首度去到西方開始講這些事情，人們認為他已經發瘋了，有人問他說：「是誰創造了這個世界？」

他說：「是我，它在我裡面。」

這個「我」並不是「自我」，並不是個人，這個「我」是宇宙，是神。他看起來很瘋狂，他的宣稱聽起來太過分了，但是你去洞察他的眼睛，在那裡面沒有自我，他並沒有在主張任何事情，他只是在陳述一個事實。

你是世界！為什麼要成為一部分，為什麼要成為只是一小部分。當你可以成為整體，為什麼要不必要地製造麻煩？

這些經文關係到整體。不要成為個人，要成為整體，不要成為自我。當你可以成為神性，為什麼要滿足於這麼小、這麼微小、這麼醜陋的東西？

真實的道中之人如何穿過牆壁而不會受到阻礙？如何站在火裡而不會被燒到？

有人問莊子說：「我們聽說一個道中之人可以穿過牆壁而不會受到阻礙，為什麼？」如果你在你自己裡面沒有障礙，那麼就沒有障礙能夠阻礙你，這是一個通則。如果在你裡面、在你的內心沒有抗拒，那麼整個世界都會為你敞開，沒有抗拒。世界只是一個反映，它是一面很大的鏡子，如果你有抗拒，那麼整個世界都會有抗拒。

從前有一個國王蓋了一座很大的皇宮，裡面安裝了無數面的鏡子，所有的牆壁都裝上了鏡子。有一隻狗走進了那個皇宮，牠看到有無數隻狗圍繞在牠的周圍，所以這隻非常聰明的狗就開始吠。來保護牠自己，抗拒周圍那些狗的威脅。牠的生命處於危險之中，牠一定變得很緊張，牠開始吠。當牠開始吠，周圍那千千萬萬隻狗也開始吠。

到了早上，那隻狗被發現已經死掉，牠只是單獨在那裡，那裡只有鏡子，沒有人跟牠戰鬥，但是牠在鏡子裡面看到牠自己而變得害怕，當牠開始爭鬥，那些鏡子的映象也開始爭鬥，牠只是單獨在那裡，但是在牠的周圍有無數隻狗，你能夠想像牠那天晚上所經歷的那個地獄嗎？

目前你就是生活在那個地獄裡，有無數隻狗在你的周圍對你吠。在每一面鏡子裡，在每一個關係裡，你都看到了敵人。一個道中之人能夠穿過牆壁，但是他的心中沒有牆壁。一個道中之人在任何地方都沒有敵人，因為他的內在並不是敵人。一個道中之人會發現所有的鏡子都是空的，所有的船都是空的，因為他自己的船是空的。當他被照鏡子，他沒有他自己的臉，所以你怎麼能夠照到他，你怎麼能夠反映出一個道中之人？所有的鏡子都變成靜止的。一個道中之人經過，沒有留下任何足跡，沒有留下任何痕跡，所有的鏡子都保持靜止，沒有什麼東西能夠反映出他，因為他不在那裡，他不在。

當自我消失，你就不在了，那麼你就是完整的，當自我存在，那麼你就在，而你只不過是一個極其微小的部分，你的存在非常醜陋。部分永遠都是醜陋的，那就是為什麼我們必須以很多方式來試著使它變美，但是一個帶著自我的人不可能是美的。美只發生在那些沒有自我的人身上，那麼那個美具有一種未知的東西在它裡面，具有一種無法衡量的東西在它裡面。

記住：醜是可以被衡量的，它有一個限度。美，所謂的美，也可以被衡量，它是有限度的，但真正的美是無法被衡量的，它沒有限度，它是神祕的，它是一直持續下去的。你無法跟一個佛了結，你可以進入他，但是你將永遠出不來，那是無止境的！他的美是無止境的。

但是自我一直試圖要成為美的，你多少總是記得整體的美，你多少總是記得子宮的寧靜，在你的內在深處，你多多少少知道跟存在成為一、跟存在結合、跟存在合一的喜樂，因為那樣，所以會有很多欲望產生。你知道成為一個神的美，但是你必須像乞丐一樣地生活，所以你會怎麼做？你會去製造出各種臉，你會去畫出你自己，但是在內在深處，那個醜仍然存在，因為所有那些畫出來的都只不過是人工畫。

從前有一次，一個女人走在海邊的沙灘上，她發現了一個瓶子，將它打開，有一個神仙跑出來，就好像所有那些真正的神仙一樣，這個神仙說：「你打破了我的監獄，你釋放了我，所以現在你可以要求任何東西，我將會滿足你最喜歡的欲望或希望。」

神仙並不是每天都可以碰到的，也不是在每一個海邊或每一個瓶子裡可以找到的，它很少發生，只有在故事裡才有。但是那個女人連想都不想一下就說：「我想要變成一個最美的人——頭髮像依莉莎白泰勒，眼睛像碧姬芭杜，身體像蘇菲亞羅蘭。」

那個神仙再度看了一下，然後說：「親愛的，把我放回瓶子裡去吧！」

這就是你們所有的人都在要求的，每一個人都在要求這個，那就是為什麼神仙會從這個世界上消失，他們非常怕你，因為你在要求那個不可能的，它不可能發生，因為部分永遠不可能是美的。

只要想想：我的手可以被切掉——那隻手可以是美的嗎？它將會變得越來越醜，它將會腐爛，而開始發臭。當我的手跟我分開，它怎麼可能是美的？那個分開帶來死亡，一體帶來生命。在整體裡面，你是活生生的；單獨、分開，你已經死了，或是正在垂死。

如果我的眼睛被挖出來，那麼它們是什麼？甚至連石頭、有顏色的石頭都會比它來得更美，因為它們仍然跟整體在一起。摘下一朵花，那麼它就不美了，那個光輝已經消失了。就在一個片刻之前，當它還和根連在一起、跟泥土連在一起，它是美的。被拔了根，你就好像自我一樣地在飄浮，你是有病的，你將會一直保持有病，沒有什麼東西可以有任何幫助，你所有的努力，不管是多麼「聰明」，都將會失敗。

唯有在整體裡面，你才是美的。

唯有在整體裡面，你才是可愛的。

唯有在整體裡面，才可能有神的恩典。

道中之人穿過牆壁而不會受阻礙，站在火裡而不會被燒到，並不是因為狡猾。而是：

因為他脫掉所學習的。

學習會進入自我，學習會增強自我，那就是為什麼博學家、婆羅門或學者，他們都有最微妙的自我，學習給了他們研究範圍，學習給了他們空間，它們會變成腫瘤，變成自我，因此他們的整個存在都被自我所剝削。

一個人越是有學問，他就越難相處，越難跟別人關連，越難進入神的殿堂。他幾乎不可能知道神，因為現在他自己就好像腫瘤一樣地在生活，而腫瘤有它自己的生活——現在它是自我的腫瘤，它會剝削。你知道得越多，祈禱就越不可能在你身上發生。

所以莊子說，它並不是因為狡猾，他並沒有在計算，他並不是狡猾或勇敢，因為勇敢、狡猾或計算都是自我的一部分。一個道中之人既不是一個懦夫，也不是一個勇敢的人，他不知道勇敢是什麼，怯懦是什麼。他生活，但是沒有自我意識，並不是因為他學了很多，而是因為他脫掉所學習的。整個宗教就是一個脫掉學習的過程。學習是自我的過程，脫掉學習是非自我的過程。當你很有學問，你的船是滿的，充滿著你自己。

目拉．那斯魯丁有一條渡船，當天氣不好的時候，他也會將客人從這一岸帶到另一岸。有一天，一個偉大的學者、一個文法學家、一個博學家乘坐他的渡船要到對岸去，那個博學家問那斯魯丁說：「你知道《可蘭經》嗎？你有學習經典嗎？」

那斯魯丁說：「沒有，沒有時間。」

那個學者說：「你一半的人生已經浪費掉了。」

然後突然間起了一陣暴風雨，而那隻小船離岸邊很遠，它隨時都可能會沉下去。那斯魯丁說：「老師，你會游泳嗎？」

那個人非常害怕，全身冒汗，說：「不會。」

那斯魯丁說：「那麼你的整個人生都浪費掉了，我走了！」

現在，這隻船已經到不了對岸，但是人們認為學問可以變成一隻船，或者學問可以代替游泳，不！經典可以變成船嗎？不，它們太重了，你可以跟著它們一起沉下去，但是你無法跨過河流。脫掉學習可以使你變成沒有重量的，脫掉學習可以使你再度變成天真的。

當你不知道，在那個不知道當中有什麼事會發生？當你不知道的時候，有最美的現象會發生，最大的狂喜會發生；當你不知道的時候會有一種寧靜。有人問了一個問題，而你不知道；生命是一個謎，而你不知道。每一個地方都是奧祕，而你不知道和驚奇地站在那裡。當你不知道，就會有驚奇（wonder），驚奇是最具有宗教性的品質。最深的宗教品質就是驚奇，只有一個小孩能夠驚奇，一個知道的人不會驚奇。沒有驚奇的話，沒有一個人曾經達到神性。對於一顆驚奇的心，每一件事都是奧祕……一隻蝴蝶是一個奧祕，一顆種子發芽是一個奧祕。

記住：沒有什麼事被解答，你們所有的科學都沒有做什麼。種子的發芽仍然是一個奧祕，它將會保持是一個奧祕。即使科學能夠創造出種子，那個發芽將會保持是一個奧祕。一個小孩被生下來，那是一個奧祕被生下來，即使一個小孩能夠在試管裡面被製造出來，那也不會有什麼差別，那個奧祕仍然保持是一樣的。你在這裡，它是如此的一個奧祕，它並不是你去掙得的，你無法對宇宙說：「我能夠在這裡是我去掙得的。」它是純粹的禮物，你之所以在這裡根本就沒有理由。如果你不在這裡，會有什麼差別？如果你不在這裡，你可以向哪一個法院控告？

這個純粹的存在，這個一進一出的呼吸，這個你在這裡聽我演講、聽微風的聲音、聽小鳥的叫聲的片刻，這個你活著的片刻，是如此的一個奧祕。如果你能夠不要有任何知識地面對它，你將會進入它。如果你帶著知識來面對它，你說：「我知道，我知道那個答案。」那麼那個門就關起來了，不是因為那個奧祕，門之所以關起來是因為你的知道、你的理論、你的哲學、你的神學、你的基督教，和你的佛教——它們將門關了起來。

一個認為他知道的人其實並不知道。《優婆尼沙經》一直在說一個認為他不知道的人是知道的。蘇格拉底也說：當一個人真正知道，他只知道一件事，那就是他不知道。莊子說：是因為他已經脫掉所學習的。任何世界所教給他的，任何社會所教給他的，任何父母和實用主義者所教給他的，他都拋棄了，他已經再度變成一個小孩子，他的眼睛再度充滿著驚奇，他往四周看，到處都是奧祕。

自我會扼殺奧祕，不論它是科學家的自我，或是學者的自我，或是哲學家的自我，都沒有差別。自我說：「我知道。」自我說：「沒有什麼東西是不可知的。」

自我有兩個範疇：已知的和未知的。已知的是自我已經走過的那個部分，未知的是自我將要去走的那個部分，自我覺得有可能去走，沒有什麼東西是不可知的。

自我在世界上沒有留下奧祕，當在你的周圍沒有奧祕，在你裡面就不可能有奧祕。當奧祕消失，所有的歌就都消失了；當奧祕消失，詩就是死的；當奧祕消失，神就不在寺廟裡，在那裡面的只不過是死的雕像；當奧祕消失，就不可能有愛，因為只有兩個奧祕能夠互相愛上對方，如果你知道，那麼就不可能有愛——知識是反對愛的。愛總是為那個脫掉知識的人，但是因為他已經脫掉所學習的，所以：

> 他的本性沉入到它在「一」裡面的根，他的活力和他的力量隱藏在奧祕的「道」裡面。

他的本性沉入到它的根……自我存在於頭裡面，記住，你把你的頭放在很高的地方，那個根只是在你存在的另外一端。

莊子和老子時常說：專注在腳趾頭上。閉起你的眼睛，進入腳趾頭，然後停留在那裡，那將能夠給你一個平衡，頭已經給了你太多的不平衡，至於腳趾頭……？它看起來好像他們在開玩笑，但他們是說真的，他們並不是在開玩笑，他們說得對。從頭部移開，因為頭並不是根，我們太過於停留在頭腦裡面了。

他的本性沉入到它的根，到它的最源頭。波浪深入到海洋，進入那個「一」。記住，源頭是「一」，波浪或許有很多，有無數個，但海洋是「一」。你在那裡是分開的，我在這裡是分開的，但是只要再深入一點去看那個根，我們是「一」，我們就好像同一棵樹的樹枝，注意看樹枝，它們是分開的，但是在深處，它們是「一」。

當你走得越深入，你將會發現多樣性越來越少，而統一性越來越多，在最深的地方，它是「一」，那就是為什麼印度人談論「非二」——那個「一」。

他的活力和他的力量隱藏在奧祕的「道」裡面。

任何來到道中之人的活力都不是人為操縱的，都不是由他所創造出來的，它是由根所給予的。他很有活力，因為他根入在「道」裡面，他很有活力，因為他跟海洋連結在一起，跟那個「一」連結在一起，他回到了源頭，他回到了母體。

當他的全部是「一」，在他裡面就沒有裂縫可以讓一個楔子塞進去。

每當一個人根入在他存在最深的核心，根入在那個「一」，那麼就沒有瑕疵。你無法穿透這麼樣的一個人。劍無法進入他，火無法燒到他。你怎麼能夠摧毀那最終的？你可以摧毀那個短暫的，你怎麼能夠摧毀那個最終的？你可以摧毀波浪，你怎麼能夠摧毀海洋？你可以摧毀個體，但是你無法摧毀靈魂。形式可以被殺死，但是那個無形的……？你要怎麼去殺死那個無形的？你要在哪裡找到那支可以殺死無形的劍？

克里希那在《吉踏經》裡面說：「沒有劍能夠殺掉它，沒有火可以燒到它。」並不是說如果你去殺莊子，你無法殺死他，你能夠殺死那個形式，但那個形式並不是莊子，而他將會笑。

有一次，亞歷山大從印度要回去，他突然想起他的老師亞里斯多德——最偉大的邏輯家之一。

亞里斯多德是所有西方愚蠢最原始的源頭，他是西方的愚蠢之父，他創造出邏輯的頭腦，他創造出分析，他創造出剖析的方法，他創造出自我和個人，他是亞歷山大的老師。

他告訴亞歷山大說當他回來的時候順便帶一個印度的神祕家或一個門徒回來，因為相反的那一極總是有趣的。他一定對於知道這個印度的神祕家是什麼有很深的興趣。一個超越邏輯而生活的人究竟是怎麼樣的一個人？一個說只有「一」而沒有「二」的人，一個將所有的矛盾和似非而是的東西都結合在一起的人，一個他的整個態度是綜合，而不是分析的人，究竟是怎麼樣的一個人？一個從來不相信部分的人，一個總是相信整體的人，可能是哪一種類型的人？所以他告訴亞歷山大說：「當你回來的時候，順便帶一個印度的神祕家——一個門徒——回來，我想要看看。一個超越頭腦而生活的人，一個說有某種東西超越頭腦的人，是一個稀有的現象。」亞里斯多德從來不相信可能會有什麼東西超越頭腦，對他來講，頭腦就是一切。

當亞歷山大要回家的時候，他突然想起，所以他就叫他的士兵去找一個偉大的印度神祕家、一個偉大的門徒或是一個聖人。他們跑到城裡去問，人們告訴他們說：「有，有一個全身赤裸的人就站在河邊，他站在那裡已經有好幾年了，我們認為他是一個神祕家。我們無法確定，因為他從來不講太多話；我們無法確定，因為我們不大了解他，他所說的話似乎非常不合邏輯，或許它是真的，也或許它不是真的。」

亞歷山大說：「這就是我要的人，我那個創造出邏輯的師父一定會想要看這個不合邏輯的人，去告訴他說亞歷山大在邀請他。」

士兵們去了，他們告訴這個裸體的人說亞歷山大大帝在邀請他，他可以成為皇室的貴賓，每一種舒適和方便都會提供給他，所以他不必擔心。

那個人開始笑，他說：「那個稱呼他自己為大帝的人是一個傻瓜，去告訴他說我不跟傻瓜為伍，那就是為什麼好幾年來我一直都是一個人站在這裡。如果我想跟傻瓜為伍，你認為印度會比他們國家更缺少這樣的人嗎？城裡到處都充滿著傻瓜。」

那些士兵們覺得很困擾，但他們還是必須回去報告，亞歷山大問說那個人怎麼說……那個人的名字叫做丹達米，亞歷山大在他的報告裡使用了丹達瑪斯這個名字。聽完了士兵的報告，亞歷山大也覺得很惱怒，但這已經是邊界的最後一個村莊，不久他就要離開印度了，所以他說：「最好我親自去看看他到底是哪一種類型的人。」

他或許還記得戴奧真尼斯，或許這個人是同一類型的人，光著身子站在河邊。發生在戴奧真尼斯的情況也是一樣，他也是笑了，而認為亞歷山大是一個傻瓜。

所以亞歷山大拿著一把赤裸的利劍靠近丹達米說：「跟我走，否則我將立刻砍下你的頭，我不相信討論，我只相信命令。」

那個人笑著說：「你砍吧！不必等！你要砍的那個頭我老早就已經把它砍下來了，這件事並不是新的，我已經沒有頭了。將它砍下，我要告訴你，當頭掉到地上，你將會看到它掉下去，我也會看到它掉下去，因為我不是頭。」

道中之人可以被燃燒，但是你燒不到他。那個形式一直都在燃燒，它已經在燃燒了，但是那個無形的……那個無形的永遠無法被任何火碰觸到。力量來自哪裡？這個生命力來自哪裡？它們隱藏在奧祕的「道」裡面。「道」意味著偉大的自然，「道」意味著偉大的海洋，「道」意味著偉大的源頭。

所以一個喝醉了酒的人從車上滾下來會有瘀傷，但是不會骨折，他的骨頭跟別人的骨頭是一樣的，但他滾下來的方式是不一樣的。

因為自我不在那裡……

他的心神是全然的，他並沒有覺知到說他坐上了一輛馬車，連滾下來的時候也不知道。對他來講，生和死並不算什麼，他不知道警訊，他碰到障礙的時候沒有思想，也沒有顧慮，他去面對它們的時候也不知道它們的存在。

如果在酒裡面有這樣的安全，那麼在「道」裡面有比這個更多多少的安全？智者隱藏在「道」裡面，沒有什麼東西能夠碰觸到他。

注意看一個醉漢，因為道中之人在很多方面都跟他類似。他走路，但是沒有走者，那就是為什麼他看起來是不平衡的，是搖搖晃晃的；他走路，但是沒有方向，他並沒有要到任何地方去；他走路，但那隻船是空的，只是暫時在走，但它是空的。

注意看一個醉漢，跟在他後面，然後看看有什麼事發生在他身上。如果有人打他，他也不會惱怒。如果他跌倒，他也會接受那個跌倒，他不抗拒，他跌下來好像死掉一樣。如果人們笑他，或是拿他開玩笑，他也不擔心。他或許甚至會跟他們一起開玩笑，他或許會開始跟他們一起笑，他或許會開始笑他自己，到底是怎麼一回事？透過化學物質的作用，他的自我暫時不在。

自我是一個架構，你也可以透過化學物質來拋棄它。它只是一個架構，它不是一個真實的存在，它在你裡面並沒有實質。它是你從社會學來的，酒精將你拋出社會，那就是為什麼社會總是反對酒精，政府總是反對酒精，大學總是反對酒精，所有的道德家總是反對酒精，因為酒精是危險的，它讓你瞥見到社會的外面，那就是為什麼在美國以及在西方有那麼多反對藥物的宣傳。

政府、政客、教會和教皇，他們都變得很害怕，因為新的一代過分涉入在藥物裡。他們對社會是非常危險的，因為一旦你瞥見到超出社會的東西，你就無法變成真正適應它的一部分。你將永遠保持是一個局外人。一旦你瞥見過非自我，社會就無法很容易地駕馭你。如果一個人太深入藥物，那麼自我有可能完全被粉碎掉，那麼你將會變成好像發瘋一樣。

嗑一兩次藥會給你一個瞥見，它就好像窗子打開又關起來，如果你持續下去而變成沉溺於它，自我將會突然消失。但這就是難題之所在：自我將會消失，但是非自我並不會產生，你將會發瘋，你將會變得精神分裂。

宗教從另外一個角度來運作，從另外一端來運作：它試著先將非自我帶出來。非自我越出現，整體越伸張，自我就會漸漸自動消失。在自我消失之前，整體已經接管了，你將不會發瘋，你將不會變得不正常，你將會變得只是很自然，你將會退出社會而進入自然。

透過藥物，你也可以退出社會，但是會進入發瘋，那就是為什麼宗教也反對藥物。社會給了你一個自我的工作安排，你可以透過它來支配，你可以透過它來引導你的人生。但是如果由整體來接管，那麼就沒有問題，你會變成一個道中之人，那麼這個自我就不需要了，你可以將它拋棄。

但是你也可以以另外的方式來做，你可以只是透過化學藥品來摧毀這個自我，你可以這樣做，那麼就會有一個難題，因為你會變得不正常。你將會感覺到有某種力量，但那個力量是假的，因為整體並沒有來接管你。

有很多這樣的個案被報導出來。有一個女孩在紐約，在迷幻藥的作用之下，從十三樓的窗戶跳下來，因為她認為她能夠飛。在藥物的作用之下，如果有「你能夠」的思想產生，那麼是不會有懷疑的，你會全然相信它，因為那個懷疑者——那個自我——已經不在了。有誰可以在那裡懷疑呢？你會相信它，但是「整體」並沒有呈現出它自己。

莊子或許能夠飛，莊子或許能夠像小鳥一樣從窗子飛出去，但是在迷幻藥的作用下，你做不到。自我已經不在那裡，所以你無法懷疑，但是整體並沒有接管，所以你並沒有那麼強而有力，那個力量並不存在，只有力量的幻象存在，那個幻象產生了麻煩。

在酒精的作用之下，你可以做某些事情……

有一個馬戲團乘坐一列特別的火車從一個城鎮跑到另外一個城鎮，其中有一個籠子損壞了，獅子跑了出來，所以那個經理召來旗下所有強壯的人說：「在你們夜裡進入叢林去找獅子之前，我會給你們一些酒，它將能夠給你們勇氣。」

那二十個人都大杯大杯地喝下去，那天晚上很冷，而且很危險，所以勇氣是需要的，但是目拉・那斯魯丁拒絕，他說：「我只要喝汽水。」

那個經理抗議說：「但是你需要勇氣！」

那斯魯丁回答說：「在這種情況下我不需要勇氣，這種情況是危險的，天色很暗，又有獅子，有勇氣可能會很危險，我寧願成為一個懦夫，而且警覺一點。」

當你沒有力量，而藥物能夠給你勇氣，那是危險的，你可能會在某一個路線上瘋狂地前進，這就是藥物的危險。

但是社會的害怕並不是因為這個。社會的害怕是：如果你有了一個超出社會的瞥見，那麼你將永遠無法去適應它。而社會是如此的一個瘋人院，要去適應它你必須不許有任何除了它之外的瞥見。

宗教也是反對藥物和酒精，但是是為了不同的理由。他們說：要成為一個醉漢，成為一個神性的醉漢，因為這樣的話你就根入了，你就歸於中心了，那麼你就是強而有力的。

如果在酒裡面有這樣的安全，那麼在「道」裡面有比這個更多多少的安全？智者隱藏在「道」裡面，沒有什麼東西能夠碰觸到他。

絕對沒有什麼東西能夠碰觸到他，為什麼呢？如果你正確地跟隨著我，只有自我能夠被碰觸到，它非常容易被觸怒，如果有人只是以某種方式來看你，它就被觸怒了，他並沒有做什麼。如果某人笑一笑，它就被觸動了；如果某人轉過頭去而不看你，它就被觸動了。它非常容易被觸動，它就好像是一個傷口，那個傷口永遠都是未癒合的、新的。你一碰到它，那個痛就產生了。一句話、一個姿勢，別人或許甚至沒有覺知到他對你做了什麼，但是他已經觸犯了你。

你一直都認為別人應該負責，認為他傷害到你。不，是你自己攜帶著你的創傷。帶著自我，你的整個存在都是一個創傷，你攜帶著它到處跑。沒有人對傷害你有興趣，沒有人故意等在那裡要傷害你，每一個人都致力於保護他自己的創傷，誰有那個能量？但它還是會發生，因為你是那麼地準備好要被傷害，你就在那個邊緣等著，隨時準備有什麼事會發生。

你無法碰觸到一個道中之人，為什麼呢？因為沒有一個人可以被碰觸到。沒有傷口，他是健康的、完整的、被治好的。「完整」(Whole)這個字很美，「治好」(heal)這個字來自「完整」，而「神聖」(holy)這個字也是來自「完整」。他是完整的、被治療好的、神聖的。

要小心你的傷口，不要幫助它成長，要讓它被治好，唯有當你走到根部，它才會被治癒。頭腦越少，那個傷口就越會被治好。當沒有頭腦，就沒有傷口。過一個沒有頭腦的生活，以一個全然的存在來行動，並接受所有的事情。只要二十四小時，試試看，不論發生什麼事，你都要全然接受。有人侮辱你，接受它，不要反應，然後看看會有什麼樣的事發生。突然間，你將會感覺到有一股能量在你裡面流動，那是你以前從來沒有感覺過的。某人侮辱你，你就覺得虛弱，你就覺得受到打擾，你就會開始想說要如何報復。那個人坑了你，那麼你就在那裡繞來繞去，有幾天的時間，幾個晚上，幾個月，甚至幾年，你都無法安眠，你都會有惡夢。人們可能會在一些小事情上面浪費掉他們的整個人生，就因為有人侮辱了他們。

只要回顧一下你的過去，你就會想起一些事情。從前你是一個小孩，班上的老師把你喊作白痴，這件事你到現在還記得，你覺得怨恨。你的父母曾經對你說了些什麼，他們已經忘了，即使你提醒他們，他們也已經記不得了。你母親以某種方式看著你，自從那個時候開始，那個創傷就一直存在，它到現在還是活生生的，如果有人碰觸到它，你就爆發。不要去幫助那個傷口成長，不要使它傷到你的靈魂。要進入根部，跟整體在一起。用二十四小時的時間，只要二十四小時，不論有什麼樣的事發生，試著不要反應，不要拒絕。

如果有人推你，而你跌倒在地，那麼就讓它跌倒！然後起來回家，不要對它做任何事。如果有人打你，彎下你的頭，帶著感激來接受它，回家，不要採取任何行動，只要二十四小時的時間，你將會發現有一股新的能量升起，那是你以前從來不曾知道過的，有一股新的生命力從你的根部升起。一旦你知道了它，一旦你嘗到了它，你的生命將會變得不一樣，然後你就會笑你一直在做的所有那些愚蠢的事，你就會笑所有那些怨恨、反應和報復，你就是一直用這些東西在摧毀你自己。

除了你自己之外，其他沒有人能夠摧毀你；除了你自己之外，其他沒有人能夠拯救你。你既是猶大，你也是耶穌。

第11章 莊子的葬禮

莊子即將要過世，他的弟子們開始計畫一個盛大的葬禮。

但是莊子說：「我有天和地作為我的棺材，太陽和月亮作為翠玉的象徵，懸掛在我的旁邊，天上的星星會好像珠寶一樣，在我的周圍閃耀著，所有的萬物眾生都會在這裡作為我的送葬者，我還需要什麼呢？每一件事都已經充分被照顧到了。」

但是他的弟子們說：「我們怕烏鴉和鳶鳥會來吃師父。」

莊子回答說：「在地面上，我會被烏鴉和鳶鳥所啄食，而在地下我會被螞蟻和蟲子所吃，在這兩種情況下我都會被吃，所以為什麼你要偏坦鳥類呢？」

原文：

莊子將死，弟子欲厚葬之。莊子曰：「吾以天地為棺槨，以日月為連璧，星辰為珠璣，萬物為齎送。吾葬具豈不備邪？何以加此？」弟子曰：「吾恐烏鳶之食夫子也。」莊子曰：「在上為烏鳶食，在下為螻蟻食，奪彼與此，何其偏也！」

——《莊子》雜篇．列禦寇

頭腦會使每一件事都成為一個難題，否則生命其實很單純，死亡也很單純，根本就沒有問題。但是頭腦欺騙你，認為每一個片刻都是一個難題而必須被解決。一旦你走上了第一步去相信說每一件事都是一個難題，那麼就沒有什麼事可以被解決，因為第一步就全部錯了。

頭腦無法給你任何解決，它是一個製造難題的機構，即使你認為你已經解決了一個難題，從那個解決也會產生出千千萬萬個問題，哲學就是一直這樣在做。哲學是頭腦的生意。當頭腦去看任何事情，它就帶著一個問號去看，它會帶著懷疑的眼光去看。

生命非常單純，死亡也非常單純，但是唯有當你能夠不用頭腦來看，它才是單純的。一旦你將頭腦帶進來，每一件事就變複雜了，每一件事就都是混亂。頭腦試圖去解決混亂，然而事實上它就是所有混亂的根源，所以會有更多的混亂被創造出來。它就好像有一條小溪在山間流著，有一些車子經過，然後那條小溪就變得有一些泥濘，然後你跳進那條小溪要將它清理乾淨，你將只會使它變得更泥濘，最好是在岸邊等著，最好是讓那條小溪再度沉靜下來，讓它自己安定下來，好讓枯葉流走，泥土沉澱下來，然後那條小溪就可以再度變得很清澈，你的幫助是不需要的，你只會使它變得更混亂。

所以如果你覺得有一個難題，請你不要插手，只要坐在旁邊，不要讓頭腦涉入，叫頭腦等待。頭腦很難等待，它是沒有耐心的化身。

如果你叫頭腦等待，靜心就發生了，如果你能夠說服頭腦，叫它等待，你就會處於祈禱之中，因為等待意味著沒有思考，它意味著只是坐在岸邊，而不要對河流做任何事。你能夠做什麼呢？不論你做什麼都將會使它變得更泥濘，光是你的進入河流就會製造出更多的難題，所以要等待。

所有的靜心都是等待，所有的祈禱都是無限的耐心。整個宗教都繫於不要讓頭腦替你製造出更多的難題。所以有很多事——甚至連動物和樹木都能夠享受的簡單的事，人卻不能夠享受，因為它們會立刻變成難題，你怎麼能夠去享受一個難題？

你愛上一個人，然後頭腦就會立刻說：愛是什麼？這是愛或是性？這是真的或假的？我要去哪裡？愛可以是永恆的嗎？或者它只是短暫的？

頭腦會想要先去決定每一件事，然後採取步驟。用頭腦的話，永遠不可能有任何決定，它一直都保持猶豫不決，猶豫不決就是它固有的本性。它說：「不要冒然地跳。」當頭腦告訴你這些事情，它似乎非常聰明，因為好像你可能會走錯，所以不要跳，不要移動，保持靜止。

但生命是移動，生命是信任。生命發生，一個人必須進入它。它走向哪裡並不是要點，目標並不是要點，你的意識在愛之中移動是一個「神啟」(神將奧祕顯露給你)。別人並不是要點，你的愛人並不是要點，那個要點是你能夠愛，是愛能夠發生在你身上，你的整個人在信任之中敞開，沒有任何懷疑，沒有提出任何問題，這個敞開就是一種滿足。

但是頭腦會說：「等一等，讓我想一下，然後再決定，一個人不應該急急忙忙地採取任何步驟。」然後你可以等待又等待，你就是這樣在錯過生命。

生命每一個片刻都在敲你的門，但是你都在思考，你告訴生命說：「等一等，我會開門，但是先讓我決定一下。」它從來不會發生。整個生命將會來了又去，而你只是拖著生命在走，既不是活的，也不是死的。生命和死亡兩者都是好的，因為死亡也有它本身的生命。

所以要記住，第一件事就是不要讓頭腦來干涉，那麼你就能夠像樹木一樣，甚至比樹木來得更翠綠；那麼你就能夠像小鳥展翅飛翔一樣，但是沒有小鳥能夠達到你所能夠碰觸到的高處；那麼你就能夠像魚兒一樣，能夠去到海的最深處——你可以去到海的最深處。沒有什麼東西能夠跟你相比，人類的意識是最進化的現象，但是你錯過了，甚至比較不進化的狀態都能夠享受得更多。一隻小鳥就是一隻小鳥，它是遠比你更不進化的眾生，樹木幾乎根本就沒有進化，但是它們能夠享受更多，開花更多，有更多的滿足發生在它的周圍，而你為什麼錯過？

你的頭腦已經變成一個重擔，你並沒有在使用它，相反地，你是在被它所使用。不要讓頭腦來干涉你的生活，那麼就會有一個流動，那麼你就是不受阻礙的，那麼你就是透明的，那麼每一個片刻都是一個喜樂，因為你並沒有去擔心它。

一個心理分析師叫一個人去山上，他一直都在抱怨這個，抱怨那個，一直都在問問題，他對任何事情都無法安然，他從來沒有辦法好像在自己的家裡一樣，他的心理分析師叫他去休息一陣子。

隔天有一通電報被送到心理分析師那裡，那個人在電報上說：「我在這裡覺得非常快樂，為什麼？」

你甚至無法接受快樂而不要問為什麼，頭腦無法接受任何事情，那個「為什麼」會立刻出現，那個「為什麼」會摧毀每一件事，因此所有的宗教都非常堅持要有信心。這就是信心的意思：不要讓頭腦問為什麼。

信心並不是相信，它並不是相信某一個理論，信心是相信生命本身。信心並不是相信

《聖經》、《可蘭經》或《吉踏經》。信心並不是相信，信心是一種信任，一種沒有懷疑的信任。只有那些有信心的人，那些能夠信任的人，能夠知道生命是什麼、死亡是什麼。

對我們來講，生命是一個難題，所以死亡也一定是一個難題，我們經常試圖要去解決它，然後浪費時間和能量在解決它上面。它已經被解決了，它從來不是一個難題，是你在製造難題。看看星星，它們沒有問題；看看樹木，它們也沒有問題。往四處看一看……如果人不在那裡，每一件事一定都已經被解決了，問題在哪裡？樹木從來不會去問：是誰創造了這個世界？誰創造出這個世界有什麼差別嗎？甲、或乙、或丙、或丁，有什麼差別嗎？它是被創造出來的或是不被創造出來的，有什麼差別嗎？如果是甲創造出這個世界，或是乙創造出這個世界，或是沒有人創造出這個世界，它對你有什麼影響嗎？你將會保持一樣，生命將會保持一樣，所以為什麼要問一個不必要的、不相關的問題，然後糾纏在它裡面？

河流繼續在流，從來不問它們要流到哪裡，但它們還是會到達大海。如果它們開始問，它們或許就無法到達大海，它們的能量一定會在途中就耗盡了，它們一定會很擔心說它們要流到哪裡——目標在哪裡，目的是什麼——它們一定會縈繞在那個問題上面，以至於它們很可能會發瘋，但是它們繼續流，不擔心要流到哪裡，而它們總是會到達大海。

當樹木和河流都能夠做到這種奇蹟，你為什麼不能？這就是莊子的整個哲學，這就是他生命的整個方式。當每一件事都在發生，你為什麼要擔心？讓它發生。當河流能夠到達，人也會到達；當樹木到達，人也會到達。當這整個存在都在移動，你是它的一部分，不要成為一個思考的漩渦，否則你將會一直在那裡繞圈子，然後就無法繼續流動，那麼到了最後就沒有海洋般的經驗。

生命對你來講是一個謎，因為你透過頭腦來看。如果你透過沒有頭腦來看，生命是一個奧祕；如果你透過頭腦來看，生命已經死了；如果你透過沒有頭腦來看，生命從來不會死。頭腦無法感覺那個活的，頭腦只能夠碰觸那個死的、那個物質的。生命是那麼地細微，而頭腦是那麼地粗糙——那個工具並沒有像生命那麼細微。當你用那個工具來碰觸，它無法抓到生命的脈動，它會錯過。那個脈動非常細微，你就是那個脈動。

莊子躺在床上，即將過世，像莊子這樣的人躺在床上即將過世，弟子們應該完全沉默，這個片刻不應該被錯過，因為死亡是一個高峰。當莊子死，他是死在高峰。意識達到它絕對的滿足，那是非常少發生的。弟子們應該保持沉默，他們應該注意看有什麼事在發生，他們應該深入去洞察莊子，而不應該讓頭腦來干涉，也不要開始問一些愚蠢的問題。

但頭腦總是會開始問。他們在擔心葬禮，而莊子還活著，但頭腦並不是活的，它從來就不是活的，頭腦一直都以死亡來思考。對弟子們來講，師父已經死了，他們在想葬禮，要怎麼辦，或怎麼不辦。他們在製造一個根本就不存在的難題，因為莊子還活著。

我聽說有三個老人坐在公園裡討論那個不可避免的死亡，其中有一個七十三歲的老人說：「當我死掉，我想跟偉人林肯埋葬在一起，被大家所喜愛。」

另外一個說：「我想跟愛因斯坦埋葬在一起，他是一個偉大的科學家、人道主義者、哲學家、以及和平的愛好者。」

然後他們兩個人都看著第三個，他已經九十三歲了，他說：「我想跟蘇菲亞羅蘭埋葬在一起。」

他們兩個人都覺得很惱怒、很生氣，他們說：「但是她還活著。」

那個老人說：「我也還活著！」

這個老人一定是非常稀有的，已經九十三歲了，他還說：「我也還活著！」生命為什麼要擔心死亡？生命為什麼要去想到死亡？當你還活著，問題在哪裡？但是頭腦會製造難題，然後你就覺得很困惑。

蘇格拉底快要過世，跟發生在莊子的情形一樣，弟子們在擔心葬禮，他們問他說：「我們應該怎麼做？」

據說蘇格拉底這樣回答：「我的敵人給我毒藥來殺死我，而你們計畫要埋葬我，所以，誰是我的朋友？誰是我的敵人？你們兩者似乎都在關心我的死亡，而似乎沒有人在關心我的生命。」

頭腦多多少少都執著於死亡。莊子的弟子在想說他們應該怎麼做，而師父快要死了，一個偉大的現象正在那個時候發生。

在那裡，一個佛——莊子——正在達到最高的頂峰，它是非常少發生的，在千千萬萬年裡面才發生一、兩次。那個火焰正在燃燒，他的生命來到了一個絕對純粹的點，在那個點上，它是神性的，而不是人性的，它是全然的，而不是部分的；在那個點上，起點和終點會合，所有的祕密都敞開了，所有的門都打開了，每一樣東西的鎖都開了。整個奧祕都在那裡，而弟子們卻在想葬禮——瞎了眼，完全瞎了眼，沒有去看什麼事正在發生，他們的眼睛是閉著的。

但是為什麼它會這樣發生？這些門徒，你認為他們知道莊子嗎？他們怎麼可能知道莊子？如果他們在莊子至高無上的光輝時錯過了莊子，我們怎麼能夠相信當他在跟他們一起工作時，當他在他們的身上下功夫時，當他跟他們在一起活動時，在花園裡挖土時，在花園裡種花時，在跟他們講話時，只是跟他們在一起時，他們不會錯過他？

我們怎麼能夠感覺到他們知道這個莊子是誰？當他全部的光輝都被錯過，不可能叫人不去想說他們一直都錯過了他，他們一定錯過了。當他在談話的時候，他們一定還在想說：他在談些什麼？他是意味著什麼？

當一個成道的人在講話，那個意義並不是要由你去發現的，它就在那裡，你只要去聽它，它不需要被發現，因為它並不是隱藏起來的，它不是要被解釋的，他不是在談理論，他是在給你單純的事實。如果你的眼睛是睜開的，你將會看到它們；如果你的耳朵能夠聽，你將會聽到它們，不需要更多的東西。

那就是為什麼耶穌一直在說：如果你能夠聽，那麼就聽我；如果你能夠看，那麼就看。他並沒有期待更多，只要睜開眼睛、打開耳朵。

佛陀、莊子或耶穌，他們不像哲學家黑格爾或康德。如果你讀黑格爾，那個意義必須被發現，那是很費力的，好像黑格爾作盡一切努力要使它對你來講變得盡可能困難，一層又一層的文字，編織得很複雜，使每一件事看起來都好像謎一樣，所以當你首次碰到黑格爾，他將會看起來很宏偉，好像是一個非常高的高峰，但是你越穿透、越了解，他就變得越少。到了你全部了解他的那一天，他只不過是沒有用的。

它的整個詭計就是你無法了解他，所以你才會覺得他很偉大。因為你無法了解，所以你的頭腦被困住了；因為你無法了解，所以你的頭腦無法理出頭緒，那件事似乎非常神祕，無法理解，其實不是那件事無法理解，它只是語言上的問題。他試圖去隱藏，他並沒有在說什麼，他只是在使用文字而沒有任何實質。

所以像黑格爾這樣的人會立即被賞識，但是隨著時間的經過，對他們的賞識就會消失。

像佛陀這樣的人並不會立即被賞識，但是隨著時間的經過，你就會賞識他們更多。他們總是領先他們的時代，經過了好幾個世紀，然後他們的偉大才開始浮現，他們的偉大才開始出現，然後你就可以感覺到他們，因為他們的真理非常簡單，在它的周圍沒有垃圾。它是那麼明顯的事實，所以如果你去思考它，你可能會錯過。

當你去聽一個莊子，你就只要聽就好了，在你這一方面不需要做任何事，只要被動的接受，只要歡迎它，每一件事都很清楚，但是你可能使它變成一團糟，然後你就會被你所創造出來的東西弄得很混亂。這些弟子們一定是錯過了莊子——他們再度錯過他，他們在擔心說再來要怎麼做。

這個要點必須被加以了解：一個有智慧的人總是顧慮到本質，而一個無知的人總是顧慮到做的問題——要做什麼。本質對他來講不是一個問題。

莊子顧慮到本質，而弟子們顧慮到作為。如果死亡正在來臨，那麼要怎麼做？我們應該做什麼？師父即將要過世了，所以葬禮要怎麼辦？我們必須計畫一下。

我們非常熱中於計畫。我們計畫生命，我們計畫死亡，透過計畫，那個自發性就被摧毀了，那個美就被摧毀了，整個狂喜就被摧毀了。

有一個無神論者即將要過世，他並不相信天堂或地獄，但他還是認為在要死的時候穿得整整齊齊是最好的。他不知道他會去到哪裡，因為他不相信任何事情，但他還是會去到某一個地方，所以，在要去一個地方之前，一個人必須穿得整整齊齊的。

他是一個很重視禮節的人，所以他就穿上西裝、打領帶，做好一切的打扮，然後他死了。家人請牧師來替他祝福，那個牧師說：「這個人從來不信神，但是看看他計畫得好好的！他不信神，他沒有地方可以去，但是他穿得多麼漂亮，而且準備得好好的！」

即使你覺得你並沒有要去到任何地方，你也會去計畫它，因為頭腦總是想玩未來的遊戲。當它在計畫未來的時候，它就覺得很高興；當它生活在現在，它就非常不高興。為未來計畫似乎是很美的。每當你有時間，你就會為未來計畫，不管是這個世界或是彼岸，總是未來。頭腦享受計畫，而計畫只不過是幻象、做夢、白日夢。

像莊子這樣的人顧慮到存在的本質，而不是「想要變成什麼」，他們不顧慮到「做」（doing），他們不顧慮到未來。不需要計畫，存在會照顧它本身。

耶穌告訴他的門徒說：看那些百合花，它們多麼美，多麼光輝燦爛，甚至連所羅門王都沒有那麼美，而它們並沒有計畫，它們也沒有去想未來，它們不擔心下一個片刻。

百合花為什麼那麼美？它們的美在於什麼？它隱藏在哪裡？百合花存在於此時此地。為什麼人的臉那麼悲傷、那麼醜？因為它從來不在此時此地，它總是在未來，它是一件像鬼魂一樣的事。如果你不是在此時此地，你怎麼可能是真實的？你只能夠是一個鬼魂，或者是拜訪過去，或者是進入未來。

莊子即將要過世，在莊子要過世的時候，門徒們應該保持寧靜，那才是最尊敬的、最有愛心的。師父快要死了，他們從來沒有去聽他的生命，至少他們也可以聽他的死亡，當他在有生之年對他們講話的時候，他們無法保持寧靜，現在他要透過他的死亡來給出他最後的講道。

當一個智者即將要死的時候，一個人應該注意觀照，因為他會以一種不同的方式死。一個無知的人無法以那種方式死。你有你生活的方式，你也有你死的方式。如果你在你的有生之年都很愚蠢，在你死的時候，你怎麼可能是聰明的？死亡是結果，是一切的結果，是結論。在死亡當中，你整個生命的主要部分都在那裡，所以一個愚蠢的人會以愚蠢的方式死。

生命是獨一無二的，死亡也是獨一無二的，其他沒有人能夠過你的生活，其他也沒有人能夠以你的方式死，只有你，它是獨一無二的，它從來不會再度發生。不僅在生命裡面，在死亡裡面也是一樣，那個方式都是不一樣的。當莊子要死的時候，一個人必須完全寧靜，這樣你才不會錯過它，因為你有可能會錯過。

生命是一個漫長的事件，七十年、八十年，或甚至一百年，而死亡只是發生在一個片刻之中，它是一個極其微小的現象，它是非常濃縮的，它比生命來得更有活力，因為生命是分散開來的。生命永遠無法像死亡那麼強烈，生命永遠無法像死亡那麼美，因為它是一件分散開來的事，它一直都是溫溫的。

在死亡的那個片刻，整個生命都到達了沸點，每一樣東西都從這個世界蒸發到另外一個世界，從身體到無體，那是所發生的最大的蛻變，一個人應該保持寧靜，一個人應該很尊敬，一個人不應該搖晃，因為它將會發生在單一片刻之中，而你或許會錯過它。

那些愚蠢的弟子卻在談論葬禮，在想說要辦得盛大一點！殊不知最盛大的事已經在發生。當最盛大的事正在發生，他們卻在想要展示，頭腦總是會想要展示，它是炫耀主義者。

目拉・那斯魯丁過世，有人去通知他太太，她正在喝下午茶，已經喝了半杯。那個人說：「你先生死了，他被一輛大巴士壓死。」但是目拉・那斯魯丁的太太繼續喝她的茶。那個人說：「等一等！你甚至沒有停止喝茶！你有聽到我的話嗎？你先生死了，而你甚至連一句話都沒說！」

他太太說：「先讓我把茶喝完，然後，我的天啊！你要我尖叫嗎？稍等一下好不好。」

頭腦是炫耀主義者，她將會尖叫，但是要給她一點時間來安排和計畫！

我聽說有一個演員，他太太死了，他哭得心都快要跑出來了，而且他還尖叫，淚流滿面。

有一個朋友說：「我從來沒有想到你會那麼愛你太太。」

那個演員看著他的朋友說：「這並不算什麼，你應該看看我在第一個太太過世時的情形。」

即使當你在表現你內在極度的痛苦，你也在看別人，看看他們怎麼想。為什麼要去想盛大的葬禮，為什麼要盛大？你也要藉著死亡來展示，這是真正的尊敬嗎？或者死亡也是某種市面上的商品？

我們的師父死了，所以有一個競爭，我們必須證明說他有最盛大的葬禮，其他師父從來沒有過像這樣的葬禮，將來也沒有一個師父能夠再有像這樣的葬禮。即使在死亡當中，你也會去想到自我，但是弟子們就是像那樣，他們跟隨，但是他們從來沒有真正跟隨，因為如果他們有真正跟隨莊子，他們就不可能提出盛大葬禮的問題，他們在那個片刻一定會很謙虛，但是自我很想主張它自己。

每當你說你師父非常偉大，你就往你自己的內在看，你是在說：「我非常偉大，所以我跟隨這個偉人，我是一個偉大的追隨者。」每一個追隨者都會宣稱他的師父是最偉大的——

但並不是因為師父，你才這樣說的。如果你的師父並不偉大，你怎麼可能成為一個偉大的追隨者？如果有人說它並不是如此，你就會覺得很惱怒，你會開始爭辯和抗爭，那是自我存活的問題。

自我到處都在主張它自己，它是狡猾的，而且非常微妙，難以覺察，即使在死亡當中，它也不會離開你，即使在死亡當中，它也會在那裡。師父即將要過世，弟子們在想葬禮，他們根本就沒有跟隨師父，像莊子這樣的師父，他的整個教導都在於要成為自發性的。

莊子即將要過世，他的弟子們開始計畫一個盛大的葬禮。

他還沒有死，他們就已經開始在計畫了，因為問題不是莊子，問題是弟子們的自我。他們必須給他一個盛大的送行，必須讓每一個人都了解到以前從來沒有這樣的事發生。

但是你騙不過莊子，即使當他快要死了，他也不會讓你單獨行動；即使當他快要死了，他也無法被欺騙；即使當他要離開了，他也會把他的心和他的智慧給你，即使在最後的片刻，他也會去分享任何他所知道的，或是他所了解到的，甚至連他的最後一個片刻也是一個分享。

但是莊子說：

「我有天和地作為我的棺材，太陽和月亮作為翠玉的象徵，懸掛在我的旁邊，天上的星星將會好像珠寶一樣，在我的周圍閃耀著，所有的萬物眾生都會在這裡作為我的送葬者。」

還需要什麼呢？每一樣東西都很簡單，而且已經充分被照顧到了，還需要什麼呢？你還能做什麼呢？你還能為一個莊子或一個佛做什麼呢？任何你所做的都不算什麼，任何你所計畫的都是微不足道的。它不可能是盛大的，因為整個宇宙都準備要迎接他，你還能多做什麼呢？

莊子說：太陽、月亮和所有天地之間的萬物眾生都準備迎接我。整個存在以及所有的萬物眾生都將成為送葬者，所以你們不需要擔心，你們不需要僱用送葬者。

你可以僱用送葬者，現在市場上有人在做這項行業，有一些人，你付錢給他們，他們就為你哭喪，這到底算是哪一種人類？如果太太死了，或是母親死了，沒有人在那裡哭喪或哀悼，所以你必須僱來職業性的哭喪者，在孟買和加爾各答以及大城市都有人從事這樣的行業，他們做得很好，你敵不過他們，當然，他們做得更有效率，因為他們每天都在練習，但是當你必須付錢來做這件事，它就變得很醜，這整個事情都變得很虛假。

生命是虛假的，死亡是虛假的，快樂是虛假的，甚至連哭喪哀悼也是虛假的。這件事一定會是如此，它具有一個邏輯的意義在裡面，如果你沒有真正很快樂地跟一個人在一起，當他死的時候，你怎麼能夠真正哀悼？那是不可能的。如果你沒有很快樂地跟你太太在一起，如果你跟她在一起時從來不曾知道有任何喜樂的片刻，那麼當她死的時候，真實的眼淚怎麼能夠來到你的眼睛？在內在深處，你將會很快樂，在內在深處，你將會感覺到一個解脫；現在我終於獨立了，現在我可以按照我的欲望來行動。太太就好像是一個監禁。

有一個人即將要過世，他太太在安慰他說：「不必擔心，遲早我將會加入你。」

那個人說：「但是不要對我不忠。」他一定是在害怕。為什麼在最後的片刻要有這個害怕？這個害怕一定是一直都存在。

他太太答應說：「我將永遠都不會對你不忠。」

所以那個人說：「如果你對我即使只有一次的不忠，我也會在墳墓裡面轉身，它對我來講將會非常痛苦。」

十年之後，他太太死了，在天堂的大門，聖彼得問她說：「你想先見誰？」

她說：「當然是我先生。」

聖彼得問說：「他叫什麼名字？」

她說：「亞伯拉罕。」

但是聖彼得回答說：「要找他非常困難，我們有無數個亞伯拉罕，所以請你給我一些關於他的線索。」

他太太想了一下之後說：「在他最後一口氣的時候他說，如果我對他有任何不忠的行為，他一定會在墳墓裡面轉身。」

聖彼得說：「不必再說了，你一定是在說那個旋轉的亞伯拉罕，那個經常在墳墓裡旋轉的那個！這十年以來，他從來沒有一個片刻休息，每一個人都知道他是這個樣子，沒有問題，我們會立刻把他叫來。」

在你們的關係中不曾有信心、信任、愛和快樂。當死亡來臨的時候，你怎麼能夠哀悼，你的哀悼將會是虛假的。如果你的生命是虛假的，你的死亡也將會是虛假的。不要認為只有你是虛假的，周圍那些跟你相關連的人也都是虛假的。我們生活在一個如此虛假的世界裡，我們怎麼還能夠這樣繼續真的是令人驚訝。

有一個政客失業了，他是前任的部長，他在找一份工作，因為當政客不在辦公室的時候，他們一直都會有困難，他們除了政治以外無法做任何其他的事，他們除了政治以外不知道任何其他的事，他們也沒有任何資格，甚至連一個微不足道的工作都需要某些資格，但是一個部長不需要什麼資格，一個院長或一個首相根本就不需要任何資格。

所以這個部長陷入了麻煩。他碰到了一個馬戲團的經理，因為他認為既然政治就像是一個大馬戲團，所以他一定有學到一些什麼可以應用在馬戲團裡面的，所以他說：「你能為我找一份工作嗎？我現在失業了，而且處境很困難。」

那個經理說：「你來得正是時候，我們有一隻熊死了，所以我們將給你一件熊的劇裝，你什麼事都不必做，只要整天坐著，沒有人會知道那個差別，只要從早坐到晚，讓人們知道說有一隻熊在那裡，這樣就可以了。」

這個工作看起來很好，所以那個政客就接受了，他穿上了劇裝，進入到獸檻裡面坐下來。他坐在那裡還不到十五分鐘，就有另外一隻熊被放進來，他恐慌地跑到欄杆旁邊，開始搖動那些欄杆，而且大聲喊出：「救命啊！趕快把我放出來！」

然後他聽到一個聲音，另外一隻熊在講話，他說：「你以為你是唯一失業的政客嗎？我也是一個前任的部長，不必那麼害怕。」

整個生活都變成虛假的，從根部開始到一切都是虛假的，你如何能夠存在於它裡面簡直是一項奇蹟。用一個虛假的臉來談話，對一個虛假的臉談話，快樂是虛假的，痛苦也是虛假的，然後你希望找到真理！帶著虛假的臉，真理永遠無法被找到。一個人必須去了解他真實的臉，而拋棄所有虛假的面具。

莊子說：

「我有天和地作為我的棺材……」

所以你為什麼要煩惱？你怎麼能夠安排一個比它更大的棺材？讓天和地作為我的棺材——它們將會是如此。

「……太陽和月亮作為翠玉的象徵，懸掛在我的旁邊……」

所以你們不需要在我的周圍點蠟燭，它們是短暫的，不久它們就會熄掉了。讓太陽和月亮作為生命的象徵，圍繞在我的周圍，它們是如此。

「天上的星星會好像珠寶一樣，在我的周圍閃耀著，所有的萬物眾生都會在……」

這是一件必須加以了解的事：所有的萬物眾生都會在。據說發生在佛陀和馬哈維亞的情形就是如此。但是沒有人相信它，因為不可能去相信它。耆那教教徒讀過它，但是甚至連他們也不相信它；佛教徒也讀過它，但是懷疑進入了他們的頭腦。

據說當馬哈維亞過世的時候，所有的萬物眾生都在那裡，不只是人，連動物、樹木、天使、諸神，以及來自存在各個層面的所有萬物眾生都在那裡。它應該是如此，因為一個馬哈維亞不僅是顯露給你，那個光輝是那麼地燦爛，那個高度是那麼地至高無上，所以存在的各個層面都認識他。據說當馬哈維亞在講道的時候，天使、諸神、動物、鬼魂，以及所有的萬物眾生都在那裡聽他講，不只是人而已。它看起來好像是一個故事，或是一個寓言，但是我要告訴你，這是真的，因為當你達到越高，你的本質就成長得越高，其他層面的存在對你來講就變得可以接觸得到。

當一個人到達了最高的點——耆那教教徒稱之為「阿里班塔」(aribanta)，佛教徒稱之為「阿羅漢」(arbat)，莊子稱之為「完美的道」或「道中之人」——那麼整個存在都會來聽。

莊子說：

「……所有的萬物眾生都會在這裡作為我的送葬者……」

還需要什麼呢？你還能多做什麼呢？你還能在它上面多增加些什麼呢？你不需要做任何事，你不需要擔心。

「每一件事都已經充分被照顧到了。」

這是一個已經成為寧靜的人的感覺：

「每一件事都已經充分被照顧到了。」

生命和死亡，每一件事都被照顧到了，你不需要做任何事，不必你的存在，每一件事都已經在發生，你不必要地進入它，你製造出混亂。沒有你的存在，每一件事都很完美，按照事情本然的樣子，一切都很完美。這是一個宗教人士的態度：就事情本然的樣子，一切都很完美，對它不能夠再做什麼。

在西方，據說萊布尼茲(Leibnitz)曾經說過，這是所有可能的最完美的世界。他被批評，因為在西方你不能夠主張這樣的事情，這個世界怎麼可能是最完美的世界？這似乎是最不完美的、最醜的、病態的，有不平等、受苦、貧窮、疾病、死亡和恨，每一樣東西都有，而這個萊布尼茲卻說這是所有可能的最完美的世界。

萊布尼茲被批評得很厲害，但是莊子一定能夠了解他的意思，我了解他的意思。當萊布尼茲說：「這是可能的最完美的世界。」他並不是在評論政治或經濟情況，他並不是在評論平等、不平等、社會主義、共產主義或戰爭。那個評論並不是客觀的，那個評論並不是顧慮到外在，那個評論是顧慮到內在的感覺，它來自本質的核心。

每一件事都是完美的意味著不需要煩惱。

「每一件事都已經充分被照顧到了。」

你無法使它變得更好，你就是無法使它變得更好。如果你去嘗試，你或許會使它變得更糟糕，但是你無法使它變得更好。很難讓科學頭腦了解說你無法使它變得更好，因為科學頭腦必須依靠這個觀念——事情可以變得更好。但是你做了什麼？

自從亞里斯多德以來兩千年，我們在西方一直試著要使這個世界成為一個更好的地方，它有在任何方面變得更好嗎？人有更快樂一點點嗎？人有更喜樂一點點嗎？根本就沒有，事情變得更糟糕。我們越是去治療病人，病人就越接近死亡，根本沒有什麼幫助，人根本就沒有比較快樂。

我們或許有更多的東西可以讓我們覺得快樂，但是那個能夠快樂的心已經喪失了。你或許有皇宮，但是那個可以成為皇帝的人已經不在這裡了，所以皇宮變成了墳墓。你們的城市變得更美、更富有，但它們就好像是墓地一樣，沒有活的人住在那裡，我們做了一項錯誤——試圖要使世界變得更好，但是它並沒有變得更好，或許還更糟糕。

回顧一下以前……那時候的人是完全不一樣的，那個時候比較貧窮，但是比較豐富，它看起來很矛盾，那個時候他比較貧窮，沒有足夠的食物，沒有足夠的衣服，沒有足夠的房子，但生命卻是比較豐富，他能夠唱歌，他能夠跳舞。

你的歌喪失了，你的喉嚨被東西哽住了，沒有歌曲能夠來自你的心，你無法跳舞，最多你只能做一些運動，但那些運動並不是跳舞，因為跳舞並非只是一種運動。當一種運動變成狂喜的，那麼它就是跳舞，當那個動作非常全然，沒有自我，那麼它就是一種跳舞。

你應該知道，跳舞是作為一種靜心技巧而來到世界的。剛開始的跳舞並不是為了跳舞，它是要去達到一種狂喜，在那個當中，舞者消失了，只有舞被留下來——沒有自我，沒有人在操縱，身體很自然地流動。

你可以跳舞，但它只是一種死的移動，你可以操縱身體，它或許是一種好的運動，但它並不是狂喜，你們可以互相擁抱對方，你們可以接吻，你們可以做出各種做愛的動作，但是那個愛並不存在，只有動作，你做出了那些動作，但是你感到挫折；你做出了那些動作，但是你知道並沒有什麼事發生。你已經什麼都做了，但是一個經常性的挫折感仍然像影子一樣地跟隨著你。

當萊布尼茲說「這是可能的最完美的世界」，他是在說出莊子所說的話：

「每一件事都已經充分被照顧到了。」

你不需要擔心生命，你也不需要擔心死亡，跟照顧生命的同樣源頭也會照顧死亡，你不需要去想盛大的葬禮，那個讓我出生的同樣源頭將會吸收我，那個同樣的源頭就足夠了，我們不需要在它上面增加任何東西。

弟子們聽了，但是他們無法了解，否則就不需要再說什麼了，但弟子們還是說：

「我們怕烏鴉和鳶鳥會來吃師父。」

如果我們不作任何準備，如果我們不計畫，那麼烏鴉和鳶鳥將會吃我們的師父。

莊子回答說：「在地面上，我會被烏鴉和鳶鳥所啄食，而在地下我會被螞蟻和蟲子所吃，在這兩種情況下我都會被吃，所以為什麼你要偏袒鳥類呢？」

所以，為什麼要作任何選擇？不管怎麼說，我都會被吃掉，所以為什麼要選擇？莊子說：無選擇地生活，死的時候也是無選擇，為什麼要作選擇？

你試圖操縱生命，然後你也試圖操縱死亡，因此人們會寫遺囑，會準備法律文件，所以當他們不存在的時候，他們仍然可以操縱。死了，但他們還是要操縱。操縱似乎非常迷人，死後人們還是要繼續操縱。當一個父親過世，他會在他的遺囑裡面寫出一些條件：唯有當他的兒子能夠履行這些條件，他才能夠繼承他的遺產，否則那些錢必須捐給慈善機構。這些條件必須被履行……死人還在控制。

在倫敦一家醫院信託機構的創辦人兼總裁寫下他的遺囑說：在我死後，我的身體不要被毀掉，它必須被保持，而且我將繼續坐在主席的位子上。他仍然坐在那裡，每當那個信託機構在開會，他的屍體就坐在主席的位子，他坐在桌子的前端，仍然在控制。

你的人生是一個對別人的控制，你想要你的死亡也成為一個控制。莊子說：沒有選擇。如果你將我的身體留在地面上，很好，它將會被吃掉；如果你將它埋在地下，它還是會被吃掉，所以，為什麼要偏坦小鳥或蟲子？它會怎麼樣發生就讓它發生，讓源頭來決定。

決定會給你自我：我將決定。所以，讓源頭來決定，讓那最終的來決定看看它要如何來處理這個身體。我從來沒有被問及源頭要如何構成這個身體，我為什麼要決定說它應該如何被處理？為什麼要害怕說它會被吃掉？被吃掉是很好的。

我們害怕被吃掉，為什麼？這件事必須被加以了解，為什麼我們那麼害怕被吃掉？我們終其一生都在吃，我們透過吃在摧毀生命。不論你吃什麼，你都要去殺。你必須去殺，因為生命只能吃生命，沒有其他的方式，所以，沒有人能夠真正成為一個素食者——沒有人。每一個人都是非素食者，因為任何你所吃的都是生命。你吃水果，它是生命；你吃蔬菜，蔬菜也有生命；你吃小麥和米，它們也是可以發芽而產生出更多生命的種子，任何你所賴以為生的都有生命。

生命吃生命，每一樣東西都是其他東西的食物，所以，為什麼你要保護你自己，而試圖去確保你不會被吃？這簡直是愚蠢！你一生當中都一直在吃，現在給它一個機會來吃你，讓生命來吃你。

那就是為什麼我說祆教徒有最科學的方法來處理屍體。印度教教徒將它燒了，這是不好的，因為你在燒食物。如果每一棵樹都燒它自己的水果，而當每一隻動物死掉的時候，其他的動物都來燒它，那麼將會怎麼樣？他們都將會是印度教教徒，但是將不會有人在這裡。為什麼要焚燒？你一直都在吃，現在讓生命有一個機會來吃你。要對它感到高興，因為食物意味著你被吸收了，沒有什麼不對，它意味著存在將它收回去——河流回到了大海。

這是被吸收回去最好的方式——被吃掉，好讓任何在你裡面有用的東西仍然在某個地方的某個個體裡面活著。透過你的生命，某一棵樹、某一隻鳥、或某一隻動物將會活著。你的生命被分配出去了，你要感到高興，為什麼要覺得這樣有什麼不對呢？回教徒和基督徒將他們的死人用棺材埋在地下來保護他們，這是很不好的，這根本就是愚蠢，因為我們無法保護生命，所以我們怎麼能夠保護死亡？我們無法保護任何東西，沒有什麼東西能夠被保護。

生命是脆弱的，而我們甚至試圖要使死亡變成不脆弱的。你想要保護、想要拯救。祆教徒有最好的方法，他們只是把身體放在牆上，然後兀鷹和其他鳥類就會來吃它。每一個人都反對祆教徒，甚至連祆教徒本身都反對這種做法，因為整個事情看起來是那麼地醜陋，但是它並不醜陋。當你在吃東西，那是醜陋的嗎？如果不是，那麼為什麼當一隻兀鷹在吃東西，牠是醜陋的呢？當你在吃東西，那麼它是一個晚餐，當一隻兀鷹在吃你，那麼它也是一個晚餐。你一直在吃其他的生物，讓其他的生物也來吃你，要被吸收。

所以莊子說：沒有選擇，為什麼要偏坦這個或那個？讓生命做任何它選擇要做的，我不作決定。真的，莊子過著一種無選擇的生活，所以他也準備要死一個無選擇的死。唯有當你是無選擇的，你才存在，當你有了一個選擇，頭腦就存在了，頭腦是選擇者，本性永遠都是無選擇的。頭腦想要做些什麼，而本性只是讓事情發生，本性是一種放開來。如果你不選擇，你怎麼會痛苦？如果你不要求一個特別的結果，你怎麼會痛苦？如果你不走向一個特定的目標，你怎麼會痛苦？沒有什麼事能夠使你痛苦。你的頭腦要求目標、要求選擇、要求決定，然後痛苦就進來了。

如果你無選擇地生活，讓生命發生，那麼你只是變成一個場地，生命發生在你身上，但你不是安排的人，你並沒有去安排它，你並沒有去控制它。當你不是控制者，所有的緊張就都消失了，唯有如此，才有放鬆；唯有如此，你才會全然放鬆，那個放鬆是最終的點，是起點和終點。不論它是生命或是死亡，你都不應該採取任何觀點。

這就是這個故事的意義：你不應該採取任何觀點。你不應該說：這是對的，那是錯的。你不應該劃分，讓生命成為一個不分裂的整體。

莊子說：如果你分裂，即使只有一英吋的分裂，天堂和地獄就會分開，那麼它們就無法被連結起來。

從前我認識一個年輕人，他時常來找我，他總是在擔心一件事，他想要結婚，但是不論他帶什麼樣的女孩回家，他母親總是不答應，它已經變得幾乎不可能，所以我告訴他說：「試著去找一個幾乎就像你母親的女孩——臉部、身材、走路的樣子、和穿著等都要像你母親。找到一個你母親的鏡中映象。」

他找了又找，最後找到了一個女孩，他跑來告訴我說：「你說得對，我母親立刻喜歡她，她真的就像我母親，不僅她的穿著像我母親，她走路和講話的方式也像我母親，甚至連她煮菜的方式都像我母親。」

所以我問他說：「後來怎麼樣？」

他說：「沒怎樣，因為我父親恨她。」

兩極性——如果你頭腦的一部分愛一樣東西，你就可以立即找到另外一部分的頭腦來恨它。如果你選擇了一樣東西，那麼只要向後看，另外一個恨的部分就隱藏在那裡。每當你選擇，那麼透過你的選擇不僅是世界成為分裂的，你也是分裂的。你並不是完整的，當你不完整，你就無法讓生命發生。所有來到生命中的祝福都是存在的恩典、存在的禮物，它並不是透過努力而達成的。

所以，不要選擇宗教來反對世界，不要選擇善來反對惡，不要選擇慈善來反對罪惡，不要成為一個好人來反對壞人，不要在魔鬼和神之間作出任何差別，這就是莊子所說的。他說：不要在生命和死亡之間作選擇，不要在這種類型的死亡和那種類型的死亡之間作選擇。不要選擇，保持完整，每當你是完整的，就會有跟整體的會合，因為只有類似的東西會去會見它的同類。

好幾個世紀以來，神祕家一直都在說：因為有上，所以有下。我想要再加一點：因為有內，所以有外。如果你的內在是完整的，外在的整體就會立刻發生在你身上。如果你的內在是分裂的，外在的整體也會是分裂的。

是你在變成整個宇宙，是你投射到它上面，那是你每當你選擇，你就會分裂，選擇意味著分裂，選擇意味著衝突，贊成這個，反對那個。

不要選擇，保持是一個無選擇的觀照，那麼就不缺任何東西，那麼這個存在就是可能的最完美的存在，沒有什麼東西能夠更美，沒有什麼東西能夠更喜樂，它就在那裡，就在你的四周，等待著你。每當你變得覺知，它就顯露給你，但是如果你的頭腦繼續在裡面操作、劃分、選擇和製造衝突，它將永遠不會發生在你身上。

好幾世以來，你一直在錯過它，不要再錯過了。

原文書名：*The Empty Boat* by OSHO

本書為奧修對聽眾所作的許多演講內容之整理，所有奧修演講皆有書籍出版以及錄音存檔，可透過奧修線上圖書館www.osho.com找到錄音檔案和完整的文字檔案。

奧修靈性智慧 18

奧修談《莊子》：空船 *The Empty Boat*

作　　者　奧修 OSHO
譯　　者　謙達那
編輯顧問　舞　鶴
責任編輯　林秀梅

版　　權　吳玲緯　楊　靜
行　　銷　闕志勳　吳宇軒　余一霞
業　　務　李再星　李振東　陳美燕
副總編輯　林秀梅
編輯總監　劉麗真
發 行 人　凃玉雲
出　　版　麥田出版
城邦文化事業股份有限公司
104台北市民生東路二段141號5樓
電話：(886)2-2500-7696　傳真：(886)2-2500-1967
發　　行　英屬蓋曼群島商家庭傳媒股份有限公司城邦分公司
104台北市民生東路二段141號11樓
書虫客服服務專線：(886)2-2500-7718、2500-7719
24小時傳真服務：(886)2-2500-1990、2500-1991
服務時間：週一至週五09:30-12:00・13:30-17:00
郵撥帳號：19863813　戶名：書虫股份有限公司
讀者服務信箱E-mail：service@readingclub.com.tw
麥田部落格：http://ryefield.pixnet.net/blog
麥田出版Facebook：https://www.facebook.com/RyeField.Cite/
香港發行所　城邦(香港)出版集團有限公司
香港灣仔駱克道193號東超商業中心1/F
電話：852-2508 6231　傳真：852-2578 9337
馬新發行所　城邦（馬新）出版集團 Cite (M) Sdn Bhd
41, Jalan Radin Anum, Bandar Baru Sri Petaling,
57000 Kuala Lumpur, Malaysia.
電話：(603) 9056 3833　傳真：(603) 9057 6622
E-mail：services@cite.my

設　　計　黃瑪琍
奧修照片提供　Osho International Foundation
排　　版　宸遠彩藝工作室
印　　刷　沐春行銷創意有限公司

2024年1月2日　初版一刷

定價／520元

ISBN 978-626-310-591-1
9786263105843 (EPUB)

城邦讀書花園
www.cite.com.tw

國家圖書館出版品預行編目資料

奧修談《莊子》：空船／奧修OSHO著；謙達那譯. -- 初版. -- 臺北市：麥田出版，城邦文化事業股份有限公司出版：英屬蓋曼群島商家庭傳媒股份有限公司城邦分公司發行，2024.01
面；　公分. --（奧修靈性智慧；18）
譯自：*The empty boat.*
ISBN 978-626-310-591-1（平裝）
1. CST: 莊子　2.CST: 靈修
192.1　　112018574